厦门海关年鉴

2023

《厦门海关年鉴（2023）》编纂委员会　编

中国海关出版社有限公司
·北京·

图书在版编目（CIP）数据

厦门海关年鉴 . 2023/《厦门海关年鉴（2023）》编纂委员会编 . —北京：中国海关出版社有限公司，2024. 5

（中国海关史料丛书）

ISBN 978 - 7 - 5175 - 0790 - 1

Ⅰ. ①厦…　Ⅱ. ①厦…　Ⅲ. ①海关—厦门—2023—年鉴　Ⅳ. ①F752. 55-54

中国国家版本馆 CIP 数据核字（2024）第 087377 号

厦门海关年鉴（2023）

XIAMEN HAIGUAN NIANJIAN（2023）

作　　者：《厦门海关年鉴（2023）》编纂委员会

责任编辑：孙　暘

责任印制：王怡莎

出版发行：中国海关出版社有限公司

社　　址：北京市朝阳区东四环南路甲 1 号　　邮政编码：100023

编 辑 部：01065194242-7535（电话）

发 行 部：01065194221/4238/4246/5127（电话）

社办书店：01065195616（电话）

https://weidian.com/?userid=319526934（网址）

印　　刷：北京中科印刷有限公司　　经　　销：新华书店

开　　本：889mm×1194mm　1/16

印　　张：21. 5　　字　　数：486 千字

版　　次：2024 年 5 月第 1 版

印　　次：2024 年 5 月第 1 次印刷

书　　号：ISBN 978 - 7 - 5175 - 0790 - 1

审 图 号：GS 京（2022）1441 号

定　　价：220. 00 元

《厦门海关年鉴（2023）》编纂委员会

《厦门海关年鉴（2023）》
编辑部

编辑说明

一、《厦门海关年鉴》是厦门海关根据海关总署关于编纂海关年鉴的统一部署要求，由厦门海关主办、年鉴编纂委员会承编的行业性综合年鉴，一年出版一卷，2023卷为第二卷。

二、《厦门海关年鉴》坚持以习近平新时代中国特色社会主义思想为指导，将巩固拓展党史学习教育成果与系统总结海关历史经验紧密结合起来，坚持依法依规编纂，全面、客观记录新时代厦门海关改革发展历程，充分发挥年鉴存史、资政、育人作用。

三、《厦门海关年鉴（2023）》（即本期年鉴）的记述时间为2022年1月1日至12月31日。此时段内，厦门海关发生的重大事件及其背景、社会影响，改革发展的新业绩、新成就等，以图照、文章、条目、表格等形式收录其中，个别内容根据实际需要适当上溯。

四、本期年鉴的编纂体例由类目、分目、条目组成，采取条块结合的记述方式。类目分为特载、专记、大事记、政治建设、业务建设、政务及后勤保障、隶属海关、直属事业单位、荣誉榜和附录；分目则根据工作职能细分，业务内容有交叉重叠的，以海关机构"三定"职责划分为准；条目为基本记述单元，记载年内基本情况和发生的大事、要事、特事，一事一条。全书共设有10个类目、56个分目、496个条目。荣誉榜集中展现厦门海关获得厅局级及以上表彰奖励的集体、个人荣誉事项，缉私局所获荣誉没有收录。

五、本期年鉴统一写法，文中提到的直属海关管辖范围称"关区"，隶属海关管辖范围称"辖区"；"自贸试验区""自贸区"均指"自由贸易试验区"；"全年""当年""年内""年底""上半年""下半年"和未指明的年份，均指"2022年"；"同比"均指"与上年（同期）相比"。

六、本期年鉴在"附录"中列出"厦门海关统计资料""名词解释"，以帮助读者了解年度统计数据，理解缩略语、专业术语的含义。

七、本期年鉴单位名称、标点符号、统计数据均按国家有关规定执行，计量单位采用国家法定计量单位和国际单位，技术规范、专业名词从规范要求。涉及货币单位"元"，未标明币种的，均指人民币。

八、本期年鉴数据以本关统计部门提供为准，未列入统计范围的以业务主管部门提供为准。

文中引用数据一般保留小数点后两位，附录统计表保留小数点后一位。因四舍五入，个别合并项与分项和之间略有出入。如与年度发布的统计数据有所出入，以发布数据为准。

九、本期年鉴所收录资料，由厦门海关各部门单位主笔编写提供，编辑部组织汇集编纂、核校，并经有关领导审核。年鉴条目作者不随条目署名，采用各分目集中署名方式，以姓氏笔画排序。

图 例

	直属海关单位	◉廷布	外国首都		地级市界
	隶属海关		自治州行政中心 地区、盟行政公署驻地		县（区、市）界
	派出机构	⊙东城区	县（区、市）政府		铁路
	海关特殊监管区域	○庞各庄镇	乡（镇）政府、街道办事处	S30	高速公路及编号
	口岸	北京首都国际机场	机场		国道
	铁路口岸	青水尖 1528	山峰　高程		省道
	水运口岸		国界		其他道路
	航空口岸		未定国界		河流　湖泊
	公路口岸		地区界		沟渠
	境外口岸		军事分界线		桥梁　渡口
⊙北京市	首都		省界		港口　码头
◉石家庄市	省政府		未定省界		长城
◎廊坊市	地级市政府		特别行政区界		珊瑚礁

注：本书中的关境图，不包括香港，澳门，台湾、澎湖、金门、马祖单独关税区。

^ 厦门海关办公楼（厦门市思明区鹭江道 269 号）

领导活动

^ 2022 年 7 月 7 日，海关总署党委委员、副署长王令浚（前排右三）在厦门海关调研缉私工作
（刘雨龙　摄）

^ 2022 年 9 月 14 日，海关总署党委委员、副署长张际文（右四）在厦门海关调研国门生物安全工作 （刘雨龙 摄）

^ 2022 年 2 月 24 日，海关总署党委委员、驻署纪检监察组组长王林（右三）在厦门海关所属海沧海关业务现场调研 （刘雨龙 摄）

^ 2022 年 6 月 6 日，福建省委常委、厦门市委书记崔永辉（右一）到厦门海关调研 （刘雨龙　摄）

^ 2022 年 7 月 11 日，福建省委常委、泉州市委书记刘建洋（前排中）到厦门海关所属泉州海关调研（李津凯　摄）

^ 2022 年 8 月 6 日，福建省副省长李建成（前排中）到厦门海关监控指挥中心调研 （刘雨龙 摄）

^ 2022 年 7 月 4 日，厦门市委副书记、市长黄文辉（右排中）到厦门海关调研 （刘雨龙 摄）

^ 2022 年 1 月 10 日，厦门海关党委书记、关长郑巨刚（前排右三）在国门生物安全展厅调研（刘雨龙　摄）

^ 2022 年 5 月 16 日，厦门海关党委书记、关长郑巨刚（前排右一）到东渡海关实地调研（刘雨龙　摄）

^ 2022 年 8 月 6 日，厦门海关党委书记、关长郑巨刚（前排左三）到古雷海关辖区企业调研（刘雨龙　摄）

^ 2022 年 2 月 16 日，厦门海关党委委员、政治部主任张毅东（前排右二）到高崎海关辖区企业调研（陈青城　摄）

^ 2022 年 12 月 14 日，厦门海关党委委员、副关长陈宇（右二）在泉州海关检查督导安全生产工作（陈自猷　摄）

^ 2022 年 11 月 11 日，厦门海关党委委员、副关长娄传永（右一）参加“厦门口岸‘多病同防’与职业暴露应急处置演练”活动（郑伯坚　摄）

^ 2022 年 6 月 2 日，厦门海关党委委员、副关长张冬冬（右二）到邮轮海关调研（白瑜　摄）

^ 2022 年 4 月 22 日，厦门海关党委委员、副关长邓光文（中）到高崎海关辖区企业调研（陈青城　摄）

^ 2022年8月15日，厦门海关党委委员、泉州海关关长叶云（中）到晋江陆地港调研（罗俊毅 摄）

^ 2022年11月29日，厦门海关党委委员、政治部主任王忠亮（前排左一）在机场海关调研（陈雷 摄）

^ 2022 年 3 月 9 日，厦门海关党委委员、纪检组组长白松（中）在漳州海关进境木材检验检疫实训点调研　（林荣金　摄）

党的建设

^ 2022 年 3 月 1 日，厦门国际旅行卫生保健中心（厦门海关口岸门诊部）党支部党员到厦门市党风廉政教育基地开展党建活动（龚浠琳　摄）

^ 2022 年 3 月 11 日，厦门海关召开政治工作推进会。图为党建示范（培育）品牌授牌仪式现场（刘雨龙　摄）

> 2022 年 6 月 27 日，集同海关组织党员干部到同安军营村参观高山党校初心使命馆 （徐中卿 摄）

> 2022 年 6 月 28 日，机场海关开展庆“七一”主题党日活动 （吴钟敏 摄）

> 2022 年 7 月 15 日，厦门海关党委理论学习中心组到深田社区文史馆和政治生活馆开展现场研学 （刘雨龙 摄）

< 2022 年 7 月 20 日，厦门海关举办“七一”表彰会（刘雨龙 摄）

< 2022 年 7 月 20 日，厦门海关党委向“光荣在党 50 年”老党员颁授纪念章（刘雨龙 摄）

< 2022 年 7 月 29 日，泉州海关党员干部到“晋江经验馆”开展党建活动（李津凯 摄）

> 2022年7月29日，邮轮海关召开军转干部、军属"八一"专题座谈会（王施红　摄）

> 2022年9月5日，厦门海关办公室组织党员干部到龙岩上杭"才溪乡调查"旧址开展党建活动　（刘雨龙　摄）

> 2022年9月11日，厦门海关"战'疫'一队"与厦门出入境边防检查总站高崎边检站开展党建共建活动（蔡镇全　摄）

2022 年 10 月 14 日，厦门海关举办“强国复兴有我——厦门海关喜迎党的二十大”书画展（李远鹏　摄）

2022 年 10 月 14 日，厦门海关食品处党支部开展“守初心护食安——走进国门生物安全展厅”主题党日活动（李榕　摄）

2022 年 10 月 16 日，厦门海关党委委员分别走进基层联系点，与一线党员干部共同收听收看党的二十大开幕盛况。图为龙岩海关会场（许菁菁　摄）

^ 2022 年 12 月 15 日，漳州海关举办青年干部党的二十大精神宣讲比赛（许方馨　摄）

队伍建设

2022年1月4日，厦门海关举行升旗仪式（刘雨龙　摄）

2022年1月24日，厦门海关举办“越是困难越向前——向抗疫一线的干部职工致敬”迎新春文艺演出（刘雨龙　摄）

2022年1月26日，厦门海关举办喜迎虎年新春“佳联传福、挥毫送春”活动（李志红　摄）

< 2022年2月18日，厦门市总工会为厦门海关“五一先锋号”和“职工技术创新工作室”授牌 （吴媛　摄）

< 2022年3月3日，厦门海关组织“发挥‘百优’榜样作用，做好执法一线科长，当好基层支部书记”专题培训 （潘剑威　摄）

< 2022年4月2日，厦门海关举办队列示范班暨内务规范兼职督察员培训班 （刘雨龙　摄）

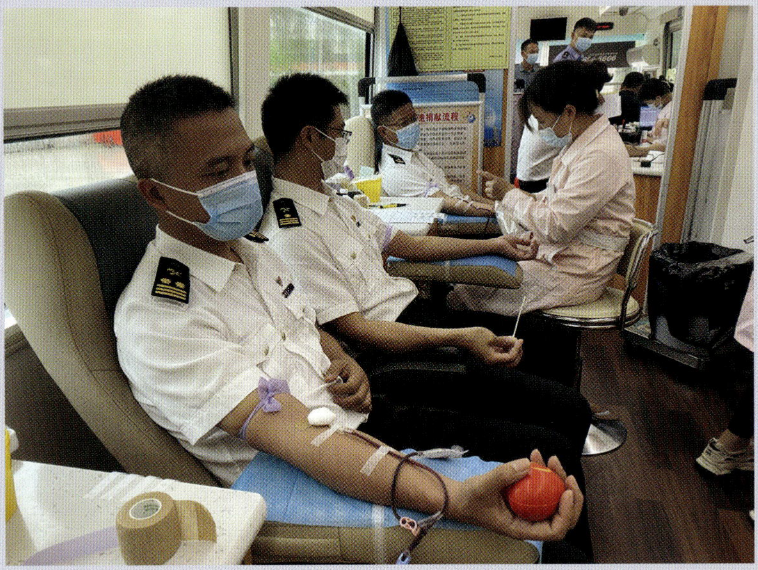

< 2022 年 5 月 24 日，东山海关组织干部职工参加无偿献血活动 （陈艺滢 摄）

< 2022 年 7 月 16 日，厦门海关技术中心参加厦门市首届食品检验检测技能竞赛决赛 （甘露 摄）

< 2022 年 11 月 11 日，厦门海关举办青年理论学习小组专题学习暨理论宣讲轻骑兵骨干培训（兰昕 摄）

> 2022年11月24日，厦门海关举办“安全防护监督、传染病排查处置专业能力提升”技能比武（熊为旻　摄）

> 2022年12月9日，厦门海关举行新提任处科级领导干部宪法集体宣誓仪式（刘雨龙　摄）

> 2022年12月9日，厦门海关组织新提任处科级领导干部到廉政警示教育室学习（刘雨龙　摄）

业务建设

2022年1月7日，厦门海关技术中心工作人员对进口郁金香种球开展病毒筛查检测，首次检出芜菁黄化病毒（甘露 摄）

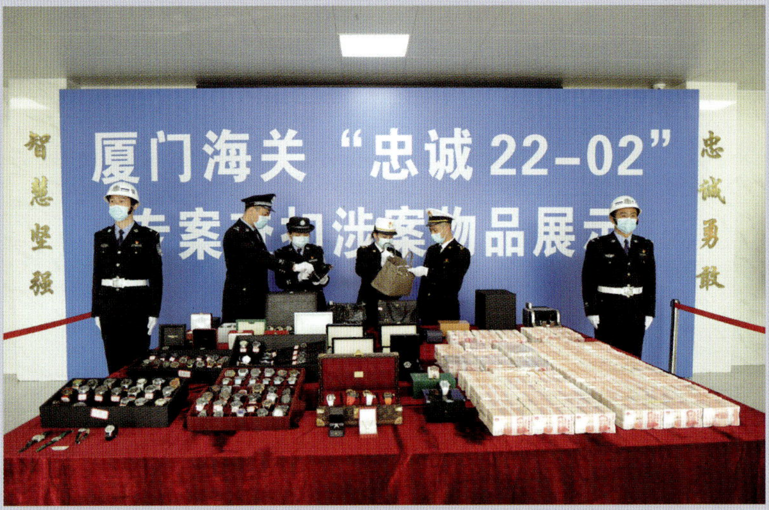

2022年1月18日，厦门海关缉私局“忠诚22-02”专案查扣涉案物品展示（曾伟 摄）

2022年2月16日，龙岩海关关员首次对出口澳大利亚胶合板实施产地查验（李雪芹 摄）

^ 2022 年 4 月 18 日，海沧海关关员监管保税港区内代加工客车整车进口 （巫江　摄）

^ 2022 年 4 月 26 日，古雷海关关员查验某石化企业进口设备 （黄兴文　摄）

2022 年 4 月 29 日，龙岩海关关员监管龙岩市首趟中欧班列（红古田号）（燕翔　摄）

2022 年 5 月 1 日，机场海关关员雨中监管入境货机（陈鸣耿　摄）

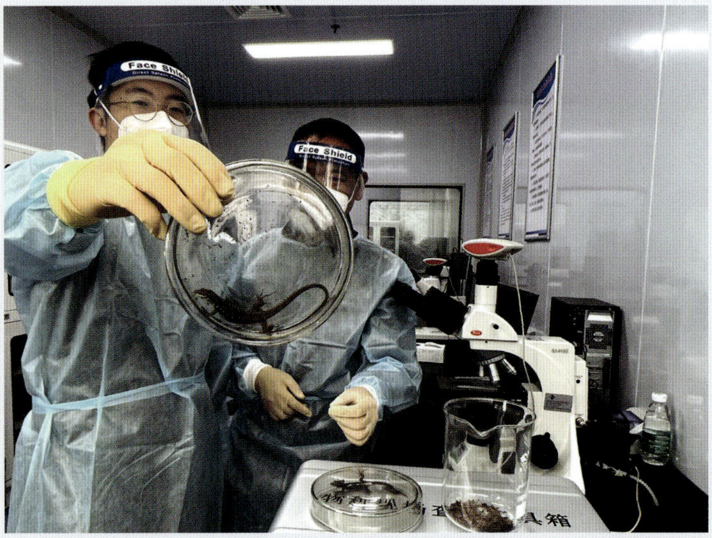

2022 年 5 月 20 日，海沧海关关员从进口原木中截获活蜥蜴（李博雅　摄）

2022 年 5 月 24 日，泉州海关关员对出口海带备案基地开展监管（柯安东　摄）

2022 年 5 月 28 日，机场海关关员监管福建省首架采取区外保税维修模式开展进境维修的飞机复出境（谢臻　摄）

2022 年 6 月 13 日，机场海关关员首次截获带有番茄褐色皱纹果病毒的进口番茄种子（殷帅　摄）

> 2022 年 6 月 15 日，东山海关与东山海关缉私分局联合开展安全月消防演练 （谢允森　摄）

> 2022 年 6 月 24 日，邮局海关关员深入社区开展普法宣传 （朱斌　摄）

> 2022 年 7 月 5 日，古雷海关关员到辖区蝴蝶兰培育企业开展实地监管 （邢东　摄）

> 2022 年 7 月 21 日，厦门海关关员走进社区开展食品安全科普宣传 （张毓琛　摄）

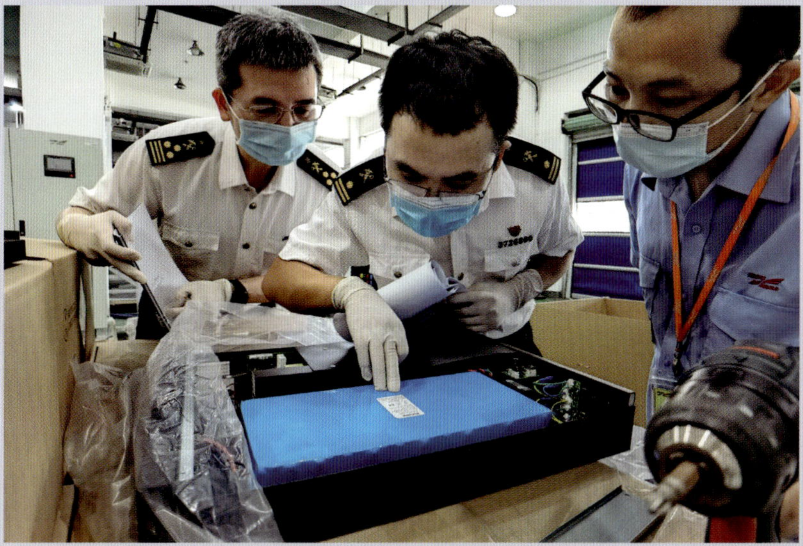

> 2022 年 8 月 18 日，漳州海关关员深入企业帮扶锂电池扩大出口 （黄铃　摄）

> 2022 年 9 月 1 日，高崎海关关员对某企业开展减免税设备后续稽查 （胡雅楠　摄）

< 2022 年 9 月 15 日，东山海关缉私分局举行“反走私宣传教育基地”揭牌仪式并对学生开展法制宣传 （谢允森　摄）

< 2022 年 9 月 28 日，东山海关关员在“蝶关枫桥”法治调解室开展普法宣讲 （陈紫微　摄）

< 2022 年 10 月 14 日，厦门海关关员对大嶝对台小额商品交易市场开展食品安全巡查 （杨丽敏　摄）

> 2022 年 10 月 23 日，集同海关关员监管进口摩托车配件（童婕　摄）

> 2022 年 10 月 26 日，集同海关关员对某纺织类加工贸易企业实施稽查（车捷　摄）

> 2022 年 10 月 26 日，翔安海关关员对某企业进口料件耗用情况开展核查（祝婕女　摄）

2022年10月26日，漳州海关关员使用无人机辅助对进境木材实施检疫查验（林辰昱　摄）

2022年10月26日，漳州海关关员对进口铁矿砂开展辐射监测查验（游晞　摄）

2022年11月4日，邮局海关关员验放出口快件（何峰　摄）

< 2022年11月14日，机场海关关员对即将空运出口的商品开展现场监管（雷国华 摄）

< 2022年12月1日，东渡海关关员向企业颁发AEO高级认证证书 （蔡少军 摄）

< 2022年12月26日，泉州海关助力石湖港区首次开展集装箱国际中转业务（赵高翔 摄）

疫情防控

2022 年 3 月 14 日，厦门海关举办疫情防控内部应急处置桌面推演（刘雨龙　摄）

2022 年 3 月 30 日，翔安海关关员在本土疫情期间开展进境石材查验（陈曦　摄）

2022年4月5日，机场海关关员对入境航班开展终末消毒监督（林钟奎　摄）

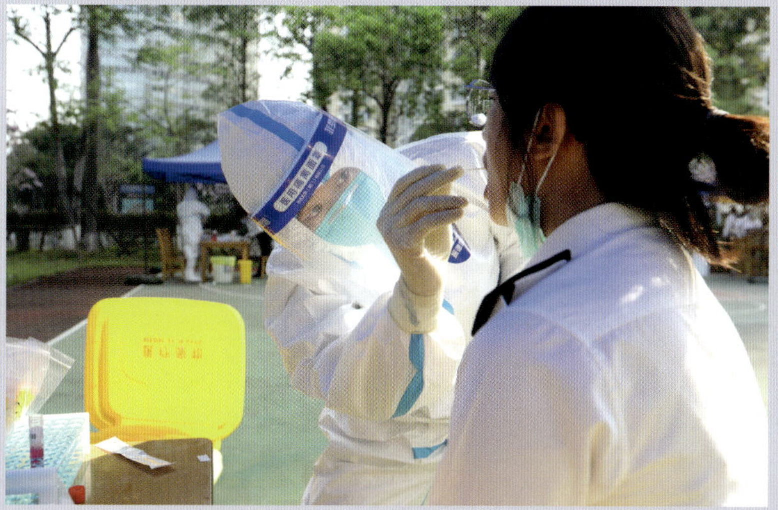

2022年4月6日，厦门海关组织对全体海关工作人员进行核酸检测（刘雨龙　摄）

2022年4月12日，东渡海关接力救援，将一名患病外籍船员移交至地方急救单位开展救治（林建伟　摄）

> 2022 年 4 月 15 日，古雷海关关员对入境船舶开展卫生检疫 （马子元　摄）

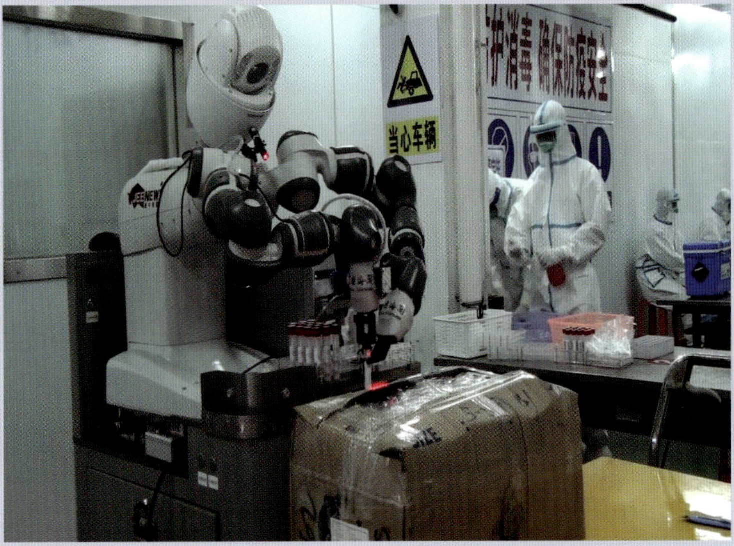

> 2022 年 4 月 21 日，厦门海关应用新冠病毒采检机器人实施采样作业 （李盛杰　摄）

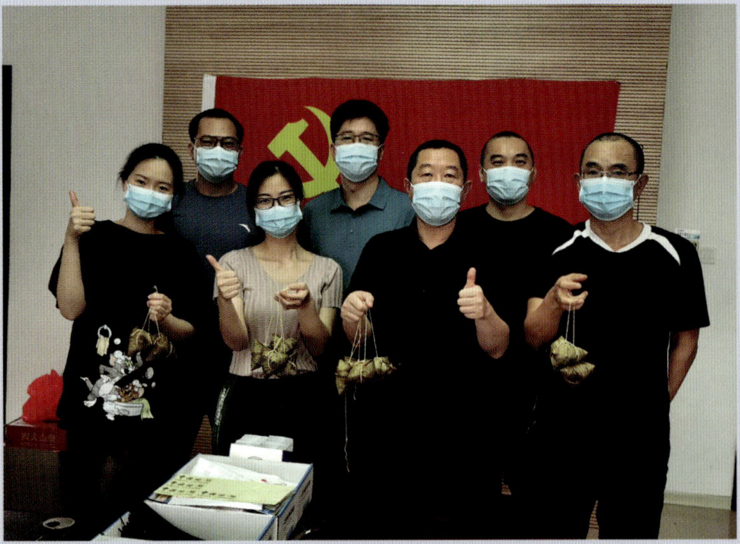

> 2022 年 6 月 3 日（端午节），海沧海关关心关爱冷链专班关员 （马恬　摄）

< 2022 年 6 月 30 日，海沧海关关员对入境船舶进行登临检疫（黄艺焕　摄）

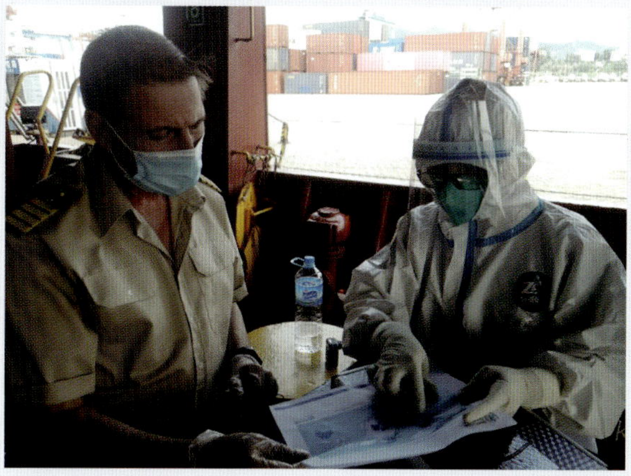

^ 2022 年 7 月 26 日，东渡海关关员对入境船员开展猴痘疫情防控宣教（谢少威　摄）

^ 2022 年 8 月 4 日，海沧海关关员连夜对入境船员实施咽拭子采样（黄艺焕　摄）

^ 2022 年 9 月 18 日，银川海关关员到厦门海关机场专班跟班交流学习 （杨立辉　摄）

^ 2022 年 10 月 16 日，机场海关关员监管首架“澳门—厦门”航班复航 （阮英松　摄）

^ 2022 年 10 月 16 日，邮轮海关关员为某外籍油轮遇险获救船员办理入境检疫手续 （戴昱　摄）

> 2022 年 10 月 29 日，泉州海关关员完成登临检疫后，对随身物品进行消毒 （范英帅　摄）

> 2022 年 11 月 11 日，东渡海关关员对入境船员进行体温监测 （谢少威　摄）

> 2022 年 11 月 11 日，厦门海关举办“厦门口岸‘多病同防’与职业暴露应急处置演练”活动 （刘雨龙　摄）

总　目

目　录

第五篇　业务建设

第六篇　政务及后勤保障

第七篇 隶属海关

第八篇 事业单位

第九篇 荣誉榜

附 录

索 引

“中国海关史料丛书”编委会

第一篇

特载

厦门海关概况、组织架构

概况

厦门海关历史悠久。厦门关区泉州、漳州、厦门、龙岩在不同时期设有海关或类似于现代海关职能的管理机构，行使把关职能。

北宋哲宗元祐二年（1087 年），朝廷在泉州设立市舶司，专门掌管来往海外船舶贸易、征税事宜和接待朝贡使者。泉州海外贸易在宋、元时期达到鼎盛，至明成化八年（1472 年），明政府将市舶司衙门从泉州北移到福州，泉州市舶司时代就此结束。

明嘉靖八年（1529 年），为适应对外贸易，加强海道管理，朝廷在漳州月港设巡海道，后改为靖海馆、海防馆。明万历二十一年（1593 年），海防馆改为督饷馆，管理“洋市”，并依据此前颁布的《商税则例》，征收海贸税。

清康熙二十三年（1684 年），厦门正式设关，时称“闽海关厦门口”。清同治元年（1862 年）3 月，设立“厦门关税务司署”，亦称厦门关，或厦门新关、洋关。闽海关厦门口因其职能削弱为以管理民船贸易为主，为区别于厦门关，改称常关。

中华民国二年（1913 年）3 月，厦门关监督署设立，经税务处批准，原归闽海关监督会同税务司办理的厦门新（洋）关、常关各关，直辖闽海关厦门口关务分处。此后，泉州、石码、铜山三总关及所属分关哨卡 28 处全部划归厦门关监督署就近管理，第一次形成了近代厦门海关机构关区范围的雏形。

从 1931 年起，中国共产党在中央苏区的龙岩上杭官庄、同坑塘、石圳潭等地设立关税处，历时 3 年多进行税关工作探索和实践，为中央苏区的建设和发展提供了重要财力支持，也为之后抗日革命根据地、解放区乃至新中国建设积累了经验。

1950 年 6 月，废“厦门关税务司署”旧称，启称“中华人民共和国厦门海关”。1980 年 2 月，国务院改革海关管理体制，海关建制收归中央，厦门海关直属海关总署领导。1984 年 7 月，国务院批准调整厦门海关为厅局级机构。2018 年，中共中央印发《深化党和国家机构改革方案》，其中明确“将国家质量监督检验检疫总局的出入境检验检疫管理职责和队伍划入海关总署”，在厦门关区的出入境检验检疫机构职责和人员转隶厦门海关。

截至 2022 年年底，厦门海关行政编制 2305 名（不含缉私警察编制），实有 2217 人；

事业编制487名，实有311人。内设20个职能机构（不含缉私局），下设14个隶属海关单位，管理9个事业单位，代管1个海关总署事业单位。

2022年，厦门海关关区范围为福建省厦门市、泉州市、漳州市、龙岩市，总面积4.42万平方千米，海岸线长1474千米；关区内有空港口岸2个、海港口岸3个、开放港区17个，各类海关监管场所78处、海关特殊监管区域4处、陆地港2处，海、陆、空、邮等海关监管业务一应俱全。全年，厦门海关监管进出口货物总值1.26万亿元、货运量1.11亿吨，同比分别增长12.3%、下降8.1%；厦门关区特殊监管区域一线进出口值累计1976.46亿元，同比增长28.17%；海关税收入库500.95亿元，同比增长27.98%；签发原产地证书24.34万份；进口各类享惠货物货值318.38亿元；检疫进出境人员75.76万人次；截获二类动物疫病2种4种次、植物检疫性有害生物57种1094种次；检出未准入境食品194批，同比增长15.5%；检出不合格进出口商品1624批，同比增长36.6%。

组织架构

单位	类别	部门单位名称	简称
厦门海关	内设机构	办公室（党委办公室）	办公室
		法规处	法规处
		综合业务处	综合处
		自贸区和特殊区域发展处	自贸处
		关税处	关税处
		卫生检疫处	卫检处
		动植物检疫处	动植检处
		进出口食品安全处	食安处
		商品检验处	商检处
		口岸监管处	监管处
		统计分析处	统计处
		企业管理和稽查处	稽查处
		缉私局	缉私局
		财务处	财务处
		科技处	科技处
		督察内审处	督审处
		人事处（党委组织部）	人事处
		教育处	教育处
		机关党委（思想政治工作办公室、党委宣传部、党委巡察工作办公室）	机关党委
		监察室（党委纪检组）	监察室
		离退休干部办公室	离退办
	隶属海关单位	泉州海关	泉州海关
		厦门机场海关	机场海关
		厦门邮轮港海关	邮轮海关
		东山海关	东山海关
		翔安海关	翔安海关
		厦门邮局海关	邮局海关
		高崎海关	高崎海关
		集同海关	集同海关
		东渡海关	东渡海关
		海沧海关	海沧海关
		古雷海关	古雷海关
		漳州海关	漳州海关
		龙岩海关	龙岩海关
		厦门海关风险防控分局	风控分局
	事业单位	厦门海关后勤管理中心	后管中心
		厦门海关技术中心	技术中心
		厦门海关海峡两岸农产品技术中心	海峡中心
		厦门国际旅行卫生保健中心（厦门海关口岸门诊部）	保健中心
		中国质量认证中心厦门海关评审中心	评审中心
		厦门海关培训中心	培训中心
		泉州海关综合技术服务中心	泉州海关综技中心
		漳州海关综合技术服务中心	漳州海关综技中心
		东山海关综合技术服务中心	东山海关综技中心
		中国电子口岸数据中心厦门分中心	数据分中心

在 2022 年厦门海关工作会议上的讲话

厦门海关关长、党委书记　郑巨刚

（2022 年 1 月 26 日）

这次会议的主要任务是：以习近平新时代中国特色社会主义思想为指导，深入学习贯彻党的十九大和十九届历次全会精神，全面落实全国海关工作会议、全面从严治党工作会议部署，总结回顾 2021 年工作，部署 2022 年工作。

▲2022 年 1 月 26 日，厦门海关召开年度工作会议（刘雨龙　摄）

一、2021 年工作回顾

2021 年是中国共产党成立 100 周年，是党和国家历史上具有里程碑意义的一年，也是厦门海关发展历程中极不平凡的一年。面对复杂困难的局面，我们坚持以习近平新时代中国特色社会主义思想为指导，用党的百年奋斗重大成就和历史经验指引方向，坚决贯彻党中央、国务院重大决策部署，全面落实“五关”建设要求，迎难而上、砥砺前行，扎实推进“更有效率海关”建设，各项工作稳中有进、稳中提质，实现“十四五”良好开局。

（一）践行“两个维护”坚决有力

关党委带头捍卫“两个确立”、做到“两个维护”，大力弘扬伟大建党精神，把学习贯彻习近平总书记“七一”重要讲话精神和党的十九届六中全会精神作为重中之重，用好厦门关区厚重红色资源，精心组织庆祝建党百年系列活动，推动党史学习教育走深走心走实。紧跟习近平总书记重要指示批示精神，层层夯实“第一议题”制度，迅速制定贯彻落实习近平总书记来闽考察重要讲话精神 13 项具体措施，严禁“洋垃圾”入境、打击象牙等濒危动植物及其制品走私成效明显，“十四五”规划稳步落实，巡视整改 94 项任务全部完成，意识形态管控持续增强，全关上下走好“两个维护”

第一方阵的坚定性进一步提升。

（二）口岸疫情防控持续加强

关党委带头下沉一线、靠前指挥，全关上下大力弘扬伟大抗疫精神，不畏艰险、向疫而行，“平急转换”指挥机制更加健全，“水陆空邮”立体防控网络全面筑牢。坚持“人、物、环境”同防，海关总署规定动作100%落实到位，截至2021年年底，疫情防控考核总得分位居全国海关第三，进口货物专项考核得分稳居全国第一。同步严防埃博拉、拉沙热等其他传染病传入，检出全国首例新冠病毒合并登革热感染病例，“多病同防”成效明显。始终保持内部防护高度警惕，封闭管理模式落实落细，支援保障做深做好。坚决果断、主动应变，确保“打胜仗、零感染”。

（三）全面深化改革亮点突出

“两步申报”“两段准入”成效持续拓展。福厦两关全业务领域一体化改革率先开展，智能审图算法分类部署全国首批试点，以查发为导向的稽查作业模式构建成型。非贸业务一体化智能管理平台威力显现，精准查发违规情事424起、公安部目标督办案件1起。病毒采检等四类新型智能化监管设备拓展应用，有效降低一线关员作业强度和感染风险。“数字监管”平台空港版上线运行；加贸领域ERP联网监管成功试点。深化自贸试验区海关监管创新，3项举措获评全国首创。

（四）国门安全屏障更加稳固

制定加强安全生产23条措施，圆满完成建党百年安保维稳任务。风险防控机制不断优化，人工分析布控查获率稳步提升。综合治税持续深化，全年税收入库391.44亿元。“国门绿盾2021”专项行动深入开展，全年检出有害生物8723种次，在全国海关首次从大宗进口货物中截获玉米矮花叶病毒。进出口食品、商品质量安全监管更加严密，检出未准入境食品168批次，检出不合格商品1189批次、同比增长84.9%。涉台贸易监管持续强化。1起知识产权保护案件入选全国海关系统“十佳知识产权案例”。统计分析报告获中央领导批示18篇次。打击骗退税工作获国家税务总局、海关总署等四部委通报表扬。

（五）打击走私工作再创佳绩

“国门利剑2021”、打击跨境电商进口走私“断链刨根”等专项整治行动成效明显，全年刑事立案168起，案值、涉税等指标创历史新高。侦办“忠诚2021”系列大要案16起，查获全国近10年来单次数量和货值最大的走私香烟案，缴获走私香烟236万条、烟丝45.1吨；查获1起特大毒品走私进境案，缴获可卡因61.3千克。全员打私机制进一步夯实，海关业务部门移交刑事案件占比达60.7%。

（六）服务外贸发展成绩斐然

坚决贯彻“六稳”“六保”部署，58条稳外贸措施落地见效，监管中欧班列货值再创新高，助力厦门港集装箱吞吐量首次突破1200万标箱。象屿、海沧港两个综保区通过验收，泉州石湖港保税物流中心（B型）封关运作，“四自一简”等13项政策全面落地实施。口岸营商环境持续优化，全年进、出口整体通关时间同比压缩15.01%和24.4%，助推厦门连续3年获评“中国十大海运集装箱口岸营商环境测评”最高等级，相关做法入选厦门经济特区建设40周年全面深化改革优秀案例。出台促进跨境电商高质量发展12条措施，监管跨境电商零售商品3839.92万票、同比增长1.34倍，市场采购贸易额572.11亿元、同比增长64.12%。先行先试RCEP部分措施，税政建议被国家主管部门采纳数占全国海关近十分之一。助力厦门新冠病毒检测试剂出口稳居全国第一，福建芦柑首次准入美国市场。

（七）文明单位建设蔚然成风

深化模范机关创建，评选“四强”党支部61个，5个支部获评署级党建品牌，1个支部入围全国海关“书记项目”，厦门关区党组织的号召力、凝聚力、战斗力持续增强。落实专业技术类公务员分类管理，开展事业单位岗位设置及聘用，事业单位作用有效发挥。离退休工作稳步推进。基层党建和业务实训基地建成运作，专业能力提升行动全面铺开，12个业务条线共评选标兵21人，“学钻精”业务氛围逐渐浓厚。对76个集体、840名个人记功授奖；新增2个省级文明单位，2个国家级、2个省级文明单位培育对象；3个集体获评全国青年文明号，全年共有10人次获省部级及以上表彰，1人获评厦门经济特区建设40周年先进模范人物。厦门机场海关机关党委在建党百年之际获评全国先进基层党组织，这是党和人民给予的至高荣誉，是全体干部职工的共同光荣！

（八）全面从严治党纵深推进

针对关区非职务违纪违法案件，部署三轮教育整顿，开展“五个全面排查”，“两个责任”同向发力，“一体严”“贯通严”“自觉严”的生态逐步形成。认真落实海关总署党委加强对“一把手”和领导班子监督的实施意见，扎实开展“现场监管与外勤执法权力寻租”专项整治，组织2轮巡察、1轮巡察“回头看”，加强重点领域督察审计，强化监督执纪问责。

（九）综合保障水平稳步提升

整治形式主义、官僚主义持续深入，发往隶属单位公文、基层报送材料报表大幅压减。政务服务好评率达100%，蝉联厦门市绩效考核和综治考核“双优秀”。复议应诉工作保持“零败诉”，获评福建省普法工作先进单位。科技支撑有效加强，实验室新增检测能力123项，参与1个国家自然科学基金项目，2个项目获厦门市科技进步三等奖。过紧日子要求全面落实，企业脱钩及国企改制有序推进，获评全国公共机构水效领跑者。后勤服务满意度不断提升，学会工作取得新成绩。

同志们！过去的一年是充满红色记忆的一年，我们共同见证了百年大党的风华正茂，初心历久弥坚，信仰更加坚定；过去的一年是持续创先进位的一年，我们不舍昼夜、奋力争先，各项工作再上新台阶。

岁月峥嵘、奋斗不息。自2020年1月21日启动新冠疫情防控以来，我们已在口岸一线坚守两年又五天。两年多来，全关上下坚决响应党中央号召，不顾安危、勇毅前行，在大战大考中砥砺初心，在急难险重中担当使命，铸就的“忠诚履职、舍家为国的奉献精神，一丝不苟、科学严谨的专业精神，坚韧不拔、善作善成的奋斗精神，上下同心、干事创业的协作精神”，充分体现了政治机关本色，展示了准军纪律部队优良作风，彰显了新时代海关关员的意志品质。在此，我代表关党委向全体干部职工、离退休老同志，特别是向持续奋战在抗疫一线的同志们，表示衷心的感谢，并致以崇高的敬意！

二、面临的形势和任务

2022年下半年将召开党的二十大，这是党和国家政治生活中的一件大事。我们要切实把思想统一到党中央重大决策部署上来，落实“稳字当头、稳中求进”，按照海关总署党委要求，找准工作方位，科学谋划年度工作。

（一）深刻认识“两个确立”的决定性意义，坚决做到“两个维护”

旗帜鲜明讲政治、保证党的团结和集中统一是党的生命，也是我们党成为百年大党、创造世纪伟业的关键所在。党的十九届六中全会作出“两个确立”的重大政治论断，是党的十八大以来最重要的政治成果，反映了全党全军全国各族人民共同心愿，对新时代党和国家事业发展、对推进中华民族伟大复兴历史进程具有决定性意义。海关作为政治机关、准军事化纪律部队，必须将“两个维护”作为最高政治原则和根本政治任务，时时处处都要从讲政治的高度来谋划思考和落实。厦门关区地处习近平新时代中国特色社会主义思想的重要孕育地、萌发地、实践地，我们要更加自觉、更加坚定捍卫“两个确立”、做到“两个维护”，始终在政治立场、政治方向、政治原则、政治道路上同以习近平同志为核心的党中央保持高度一致。

（二）深刻认识国家安全面临的严峻挑战，织密筑牢国门安全防线

习近平总书记强调，“新的征程上，我们面临的风险考验只会越来越复杂，甚至会遇到难以想象的惊涛骇浪。我们面临的各种斗争不是短期的而是长期的，将伴随实现第二个百年奋斗目标全过程”。恐怖主义、极端势力等通过口岸输入的风险长期存在，奥密克戎等变异株造成疫情防控“外防输入”压力持续不减，动植物疫情疫病和外来有害物种给生态环境安全带来严重威胁，成品油等重点涉税商品走私屡打不止，国门安全面临严峻挑战。厦门关区沿海近台，历来处在维护国门安全、防范意识形态领域风险和反走私斗争的最前沿。国门安全事关国家安危。我们要善于从政治上、大局上观察问题、分析问题，始终牢记为国把关的职责使命，坚持底线思维，发扬斗争精神，织密筑牢国门安全防线，防止出现安全“短板”“洼地”，坚决防范系统性区域性风险。

（三）深刻认识稳定经济发展的紧迫任务，主动服务高水平开放

中央经济工作会议指出，当前我国经济发展面临需求收缩、供给冲击、预期转弱三重压力，2022年经济工作强调“稳字当头、稳中求进”。海关作为服务经济发展的重要部门，处在国内国际双循环的“交汇枢纽”，促进外贸稳增长任务艰巨，责任重大。福建外向型经济比重大，对外依存度高，受国际贸易形势影响更加直接。我们要深化对经济规律的认识，大力加强调查研究，尊重客观实际和企业需求，持续做好“六稳”“六保”，积极推出有利于外贸发展的务实举措，持续优化口岸营商环境，促进外贸新业态新模式健康发展，推动外贸量稳质升。

（四）深刻认识全面从严治党的复杂形势，坚持严的主基调不动摇

习近平总书记告诫全党，要永葆自我革命精神，增强全面从严治党永远在路上的政治自觉，决不能滋生已经严到位的厌倦情绪。我们必须清醒看到，厦门关区地域传统文化中的“熟人经济”、政企“旋转门”等消极因素仍然存在，我们决不能盲目乐观，要始终保持清醒头脑，牢记四个“任重道远”，以永远在路上的坚定执着，将全面从严治党向纵深推进，始终做到“一体严”“贯通严”“自觉严”。

习近平总书记指出，总结历史是为了使全党从历史进程中洞察历史发展规律和时代发展大势，提高认识水平和辨别能力，增强锚定既定奋斗目标、意气风发走向未来的勇气和力量，更加清醒、更加坚定地办好当前的事情。现在，党团结带领全国人民踏上了实现第二个百年奋斗目标新的赶考之路。我们每个人都是这个伟大时代的亲历者、参与者、见证者，一定要不负历史、不负时代、不负未来，在新时代新征程上展现新气象新作为，考出好成绩。

本届关党委成立之初，为深入学习贯彻习近平新时代中国特色社会主义思想，落实“五关”建设要求，提出了“理念先进、作风严谨、管理高效、富有活力”的16字发展愿景。两年多来，关党委带领全关上下以“效率”破题，用“实干”开路，在抗疫大考中拼搏奋进，在挫折逆境中砥砺前行，提质增效、创先进位，持续推动厦门关区发展取得显著提升。

关党委研究确定，2022年工作总体思路是：以习近平新时代中国特色社会主义思想为指导，认真贯彻党的十九大和十九届历次全会精神，大力弘扬伟大建党精神，深入学习领会“两个确立”的决定性意义，坚持党对海关工作的绝对领导，坚持稳字当头、稳中求进，立足新发展阶段，贯彻新发展理念，构建新发展格局，推动高质量发展，全面落实全国海关工作会议、全面从严治党工作会议精神，统筹发展和安全，强化监管优化服务，持续落实“六稳”“六保”，马上就办、真抓实干，锲而不舍、一以贯之推进“五关”建设，锚定“理念先进、作风严谨、管理高效、富有活力”的发展愿景，深入推进“更有效率海关”建设，以优异成绩迎接党的二十大胜利召开。

三、高质量做好2022年工作

（一）坚定不移强化政治建关

时刻牢记海关政治机关定位，坚持用党的历史深刻领会讲政治要求，始终从讲政治、顾大局的高度谋划、推动工作，坚决捍卫“两个确立”，坚定做到“两个维护”。

深入学习贯彻习近平新时代中国特色社会主义思想。充分发挥党委中心组学习示范引领作用，组织党的十九届六中全会精神轮训和系统培训，实施“理论学习提升行动”，优化“三会一课”等学习机制，推进党史学习教育常态化长效化，做好迎接党的二十大宣传教育和二十大精神学习贯彻，引导全关上下做习近平新时代中国特色社会主义思想的忠实信仰者、坚定实践者、不懈奋斗者。

坚决落实习近平总书记重要指示批示精神。坚持“第一议题”制度，完善上下贯通、执行有力的抓落实工作机制，锲而不舍、一以贯之抓好禁止“洋垃圾”入境、打击象牙等濒危动植物及其制品走私等重大任务，确保落地落实、取得实效，坚定走好“两个维护”第一

方阵。

全面加强党的领导。扎实开展捍卫“两个确立”、做到“两个维护”、强化政治机关建设专项教育活动，推动各级党组织和广大党员干部树牢政治机关意识，增强政治能力。强化厦门关区两级党委建设，加强对重大部署、重要任务、重点工作的组织领导。加强党章党规党纪教育，引导党员干部防止“七个有之”、做到“五个必须”，严守政治纪律和政治规矩。落实意识形态工作责任制。抓好中长期巡视整改，深化巡视巡察上下联动，提升巡察工作质效。

（二）坚定不移筑牢口岸检疫防线

大力弘扬伟大抗疫精神，始终坚持“外防输入、内防反弹”总策略，强化“人、物、环境”同防，全力守好国门“第一道防线”。

持续强化口岸卫生检疫。保持指挥体系高效运转，完善“水陆空邮”立体防控体系，100%落实海关总署疫情防控措施，进一步加强口岸联防联控，扎紧扎牢疫情防控闭环。压紧压实企业主体责任，严格做好入境客运航空器等各类高风险运输工具消毒监督工作。加强对机组人员、船舶船员的精准检疫。强化口岸公共卫生核心能力动态管理，加快实验室基因测序能力建设，提升国际旅行健康服务水平。

严格口岸货物检测监督。加强口岸风险分析，科学规范实施进口冷链食品、农产品和高风险非冷链集装箱货物采样检测，严格监督落实口岸环节预防性消毒措施。深入研究检出规律，提高防控的预见性、精准度。加强检疫处理单位资质管理，强化检疫处理监督。

坚决防止疫情疫病叠加。加强传染病监测预警，严防埃博拉、拉沙热、鼠疫等重大传染病传入。强化系统治理和全链条防控，严防动植物疫情疫病传入。开展“国门绿盾 2022”行动，严厉打击非法引进行为，严防外来物种入侵。用好国门生物安全展厅，发挥科普宣传与培训教学阵地作用。建设初筛鉴定室，进一步提升动植物疫情疫病和外来物种防控能力。

全力做好疫情防控保障。从严从实做好安全防护，加快疫苗加强针接种，严格执行一线检疫人员封闭管理措施。优化“一线、预备、应急”3 个梯队，强化人员培训和实战训练，统筹优化资源配置，持续关心关爱抗疫一线人员身心健康，加大“四不两直”督导检查力度，全面保障一线持久战斗力，坚决做到“打胜仗、零感染”。

（三）坚定不移维护国门安全

深入落实总体国家安全观，坚持底线思维，发扬斗争精神，持续强化全链条监管，切实防范化解重大风险。

增强风险防控能力。全面开展厦门关区业务风险隐患大排查，防范化解重大政治风险、系统性风险、综合性风险。持续推进风险防控一体化，优化布控规则，推进现场即决式布控，开展口岸安全风险联合防控，提升风险防控的精准性。深化大数据应用，加强风险情报体系建设，推进风险模型优化迭代与实战运用。

提升综合治税水平。加强税收监控分析，强化归类、审价、原产地管理，优化非贸税收征管机制，全力以赴完成全年税收预算目标。加强属地纳税人管理，稳步推广汇总征税、预裁定等便利措施。落实“十四五”税收优惠政策，认真做好 RCEP 实施工作。围绕优化产业布局，提升税政调研质量。

提高口岸监管效能。始终绷紧安全生产这根弦，持续巩固安全生产专项整治三年行动成效。规范现场检查作业，优化完善综合查验模式，提升现场主动查发能力。认真落实贸易管控措施，加强重点敏感货物查缉监管，做好维护意识形态安全和“扫黄打非”等工作。规范对台小额贸易监管。完善监控指挥体系，加强监管作业场所运行管理，严格准入退出。

严把进出口检验关。落实“四个最严”要求，纵深推进进口食品“国门守护”行动，严防输入型食品安全风险。严格开展进出口食品、化妆品监督抽检和风险监测，完善出口食品境外通报核查处置。严格落实进出口食品企业主体责任，严厉处罚违规行为。健全进出口商品质量安全风险预警和快速反应监管体系。发挥国家级风险监测点作用，强化监测评估。聚焦“安全卫生健康环保”，提升危险化学品、防疫物资、机动车、儿童用品等重点敏感商品检验监管水平。

保持打私高压态势。加强全员打私，认真开展“国门利剑2022”等专项行动，严厉打击“水客”走私，保持打击武器弹药、毒品、反宣品、冻品、成品油等走私高压态势，持续打击涉检违法犯罪行为。深入推进“智慧缉私”。深化反走私综合治理，全面提升打、防、管、控整体效能。

（四）坚定不移深化改革创新

坚持创新引领，强化系统观念，加大科技保障力度，同步防范改革伴生风险，持续提升关区治理水平。

全面落实全业务领域一体化。围绕“拓围、提质、增效”，持续强化与福州等兄弟海关的跨关区业务协同。稳步提高“两步申报”“两段准入”成效。开展厦门关区改革效果评估，聚焦一线难点、流程堵点和业务风险点，发现解决一批矛盾问题，进一步贯通系统、优化流程，强化业务结合部衔接联动，健全问题即时收集、分析、解决、反馈长效机制，全面提升业务管理一体化水平。

扎实推进稽查改革取得实效。突出查发导向，优化稽查集约化管理模式，组建机动稽查力量，聚焦大要案，大幅提升整体查发效能。探索建立涉检稽查机制，实现涉检稽查常态化。深入推进核查“属地化+分类管理”。强化属地查检执法规范与协同监管。统筹推进“多查合一”，加大“多证合一”推广力度，构建以信用为基础的新型监管机制。

强化科技创新支撑引领作用。坚持业务科技一体化，提升病毒采检等新型智能化监管设备使用效能，持续为一线监管减压赋能。拓展非贸业务一体化智能管理平台应用，提升非贸精准监管水平。加快“数字监管”平台建设，持续做好新一代通关管理系统对接改造工作。编制厦门关区实验室发展规划，优化实验室布局，提升实验室总体技术实力和工作效能。

持续推进业务强关工程。海关业务是海关强化监管优化服务的能力基础，是海关履行职责的专业基础，也是海关落实讲政治要求的重要素质基础。要优化师资、建好实训基地，精准实施各类培训，推进专业能力再提升，培养选拔专精人才，建立有效机制，树立扎根一线学业务钻业务、学一行爱一行专一行鲜明导向，培塑具有海关特色的优良作风。

（五）坚定不移服务开放发展

深入学习贯彻习近平总书记致厦门经济特区建设40周年贺信重要精神，坚持“稳字当头、稳中求进”，积极服务“六稳”“六保”，全力支持福建全方位推进高质量发展超越。

进一步优化口岸营商环境。落实“三智”理念，加强与德班等“一带一路”沿线海关的通关协作，支持更多企业参与AEO国际互认合作。深化“放管服”改革，推进“双随机、一公开”。实施2022年跨境贸易便利化专项行动，持续巩固压缩通关时间成效，继续推动清理规范进出口环节收费。深化国际贸易“单一窗口”建设，推动更多业务“全程网办”“一网通办”，助力“便利福建”建设。

进一步支持外贸量稳质升。深入落实署省合作备忘录，组织稳外贸大调研，研究出台精准帮扶措施。推广企业集团加工贸易监管模式，争取加工贸易单耗管理改革试点落地。落实对加工贸易企业内销暂免征收缓税利息措施，支持企业出口转内销。落实矿产品“先放后检”“依企业申请”，推进检验结果第三方采信。支持扩大先进技术装备、能矿产品、粮食、种质资源等涉及国计民生的产品进口，维护产业链供应链安全稳定。稳步推进石狮、晋江市场采购贸易规范发展，助推航空维修、生物医药、集成电路产业链提档升级。夯实统计基础，强化统计分析和监测预警。做好技术性贸易措施应对指导，实施“龙腾行动2022”，为“中国制造”保驾护航。

进一步推动开放平台发展。深化海关监管制度创新，助推福建自贸试验区扩区提质，力争形成更多具有首创性、可复制可推广的经验做法。促进“丝路海运”、“丝路飞翔”、中欧班列扩大品牌效应。支持海沧海通、漳州后石等口岸扩大开放。推动海沧港综保区二期建设，助力象屿保税区转型，支持厦门空港申建综保区。支持厦门金砖创新基地和进口贸易促进创新示范区建设。支持利用海外仓扩大出口，推动跨境电商持续健康发展。围绕“应通尽通”，优质服务惠台措施落地见效，助力福建打造台胞台企登陆第一家园。

（六）坚定不移落实全面从严治党

大力弘扬伟大建党精神，始终坚持自我革命，全力锻造忠诚干净担当高素质专业化干部队伍，为厦门海关事业发展提供坚强组织保障。

持续加强干部队伍建设。选优配强处科级领导干部，推进年轻干部和执法一线科长队伍建设，科学用好各年龄段和职级干部。做好机构运行成效评估，提高机构编制配置效能。建立健全人才工作长效机制，启动专业人员数据库试点工作。完善“三位一体”考核机制，强化个人有关事项查核、选人用人监督检查，严格干部监督管理。

持续提升基层党建质量。巩固“强基提质工程”，深化“四强”党支部争创，做实建强党建品牌，健全具有厦门关区特色的党建制度体系和考核评价机制。加强事业单位党建工作，推动基层党组织全面进步、全面过硬。巩固“我为群众办实事”实践活动成果，加强模范机关创建。深化准军纪律作风建设，做好先进集体、先进工作者评选及推荐工作。坚持以党建带群建，发挥好群团组织作用，持续推进各级文明单位创建，推动文明岗号提档升级。助力乡村振兴。用心用情做好离退休干部工作。

持续提升综合保障水平。狠抓机关效能建设，深入落实精文简会部署。认真做好值班应急、新闻宣传、舆情应对、机要保密、档案管理、政务公开、信访和人大、政协建议提案办理等工作。推进关史研究，组织编纂首部年鉴——《厦门海关年鉴（2022）》。持续抓好绩效和综治考核，增强督查工作实效。提升厦门关区数据安全防护水平。继续落实过紧日子要求，提升预算执行效能，集中财力保障重点领域支出。深入落实事业单位改革“17条”，支持事业单位提升执法保障和市场竞争能力，稳妥推进所属企业脱钩改制。扎实开展“八五”普法，增强复议应诉能力，编制公布厦门海关权责清单，提升法治海关建设水平。

持续深化清廉海关建设。认真落实十九届中央纪委六次全会精神，一体推进“不敢腐、不能腐、不想腐”体系建设。完善落实全面从严治党主体责任检查考核机制，推动“两个责任”落实落细。认真履行党内监督主体责任，突出加强对“关键少数”特别是各级“一把手”和领导班子的监督，严格干部职工日常管理，坚持防范队伍管理、执法领域风险“两手抓”“两手硬”。持续开展并创新整治形式主义、官僚主义专项考核，坚决落实中央八项规定及其实施细则精神，深化“好差评”系统应用，锲而不舍纠“四风”树新风。强化“制度+科技”运用，优化内控节点体系建设，提升科技控权水平。聚焦重大决策部署，提升督审监督实效。用好两个“第一课堂”，扣好年轻干部廉洁从政的“第一粒扣子”，提升警示教育成效。坚持打私反腐“一案双查”，深化运用“四种形态”，提升线索处置和案件查办质效，依法严肃查处各类违纪违法行为，推进精准规范问责，营造风清气正的政治生态。

做好2022年工作需要全体干部职工共同努力，更需要各级领导干部扛起责任、推动落实。倪岳峰署长在全国海关专题会议上对各级领导干部履职提出了更高要求，大家要铭记于心、始终做到：

一是讲政治守初心。各级领导干部要进一步强化政治机关意识，始终牢记“两个确立”，增强“四个意识”、坚定“四个自信”、做到“两个维护”。自觉把讲政治作为基本的政治立场和思想方法。要深化对党的百年奋斗重大成就和历史经验的领会，牢记中国共产党是什么、要干什么这个根本问题，坚定理想信念，牢记初心使命，始终谦虚谨慎、不骄不躁、艰苦奋斗，用实际行动践行“人民海关为人民”理念。

二是勇担当善作为。担当做事是领导干部的职责所在，也是价值所在。各级领导干部都有管业务、带队伍的职责，要进一步增强守土有责、守土负责、守土尽责意识，保持斗争精神，增强斗争本领，直面矛盾、奋发有为，忠诚履职尽责，不断推进工作取得新的成效和突破。

三是勤学习强本领。要把学习当成一种生活态度、一种工作责任、一种精神追求，全面提升政治素养和专业能力，注重在实际工作中学习，注重在破解难题中增强本领，提倡管一行行一行，把学习成果转化为工作动力和成效，不断增强领导、谋划、推动、落实改革发展的能力和水平。

四是转作风守纪律。要坚决落实习近平总书记关于力戒形式主义、官僚主义的重要指示精神，马上就办、真抓实干，狠抓工作落实，拿成绩单说话。要严格遵守执行中央八项规定精神，坚决反对特权思想和特权现象，严格落实报告个人有关事项制度，严格家教家风，自党廉洁自律，树立领导干部良好形象。

同志们，奋进新征程，一起向未来！让我们更加紧密地团结在以习近平同志为核心的党中央周围，全面贯彻习近平新时代中国特色社会主义思想，大力弘扬伟大建党精神，埋头苦干、勇毅前行，深入推进“更有效率海关”建设，为全面建设社会主义现代化海关作出新的更大贡献，以优异成绩迎接党的二十大胜利召开。

在 2022 年厦门海关全面从严治党工作会议上的讲话

厦门海关党委书记、关长　郑巨刚

（2022 年 1 月 26 日）

这次全面从严治党工作会议的主要任务是，深入学习贯彻十九届中央纪委六次全会精神，落实全国海关全面从严治党工作会议部署，分析形势任务、统一思想行动，研究安排 2022 年厦门海关全面从严治党工作。

▲2022 年 1 月 26 日，厦门海关召开全面从严治党工作会议　（刘雨龙　摄）

一、2021 年工作回顾

2021 年，是厦门海关发展史上极不平凡的一年。全关上下坚持以习近平新时代中国特色社会主义思想为指导，全面贯彻党中央关于全面从严治党决策部署，认真落实海关总署党委和驻署纪检监察组的任务要求，紧紧围绕“更有效率海关”建设，以壮士断腕、刮骨疗伤的精神，以勠力同心、拼搏进取的作风，推动厦门关区全面从严治党工作和党的建设迈上新台阶。

（一）全面深化政治建关，践行“两个维护”更加坚定

坚决把深入学习贯彻习近平总书记重要讲话重要指示批示精神作为首要政治任务，完善落实“第一议题”制度，深入学习宣传贯彻习近平总书记“七一”重要讲话精神和党的十九届六中全会精神，关党委带头开展中心组学习 49 次，组织“习近平的地方历练”系列学习交流，掀起“大学习”热潮，全关上下深刻领会“两个确立”的决定性意义，不断增强“四个意识”、坚定“四个自信”、做到“两个维护”。建立“督查+评估+问效”闭环机制，有力保障党中央重大决策部署落实落细，科学规范、从紧从实抓好疫情防控工作，开展机场海

关“四种精神”学习宣传活动，广大干部职工踊跃奔赴抗疫一线，坚决做到“打胜仗、零感染”，国务院督导组先后3次来厦门督导，均对厦门海关抗疫工作给予好评；持续抓好压缩通关时间工作，助推厦门连续3年获评“中国十大海运集装箱口岸营商环境测评”最高等级；认真学习贯彻习近平总书记在福建考察调研时重要讲话精神，结合海关实际研究制定13项具体贯彻举措，并抓好落实。持续加强意识形态工作，改造提升全国海关首个政治保卫成果展厅，组织宣讲比赛、书画摄影展、“两优一先”表彰和文艺演出等庆祝建党百年系列活动。强化“巡视整改不落实，就是对党不忠诚”的意识，积极配合海关总署党委第五巡视组开展工作，从严从实抓好94项整改措施、122个细化任务落地见效、如期完成，健全完善制度机制139项；组织对12个部门单位开展党委巡察，对8个部门单位进行巡察“回头看”，发现问题138个，提出意见建议45条，有效发挥巡察监督作用。

（二）扎实推进党史学习教育，党建“强基提质工程”持续深化

把党史学习教育作为重要政治任务贯穿全年，加强组织领导和部署推动，细化专项方案5个，组建宣讲轻骑兵队伍，创新开展“党史大家讲”“支部人人讲”，组队参加华东片区党史知识竞赛获一等奖，深入推进“学史·铸魂”，引导党员干部弘扬伟大建党精神，传承党的宝贵经验和优良传统。厦门机场海关机关党委在建党百年之际获评“全国先进基层党组织”，1人获评厦门经济特区建设40周年先进模范人物。扎实推进“我为群众办实事”实践活动，两级党委263个办实事项目全部完成，2个项目入选全国海关系统“百佳”；用心用情做好老干部工作，新增老年专用文化场所500平方米。聚焦推动基层党建高质量发展，首次开展“四强”党支部评选，建成基层党建实训基地和3个实训点，开展支部书记全员培训，党组织建设水平进一步提升。5个支部获评全国海关党建示范和培育品牌，5个支部入围“书记项目”“微党课展播”等署级活动，3个集体、17个支部、14名党员获上级党委表彰，对76个集体、840名个人记功授奖，4名驻村干部被地方党委记三等功，党建引领作用充分彰显。

（三）突出强化“第一责任”，全面从严治党责任链条进一步紧固

关党委坚决落实全面从严治党主体责任，坚持真管真严、敢管敢严、长管长严，先后召开7次专题会议，部署全面从严治党工作。对各部门单位“一把手”和派驻纪检组组长履责情况进行集体约谈，提出针对性要求；听取13个隶属海关党委书记述责述廉述党建报告、12个派驻纪检组监督工作汇报，组织6名处级领导干部参加“基层书记组长谈责任”视频访谈，层层传导压力和责任。出台从严治关制度22个，特别是本着“可操作、能落地”的原则，对关党委主体责任清单进行修订，组织13个隶属海关同步对本级党委主体责任清单修订完善，进一步明确干什么、谁来干、怎么干以及干不成怎么办，推动由“要我抓”向“我要抓”转变。把用好监督执纪“四种形态”特别是“第一种形态”作为深化全面从严治党工作的重要抓手，制订工作指引并纳入责任清单和考核指标，实现制度化、规范化、常态化。

（四）从严从实抓干部队伍建设，文明单位创建蔚然成风

坚持用正确用人导向引领干事创业，强化执法一线科长跟踪培养，推进专业技术类公务员分类管理，落实职级干部管理办法，修订干部交流实施办法，有效调动各层级干部积极性。深化开展专业能力提升行动，评选 21 名业务标兵，实现政治和业务能力双提升。强化准军队伍建设，扎实开展内务规范强化月活动，组织考勤管理专项治理，开展不定期突击检查及视频督察，下发整改通知书 20 份，日常纪律作风进一步加强。深化文明单位创建，在厦门关区已有 5 个全国文明单位的基础上，新增 2 个全国级、2 个省级文明单位培育对象。工青妇工作进一步加强，9 个集体获评全国级、省级青年文明号，18 个单位获评星级职工之家、五一先锋号及优胜集体，创历史新高。

（五）坚持不懈正风肃纪反腐，不敢腐、不能腐、不想腐一体推进

坚持以最坚决的态度、最果断的措施刹住歪风邪气，从严查处违纪违法行为；针对暴露出的问题，认真开展责任分析并实施问责。部署 3 轮教育整顿，上下联动开展“五个全面排查”，查摆纠治队伍管理中的问题；针对地域文化特点，从准军建设要求出发，开展“熟人经济”专题调研；深化警示教育、“四德”教育，组织全员纪法考试，时刻绷紧纪法之弦。深入开展“现场监管与外勤执法权力寻租”专项整治，梳理廉政风险 96 个，落实整改措施 125 项，完善制度 72 项，深化拓展打私反腐“一案双查”，一线执法领域管理质效全面提升。

二、2022 年主要任务

2022 年厦门关区全面从严治党工作的总体要求是：以习近平新时代中国特色社会主义思想为指导，全面贯彻党的十九大和十九届历次全会精神，认真落实十九届中央纪委六次全会部署，增强“四个意识”、坚定“四个自信”、做到“两个维护”，自觉运用党的百年奋斗历史经验，永葆自我革命精神，坚持全面从严治党战略方针，坚持严的主基调不动摇，深化不敢腐、不能腐、不想腐一体推进，深化清廉海关建设，坚持不懈把全面从严治党向纵深推进，为建设“更有效率海关”提供坚强保证，以优异成绩迎接党的二十大胜利召开。

重点做好以下 5 个方面工作：

（一）推动政治机关建设提质增效，坚决捍卫“两个确立”，坚定走好“两个维护”第一方阵

习近平总书记指出：“旗帜鲜明讲政治、保证党的团结和集中统一是党的生命，也是我们党能成为百年大党、创造世纪伟业的关键所在。”全关上下必须全面深入学习贯彻党的十九届六中全会精神，深刻领会“两个确立”的决定性意义，牢牢把握海关首先是政治机关的属性，进一步提高政治判断力、政治领悟力、政治执行力，不断增强“四个意识”、坚定“四个自信”、做到“两个维护”。

要深化政治机关建设，始终对党绝对忠诚。倪岳峰署长强调，党的领导是人民海关的建关之本、强关之魂，听党指挥、绝对忠诚是海关队伍必须坚持的政治本色。要扎实开展捍卫“两个确立”、做到“两个维护”、强化政治机关建设专项教育活动，坚持把学习、查

摆、整改工作贯穿始终，对照“四个是否”全面排查、抓好整改；各级领导班子要深刻认识到没有脱离政治的业务，也没有脱离业务的政治，把专项教育作为2022年政治建关的一项重要工作，加强组织推动和督促指导，教育引导党员干部进一步增强政治意识，善于从政治高度思考、分析、解决业务问题，把讲政治要求融入各业务各岗位；纪检和巡察部门要把政治机关专项教育活动开展情况作为政治监督的重要内容，深入查找各部门单位、各业务领域和具体工作中存在的政治偏差，督促推动厦门关区各级党组织和党员领导干部不断提高政治站位、强化政治机关意识，确保执行不偏向、不变通、不走样。要深入开展对党忠诚教育，加强党性教育、新中国海关史教育和海关职业操守教育，引导党员干部严明党的政治纪律和政治规矩，坚决做到“五个必须”，防止“七个有之”。严格落实重大事项请示报告制度，凡是重大问题、重要事项、重要工作进展情况，都必须按规定及时请示报告。要进一步落实意识形态工作责任制，切实履行政治把关重要职责，发挥政治保卫成果展厅阵地作用，强化意识形态领域风险管控，坚决守住守好主战场。

要深化理论武装工作，推动学懂弄通做实。抓好学习贯彻党的十九届六中全会精神处级以上领导干部全员轮训和党员干部分批系统培训，按照统一部署要求，扎实做好党的二十大精神的学习宣传贯彻。弘扬马克思主义优良学风，创新学习形式、加强思想碰撞，进一步提高中心组学习、“三会一课”的质量效果，学深悟透习近平新时代中国特色社会主义思想，深入践行习近平总书记在福建工作期间创造的宝贵精神财富，自觉把学习成效转化为加快厦门关区事业发展的强大动力，转化为深化拓展“更有效率海关”建设的新思路新举措。积极发挥厦门关区党史事件多、红色资源多、革命先辈多的优势，探索建立党史学习教育的常态化长效化制度机制，不断把党史总结、学习、教育、宣传引向深入。

要深化落实“第一议题”制度，确保“两个维护”效果更实。完善“第一议题”学习研究、督办推进工作机制，坚持第一时间学习领会、第一时间研究部署，坚定坚决、不折不扣抓好落实。时刻同党中央精神对标对表，切实做到党中央提倡的坚决响应，党中央决定的坚决执行，党中央禁止的坚决不做。认真履行海关职责，强化监管优化服务，锲而不舍、一以贯之抓好口岸疫情防控、严禁“洋垃圾”入境、打击象牙等濒危动植物及其制品走私和优化口岸营商环境等重要工作，以更高标准、更高质量完成好各项工作任务。围绕“两个维护”根本政治任务，坚持“从严从实、较真动真”要求，持续抓好中长期巡视整改和成果运用，深化巡视巡察上下联动，完成厦门关区本轮巡察全覆盖，组织巡察“回头看”，推动巡察整改常态化落实落地。

（二）推动制度机制建设提质增效，把全面从严一贯到底

制度机制建设是全面从严治党的可靠手段。习近平总书记强调，“推进全面从严治党，既要解决思想问题，也要解决制度问题”“全方位扎紧制度笼子，更多用制度治党、管权、治吏”。这就要求我们建立和完善全面从严治党的各项制度机制，推动全面从严治党更严、更紧、更实。

要进一步压紧压实“两个责任”。倪岳峰署长指出，全面从严治党成效好坏，关键在于党委书记第一责任能否落实到位，在于党委主体责任能否落实到位，必须知责于心、担责于身、履责于行。我们要坚持“以巡视的标准为工作标准”“以巡视的要求为日常要求”，研究制定隶属单位党委（领导班子）落实全面从严治党主体责任检查考核实施办法，通过季度提醒、半年检查、年度考核，加强监督检查，及时约谈提醒，有力推动“一体严”“贯通严”“自觉严”。“一把手”要坚决扛起第一责任，做到“四个亲自”，管好班子、带好队伍，监督好下级“一把手”和领导班子，班子成员要认真落实好“一岗双责”，把分管领域全面从严治党工作抓紧抓实、抓出成效，做到守土有责、守土负责、守土尽责。纪检机构要深入贯彻《中国共产党纪律检查委员会工作条例》，既协助同级党委抓好组织协调和督促落实，又履行好监督专责，聚焦“国之大者”推动政治监督具体化常态化，加强日常监督，提升履职能力，特别是从政治高度分析研判问题、开展政治监督的能力，充分发挥监督保障执行作用；纪检干部队伍要以更高的标准、更严的纪律要求自己，刚正不阿、秉公执纪、谨慎用权，自觉接受最严格的约束和监督，要加大对派驻纪检组的管理力度，完善内控监督机制，坚决防治“灯下黑”。

要突出加强对“一把手”和领导班子的监督。细化“一把手”监督制度措施，推动落实批评和自我批评、民主集中制、“一岗双责”等制度，以“关键少数”带动“绝大多数”。完善“三位一体”考核机制，探索建立领导班子和领导干部工作目标及岗位职责规范。完善各级“一把手”述责述廉述党建和评议考核制度，强化结果运用，落实考核奖惩，发挥“风向标”作用。健全完善监督部门与业务职能部门联系配合机制，综合运用信访举报、案件查办、巡视巡察等方式，深入查找领导班子存在的突出问题，推进各类监督贯通协同，形成全面覆盖、常态长效的监督合力，推动“两个责任”同向发力，协同管住管好“关键少数”。要严格落实问责条例，对不抓不管、失职失责的党组织和党员领导干部严肃问责；同时要坚持“三个区分开来”，旗帜鲜明为坚持原则、敢抓敢管、不谋私利的干部撑腰鼓劲。各级领导干部要恪尽职守、敢于担当，本分做人、干净做事，自觉接受监督，习惯在监督和约束下工作、生活，带头反对特权思想和特权现象，进一步加强家庭家教家风建设，筑牢反腐倡廉家庭防线。

要深化运用“第一种形态”。按照“简化程序、便于操作，促进精准规范运用”的原则，对厦门海关有关“四种形态”的文件进行系统梳理，修订完善运用“第一种形态”工作指引。坚持严在日常、抓在平常，加强分析评估通报，强化监督检查考核，加强针对性指导，特别是对2021年全年未运用过的部门单位进行重点督导，提升各部门单位精准规范运用的能力和水平。

（三）推动基层组织建设提质增效，努力打造坚强战斗堡垒

习近平总书记指出，建设好党的组织体系这座大厦，要让组织体系的经脉气血畅通起来，让党支部强起来。推动厦门关区党建高质量发展，要坚持大抓基层的鲜明导向，进一步深化“强基提质工程”，完善上下贯通、执行有力的组织体系，着力解决基层党建突出问题，推动基层党组织全面进步、全面过硬。

要巩固“强基提质工程”。推广应用海关总署“智慧党建”系统，探索推进署、地、关三个党务平台数据互通共享，提升系统运行效能。开展基层党组织集中换届选举，组织合格支部建设“回头看”，开展新设支部达标考核评估。充分发挥基层党建实训基地作用，优化“课堂教学+现场教育+组织生活实训”三位一体的培训模式，从“三会一课”规范化建设抓起，实施党务干部能力提升工程，推动基层党建提质增效。坚持“抓书记、书记抓”，把提升支部书记素质能力、建强支部书记队伍作为基层党建工作的重要抓手，拓展“书记项目”试点工作成效，宣传推广一批支部工作法，持续办好支部书记培训班，组织交流经验做法，强化述职评议考核，提升党建工作整体水平。

要推动基层党建提档升级。开展创建模范机关先进单位和标兵单位评选，积极挖掘和培树各类先进典型，推动形成比学赶超、创先争优的良性局面。深化“四强”党支部争创活动，优化考核评价指标体系，建立健全常态化提醒、检视、整改、评估机制，推动支部工作从“基本做到”到“做得更实”“做得更好”。修订基层党建品牌创建工作实施办法，完善日常指导、典型培树、考核激励、动态退出机制，发挥品牌示范引领作用。加强事业单位及所属企业党建工作，研究出台指导意见，补齐党建工作短板弱项。持续开展党建课题攻关和工作创新，着力解决基层党建工作“老大难”问题，全面增强党支部政治功能和组织力凝聚力。

要全面提升党组织战斗力。认真落实海关总署关于新时代加强和改进思想政治工作的实施意见，加强对党员干部的政治引领和思想引导，大力弘扬伟大建党精神，深入学习宣传机场海关“四种精神”，为厦门关区改革建设各项事业凝聚奋进力量。持续强化人文关怀和心理疏导，落实经常性谈心谈话制度，认真开展“五必谈”，发挥好党组织、群团组织在团结引领、关心关爱、凝心聚力方面的作用，加大对一线抗疫干部职工的关心关爱力度，力所能及地解决干部职工的操心事、烦心事、揪心事，体现组织关怀、传递组织温暖。

（四）推动纪律作风建设提质增效，锻造综合素质能力过硬的准军纪律部队

习近平总书记强调，作风建设永远在路上。这要求我们发扬钉钉子精神，加强作风建设，全面落实“严紧硬”要求，着力打造一支召之即来、来之能战、战之必胜的准军事化纪律部队。

要以深化整治形式主义官僚主义专项考核为牵引，锲而不舍纠“四风”树新风。坚决贯彻中央八项规定及其实施细则精神，严格落实海关总署17条措施，党员领导干部要做到“五个一律不准”，执法一线科长和关员要做到“四个一律不准”。抓住“关键少数”和重要时间节点，盯紧违规接受企业宴请、违规收受礼品礼金、公车私用、私车公养等问题，露头就打、反复敲打，对顶风违纪、屡教不改的，依规依纪从严从重处理。持续开展整治形式主义官僚主义专项考核，进一步清理滥用积分排名及微信工作群、重复检查考核等问题，整治不用心不务实、不担当慢作为等问题，强化跟踪问效，提升治理效能，进一步推动形成“事事重质量、人人讲效率”的良好风气。

要以深化文明创建为载体，全面加强“四德”建设。认真落实《关于深化海关系统文明单位创建工作的指导意见》，加强工作交流，组织“结对创建”，推动文明单位创建再上新台阶。坚持党建带群建，持续加强工人先锋号、青年文明号、巾帼文明岗等各类文明岗号创建活动，实现递进式发展。要着力提升广大干部职工的社会公德、职业道德、家庭美德、个人品德，将“四德”教育纳入干部教育培训年度计划，大力弘扬文明新风，营造崇德向善、共建文明的鲜明导向和良好氛围。

要以深化专业能力提升行动为龙头，打造高素质专业化干部队伍。深入推进专业能力提升三年行动计划，把岗位练兵和技能比武作为聚才、锻才、育才、用才的有力抓手，探索完善“小教员”“轮流讲”等制度，营造勤学习、善钻研的业务学习氛围。加强队伍建设统筹规划，优化机构、职能和人员配置，科学用好各年龄段干部和职级干部；坚持好干部标准，突出实绩导向，加强专业人才队伍建设，实施人才精细化管理，把那些能力突出、业绩突出，有专业能力、专业素养、专业精神，特别是具有较高政治站位的优秀干部培养使用起来，配齐配强处科级领导干部，有效提升队伍综合素质和专业化水平。

要以深化内务规范提升行动为抓手，持之以恒加强日常纪律作风建设。扎实开展内务规范强化月活动，从敬礼、着装等日常工作入手，从领导干部抓起，整肃关容风纪，强化雷厉风行、令行禁止的作风养成。加强窗口作风明察暗访，充分发挥特约监督员作用，推进海关政务服务“好差评”全事项、全渠道覆盖，切实提升执法和服务质量。深入规范领导干部配偶、子女及其配偶从业行为，深化干部职工亲属从业申报工作，深化酒驾醉驾治理，加强“八小时之外”的监督，努力降低社会上各种腐败与隐形腐败对海关队伍的冲击和影响，进一步净化干部职工的社交圈、生活圈。

（五）推动“三不腐”体系建设提质增效，深入推进清廉海关建设

习近平总书记指出，我们党作为百年大党，要永葆先进性和纯洁性、永葆生机活力，必须一刻不停推进党风廉政建设和反腐败斗争。只要存在腐败问题产生的土壤和条件，腐败现象就不会根除，我们的反腐败斗争也就不可能停歇。我们要时刻牢记历史教训，永远保持清醒头脑，做到冲锋号常响、压倒性力量常在、强大势能常在。我们各级领导班子和领导干部绝不能滋生“已经严到底、严到位”的情绪，要保持反腐败政治定力，坚决打好打赢党风廉政建设和反腐败斗争攻坚战持久战。

要坚定不移正风肃纪反腐。关党委旗帜鲜明支持党委纪检组开展工作，坚持有腐必反、有贪必肃、有案必查，对顶风违纪违法案件严肃处理、同步问责、以儆效尤。巩固深化“现场监管与外勤执法权力寻租”专项整治成果，深入开展“海关重点项目和财物管理以权谋私”专项整治，紧盯一线执法领域和重点岗位，紧盯各级“一把手”和领导班子，严肃惩治政商“旋转门”、利用影响力或职权谋私贪腐等问题。完善“一案双查”工作机制，强化打私反腐合力，提升线索处置和案件查办质效。深入推进以案促改，深化举一反三，深入分析案件背后的深层次问题、日常管理监督中的短板或漏洞，以及制度机制上的缺陷，对存在问题“对症下药”，促进整体管理水平提升。

要深化拓展“制度+科技”应用。推进科技控权，深化运用非贸业务一体化管理平台，强化对权力运行的监督制约，同步运用“制度+科技”管权限权，一体提升执法效能和风险防控能力。加强执法规范建设，推进权责清单试点及厦门关区清单编制与公布，推动各部门单位制作更加明确规范的办事指南，公开执法权责事项。全面实施行政执法“三项制度”，强化事前事后公开、加强事中公示，提升执法规范，进一步压缩自由裁量权，强化制度执行刚性约束。

要推动警示教育走深走实走心。落实关于加强新时代廉洁文化建设的意见，坚持全面覆盖、注重实效，强化全员党章党规党纪和法律法规常态化学习，用好两个“第一课堂”，突出对科级领导干部和青年关员的教育管理监督，从思想上固本培元，增强拒腐防变能力。要用“身边事”教育“身边人”，强化典型案例的分析通报，充分发挥教育警醒作用，让全面从严成为全体干部职工的共同自觉。

2022年希望在前，使命在肩。让我们紧密团结在以习近平同志为核心的党中央周围，在海关总署党委的坚强领导下，以始终对党绝对忠诚的执着，以全面从严治党永远在路上的决心，埋头苦干、勇毅前行，把全面从严一贯到底，奋力谱写“更有效率海关”建设新篇章！

在 2022 年厦门海关年中工作会议上的讲话

厦门海关关长、党委书记　郑巨刚

（2022 年 7 月 5 日）

这次会议主要任务是深入学习贯彻习近平总书记重要讲话重要指示批示精神，全面落实全国海关年中工作会议部署，总结回顾上半年工作，研究部署下半年重点任务，推动全年工作圆满完成，以优异成绩迎接党的二十大胜利召开。

▲2022 年 7 月 5 日，厦门海关召开年中工作会议暨关务会　（刘雨龙　摄）

一、上半年关区工作简要回顾

2022 年以来，我们坚持以习近平新时代中国特色社会主义思想为指导，坚决贯彻落实党中央、国务院重大决策部署，按照年初海关总署、厦门海关两级海关工作会议部署，迎难而上、砥砺前行，各项工作稳中增效、稳中提质，取得了阶段性成果。

（一）践行“两个维护”坚定坚决

坚持学好、用好厦门关区特殊资源，政治理论学习走深走心走实，“学查改”专项工作和政治机关专项教育活动扎实推进，“水客”、“洋垃圾”、象牙等濒危物种及其制品走私势头得到遏制，中长期巡视整改有效落实，较好展现了海关准军事化纪律部队优良作风。

（二）“外防输入”关口有效把牢

坚持“人、物、环境”同防，新冠疫情防控指挥体系保持高效运转，各项防控措施100%落实到位，应对本土疫情有力有序。厦门海关厅处两级 16 名关领导参加封闭管理，20 条关心关爱抗疫一线措施持续落实。在全国海关首次检出奥密克戎 BA.4 变异株，疫情防控专项考核继续保持全国海关前列。

（三）国门安全防线筑实筑牢

政治安全保卫持续加强，安全生产责任进一步压紧压实，综合治税稳步推进。建成全国海关首个“生物安全法”主题展厅，检验检疫质效大幅提升。稽查改革开局良好。全员打私持续深化。非贸业务一体化智能管理平台成效凸显。

（四）服务外贸发展取得实效

在全国海关率先出台促进外贸保稳提质16条措施，促进跨境贸易便利化专项行动顺利开展，3月份厦门关区出口整体通关时间创历史最优。全力保障产业链供应链畅通，助推中欧班列（龙岩—莫斯科、泉州—莫斯科）首发，厦门跨境电商综合试验区位列商务部评估综合排名第一档。

（五）全面从严治党纵深推进

开展基层党建“双提升”行动，“1个中心基地+N个实训点”实训网络初步建成。加强干部队伍培养，选优配强处科级领导班子，4人获评全国海关“百名优秀执法一线科长”。将事业单位首次纳入派驻监督范围，实现厦门关区基层派驻监督全覆盖。扎实开展“海关重点项目和财物管理以权谋私”专项整治，深入推进廉政警示教育月活动。

同时，办公综合、法治建设、科技应用、财务管理、后勤保障、老干部等工作也取得新的成效，为做好全年工作打下坚实基础。在此，我代表关党委向全体干部职工，向持续奋战在抗疫一线的同志们，表示衷心的感谢，并致以崇高的敬意！

二、全面贯彻全国海关年中工作会议精神，扎实抓好下半年重点工作

2022年以来，在多种因素影响下，我国经济社会发展面临的风险挑战明显增多。4月29日召开的中共中央政治局会议作出一系列重大部署，强调“疫情要防住、经济要稳住、发展要安全”，为努力实现全年经济社会发展预期目标指明了方向。在全国海关年中工作会议上，俞建华署长从“口岸疫情防控的艰巨复杂性、促进外贸保稳提质的现实紧迫性、维护国门安全的极端重要性”三个方面，深入分析了当前海关工作面临的形势和任务，对下一步工作作了全面部署。

我们要切实把思想和认识统一到全国海关年中工作会议部署上来，不断增强在国家经济社会发展全局下思考海关工作的意识，深刻认识到当前做好海关工作面临的挑战前所未有，我们的责任感使命感也应当是前所未有。下半年，我们要紧紧围绕迎接、宣传党的二十大这条主线，按照海关总署党委部署要求，坚持稳字当头、稳中求进，全力抓好各项工作落实，切实当好“三个环境”的建设者、营造者、责任方。重点强调7个方面工作。

（一）一以贯之强化政治机关建设

党的十八大以来，我们之所以能够战胜一系列重大风险挑战，推动党和国家事业取得历史性成就、发生历史性变革，根本在于坚定“两个维护”。俞建华署长强调，要把“两个维护”体现到知行合一的表达上，体现到充满敬仰的情感上，体现到令行禁止的行动上，体现到履职尽责的成效上。习近平总书记在福建工作17年半，为福建发展倾注大量心血，作为驻闽海关，我们要带着特殊感情、特殊责任，更加自觉、更加坚定地捍卫“两个确立”、做到“两个维护”。

一是把学习宣传贯彻党的二十大精神作为头等大事，党的二十大召开以后，要第一时间制订工作方案，迅速把全体干部职工思想和行

动统一到党的二十大精神上来；落实好推动党史学习教育常态化长效化各项措施，用好《闽山闽水物华新——习近平福建足迹》等系列教材，组织开展“探寻习近平总书记奋斗足迹”活动，引导干部职工把对习近平总书记的深厚爱戴之情，转化为忠诚拥护“两个确立”、坚决做到“两个维护”的政治自觉、思想自觉、行动自觉，切实做到有表达、有情感、有行动、有成效。

二是不折不扣落实习近平总书记重要指示批示精神，深化“学查改”专项工作和政治机关专项教育活动，全力配合做好2022年国家审计工作，扎实推进问题整改，将“没有脱离业务的政治，也没有脱离政治的业务”要求落到实处。

三是深入学习贯彻习近平总书记关于“三农”工作重要论述，用好“我为群众办实事”实践活动形成的良好机制，持续做好定点帮扶工作，助力乡村振兴。

四是扎实推进基层党建“双提升”行动，推行“联学、联建、联创”，建好用好厦门关区基层党建实训基地，做实建强党建品牌，推动基层党组织全面进步全面过硬。

（二）科学精准做好口岸疫情防控

党中央强调，新冠疫情防控正处于“逆水行舟、不进则退”的关键时期和吃劲阶段，远没有到可以松口气、歇歇脚的时候。我们必须坚决贯彻落实党中央、国务院决策部署，牢记坚持就是胜利，咬紧牙关、严字当头，决不能自作主张擅自调整或降低标准，坚决守牢“外防输入”关口，做到“打胜仗、零感染”。各部门单位必须高度重视干部职工的防护，在日常中做到“四个减少”，落实“早、快、严、细、实”五字诀，慎终如始做好疫情防控工作。

一是按照海关总署统一部署，持续优化疫情防控技术方案，强化对变异株流行国家和地区入境人员、货物、物品检疫措施，加强环境监测监督，切实做到“人、物、环境”同防。

二是认真落实新版技术方案，完善常态化精准防控应急管理机制，提前做好国际航班调增、入境人员增加应对准备工作，加强人员培训、梯队建设和检测设备、防护装备配备。

三是密切监测全球新发突发传染病和动植物疫情疫病走势，严防猴痘、儿童不明原因肝炎等疫情输入，充分发挥国门生物安全展厅和口岸初筛鉴定室作用，提升口岸检疫查验能力，严防疫情叠加风险。

四是严格执行高风险岗位人员封闭管理措施，科学严谨、认真细致地抓好封闭专班和办公区域管理，做实单位、岗位、个人和家庭防护。

（三）坚定不移筑牢国门安全防线

俞建华署长强调，海关处在维护国门安全第一线，要发扬斗争精神，夯实监管责任，健全系统完备、科学规范、运行有效的监管体系。厦门关区沿海近台，历来处在维护国家安全、防范意识形态领域风险和反走私斗争的最前沿。特别是伪瞒报、夹藏走私进境的问题，各部门单位的“一把手”要瞪大眼睛，加强布控、加强查检，重视到位、落实到位。要从讲政治的高度，深刻认识保安全促稳定的重要意义，时刻保持警觉、时刻保持战斗状态，坚决以国门安全护卫国家安全。

一是认真落实海关总署党委关于防范风险的部署要求，按照“7+21”项重大、系统性风险防范任务分工，压紧压实主体责任，健全风险预判、预警、预案、预演制度体系，动态开展风险排查、排序、排除，牢牢守住不发生重大、系统性风险的底线。完善风险管理作业机制，加强信息收集和大数据平台运用，进一步强化涉检和业务结合部风险防控。

二是强化安全生产风险隐患排查整治，加大打击进出口危险品伪瞒报力度，切实强化正面监管，强化风险布控，严防伪报、瞒报、闯关，从严从重加以惩处，保持查缉涉枪涉爆、毒品、非法出版物等违禁品的高压态势，加强进出境领域意识形态管控，做好值班值守、机要保密、网络信息安全等工作，全力营造安全稳定的良好氛围。

三是强化稽核查职能作用，建立行之有效、可操作性强的涉检稽查工作机制。提升进出口食品安全治理水平，加强危险化学品、再生原料、防疫物资等重点敏感商品检验监管。

四是深入推进“国门利剑2022”联合行动，严厉打击整治“水客”、“洋垃圾”、象牙等濒危物种及其制品走私，加大跨境电商渠道以及疫区冻品、成品油、烟草等重点商品打私力度。强化反走私综合治理，精准落实“宽严相济”政策。

五是强化网络和信息系统运维管理，切实做好海关网络和数据安全防护，关注互联网动态，加强12360热线建设，使网络成为海关与管理相对人沟通的桥梁，成为有利于厦门海关建设发展的助推器。

（四）全力以赴促进外贸保稳提质

2022年，我国经济压力持续加大，外贸发展更是面临严峻挑战。党中央、国务院连续召开多次会议部署“六稳”“六保”工作，海关总署也先后出台了促进外贸保稳提质10项措施和助企纾困降成本7项措施。我们要坚持海关为民，不断提高服务地方经济、服务企业的能力水平，真正做企业的贴心人，努力为稳住全国经济大盘作出应有贡献。

一是深入开展“惠企助稳”专项行动，统筹推动海关总署和厦门关区各项惠企措施落地见效，完善“问题清零”工作机制，帮助企业应享尽享政策红利；强化外贸分析和政策研究，针对中小微企业、专精特新企业开展进出口分析，为企业开拓市场提供支持。

二是巩固跨境贸易便利化专项行动成果，推行疫情期间预约查验、免到场检查等便利措施，实现整体通关时间只减不增；扩大“船边直提”“抵港直装”“离港确认”等便利措施，加快企业急需货物通关。

三是落实降低进口原油、煤炭取样送检比例，支持扩大先进技术装备和能源、矿产、粮食等涉及国计民生产品进口；借鉴海南自由贸易港建设先进经验，深化自贸试验区海关监管制度集成创新，落实好新一轮促进综保区发展政策措施。

（五）创新深化业务改革融合

在这次全国海关年中工作会议上，俞建华署长强调，海关工作面临的形势和任务发生了很大变化，要用改革的思维、改革的方法来共同出题、破题、答题。我们要按照“改革要进、融合要进”的要求，通过改革创新攻克治理短板、提升治理效能，推动各项业务由结合、整合向深度融合转变。俞建华署长提出了6个课题，这是全国海关共同的课题，是必答题，不是选答题。作为必答题，我们如果重视得早一点、着手得早一点、准备得充分一点，不要仅仅局限于海关内部，要积极地走出去，跟社会上的宏观经济管理部门、学术部门、大企业进行交流探讨，听取他们的意见，可能认识会更深刻一点，提出来的措施建议会更务实一点，这项工作要按照分工尽早推进。

一是进一步增强税收风险意识，强化优化税收征管方式方法，加强综合治税，确保应收尽收，保障中央财政收入。

二是落实全业务领域一体化改革部署，深化与兄弟海关在属地查检、口岸监管、稽核查工作等领域的联动，积极探索重点业务领域跨关区协同管理。

三是深化重点领域科技创新，持续拓展非贸业务一体化智能管理平台应用，提升病毒采检等新型智能化监管设备使用效能，加快推动“数字监管”平台建设。

四是健全厦门关区业务运行机制，进一步理顺职责、优化流程、规范秩序，构建上下贯通、左右协同的抓落实工作闭环。进一步加强和规范请示报告，及时了解、研判、解决问题，有力有效地应对“黑天鹅”“灰犀牛”事件，确保长治久安。

（六）用心用情加强干部队伍建设

海关总署党委高度重视关心干部工作，俞建华署长指出“既要严管也要厚爱”。没有严管就没有厚爱，当然，没有厚爱也不可能做到严管，对于海关这支纪律部队来说，严管是基础。

一是树立重政治、重品行、重基层、重担当、重实绩的鲜明用人导向，将基层一线建功立业、立足岗位成长成才与选拔任用、职级晋升有效衔接，进一步选优配强各级领导班子，推进年轻干部和执法一线科长队伍建设。各部门主要负责同志、隶属海关关长要善于发现人才。要深入开展专业能力提升行动，强化一专多能复合型人才培养。

二是落实海关总署、厦门海关关心关爱疫情防控一线人员各项措施，及时对在疫情防控中表现突出的人员继续予以表彰奖励。继续开展“关长走进口岸封管区”，持续优化封闭管理服务保障，健全人力资源调配机制，保障持久战斗力。

三是改进思想政治工作，发挥好群团组织桥梁纽带作用，定期开展队伍思想动态分析，加强先进典型宣传，增强干部职工荣誉感。加强人文关怀，持续开展为干部职工办实事活动。进一步做好离退休老干部工作。

四是巩固厦门关区纪律作风系列专项教育整顿成效，强化“四德”教育，落实“三个区分开来”要求，规范党员干部网络行为，严格内务规范日常管理，严密防范酒驾醉驾问题，开展好窗口作风提升行动，持续整治形式主义、官僚主义，确保文明单位名副其实。

（七）全面从严推进清廉海关建设

习近平总书记在6月17日中共中央政治局第四十次集体学习时强调，“要提高一体推进‘三不腐’能力和水平，全面打赢反腐败斗争攻坚战持久战”。要始终保持对厦门关区廉政形势的清醒认识，坚持严的主基调不动摇，一体推进“三不腐”，做到同时、同向、综合发力，切实巩固“一体严”“贯通严”“自觉严”的态势。

一是强化“两个责任”落实，突出对“关键少数”特别是“一把手”和领导班子的监督，提升派驻纪检组“抵近监督”质效，及时发现并解决各种苗头性、倾向性问题。

二是深入开展“海关重点项目和财物管理以权谋私”专项整治，强化“制度+科技”反腐运用，切实加强对权力运行的制约和监督，常态化、长效化治理腐败问题。

三是强化纪法学习教育，用好用活两个“第一课堂”，不断提升警示教育成效。持续推进巡视巡察整改集中清查工作，精准规范运用“四种形态”，深化打私反腐“一案双查”，严肃查处各类违纪违法行为。

2022年时间已经过半。各级领导干部特别是“一把手”要知责于心、担责于身、履责于行，既要当好“指挥员”，又要当好“战斗员”。希望大家真抓实干、求真务实，把这次会议明确的各项部署要求与年初关区工作会议、全面从严治党工作会议重点任务深度结合，统筹抓好落实，以实际行动迎接党的二十大胜利召开。

在厦门海关党委理论学习中心组（扩大）学习暨党的二十大精神专题培训班上的讲话

厦门海关党委书记、关长　郑巨刚

（2022 年 11 月 15 日）

为深入学习宣传贯彻党的二十大精神，根据党中央部署，按照海关总署党委要求，经关党委研究，决定举办厦门海关党委理论学习中心组（扩大）学习暨党的二十大精神专题培训班。

一、深入学习宣传贯彻党的二十大精神，切实把思想和行动统一到党中央决策部署上来

（一）坚决做到“五个牢牢把握”，确保全面准确学习领会党的二十大精神的丰富内涵、精神实质和实践要求

党的二十大是在全党全国各族人民迈上全面建设社会主义现代化国家新征程、向第二个百年奋斗目标进军的关键时刻召开的一次十分重要的会议。党的二十大，鲜明提出了大会的主题，回顾总结了过去 5 年的工作和新时代 10 年的伟大变革，科学谋划了当前和今后一个时期党和国家事业发展的目标任务。习近平总书记在中国共产党第二十次全国代表大会上的报告，是党团结带领全国各族人民夺取中国特色

▲2022 年 11 月 15—16 日，厦门海关举办党委理论学习中心组（扩大）学习暨党的二十大精神专题培训班（刘雨龙　摄）

社会主义新胜利的政治宣言和行动纲领，是马克思主义的纲领性文献。大会通过的党章修正案，充分体现了党的二十大确立的重大理论观点和重大战略思想。大会通过的十九届中央纪律检查委员会工作报告，宣示了推进党风廉政建设和反腐败斗争的坚强决心。党的二十届一中全会选举产生新一届中央领导机构，习近平同志继续当选中共中央总书记、担任中央军委主席，充分体现了全党意志、凝聚了全党共

识、反映了人民期待，充分证明了习近平总书记是众望所归、当之无愧的全党核心、人民领袖、军队统帅。这是党之大幸、国之大幸、军队之大幸、人民之大幸。

深入学习领会党的二十大精神，重点是要做到习近平总书记在参加党的二十大广西代表团讨论时强调的“五个牢牢把握”。

一要牢牢把握过去5年工作和新时代10年伟大变革的重大意义，坚定捍卫“两个确立”、坚决做到“两个维护”。党的二十大报告高度评价了10年来我们经历的对党和人民事业具有重大现实意义和深远历史意义的3件大事，从16个方面对新时代党和国家事业取得的历史性成就、发生的历史性变革进行了全面总结和精辟概括。这些成就的取得，根本在于确立了习近平同志党中央的核心、全党的核心地位，确立了习近平新时代中国特色社会主义思想的指导地位，这是党在新时代赢得伟大历史主动的决定性因素，是我们应对一切不确定性的最大确定性、最大底气、最大保证。深入学习领会党的二十大精神，我们就要深刻领悟“两个确立”的决定性意义，进一步增强“四个意识”、坚定“四个自信”、忠诚做到“两个维护”，发扬历史主动精神，昂首阔步走好新时代赶考路。

二要牢牢把握习近平新时代中国特色社会主义思想的世界观和方法论，自觉学习好、运用好这一伟大思想。党的二十大报告指出，中国共产党为什么能，中国特色社会主义为什么好，归根到底是马克思主义行，是中国化时代化的马克思主义行。习近平新时代中国特色社会主义思想是当代中国的马克思主义、二十一世纪的马克思主义，是中华文化和中国精神的时代精华，必须长期坚持并不断丰富发展。深入学习领会党的二十大精神，我们就要深刻感悟习近平新时代中国特色社会主义思想的强大生命力，坚持不懈用好贯穿其中的立场观点方法，坚持不懈用这一伟大思想武装头脑、凝心铸魂，坚持不懈用这一伟大思想指导实践、推动工作。

三要牢牢把握以中国式现代化推进中华民族伟大复兴的使命任务，在新时代新征程奋力谱写新篇章。党的二十大报告指出，从现在起，中国共产党的中心任务就是团结带领全国各族人民全面建成社会主义现代化强国、实现第二个百年奋斗目标，以中国式现代化全面推进中华民族伟大复兴。报告深刻阐明了中国式现代化的基本特征、本质要求和重大原则，明确提出了重大部署、重点任务和重要举措，为我们奋进新征程指明了前进方向。深入学习领会党的二十大精神，我们就要完整、准确、全面贯彻新发展理念，以咬定青山不放松的执着和行百里者半九十的清醒，锲而不舍、锐意创新，努力为更高水平的对外开放、建设贸易强国作出新的更大贡献。

四要牢牢把握以伟大自我革命引领伟大社会革命的重要要求，锻造堪当民族复兴重任的新时代准军事化纪律部队。党的二十大报告指出，党找到了自我革命这一跳出治乱兴衰历史周期率的第二个答案，确保党永远不变质、不变色、不变味。全面从严治党永远在路上，党的自我革命永远在路上。深入学习领会党的二十大精神，我们就要始终牢记“两个答案”，深入推进新时代党的建设新的伟大工程，驰而不息深化全面从严治党，为社会主义现代化海关建设提供坚强政治保证。

五要牢牢把握团结奋斗的时代要求，凝聚越是艰险越向前、锚定目标齐奋进的磅礴力量。党的二十大报告指出，全党同志务必不忘初心、牢记使命，务必谦虚谨慎、艰苦奋斗，务必敢于斗争、善于斗争。“三个务必”是习近平总书记在我党踏上第二个百年新征程之际，向全党发出的号召。“团结就是力量，团结才能胜利”，党的二十大吹响了团结奋斗的集结号，发出了同心共圆中国梦的动员令。深入学习领会党的二十大精神，我们就要始终牢记“三个务必”，找准海关工作的切入点、着力点、落脚点，因势而谋、应势而动、顺势而为，在党的旗帜下团结成一块“坚硬的钢铁”，在中国式现代化道路上展现海关新作为。

（二）深入学习领会上级关于学习宣传贯彻党的二十大精神的部署要求

党的二十大召开后，党中央就学习宣传贯彻党的二十大精神作出明确部署。10 月 29 日，《中共中央关于认真学习宣传贯彻党的二十大精神的决定》正式印发。海关总署党委高度重视党的二十大精神的学习宣传贯彻，连续召开党委会，传达学习会议精神。10 月 24 日，俞建华署长主持召开全国海关学习宣传贯彻党的二十大精神视频会议，要求迅速行动，掀起学习宣传贯彻党的二十大精神热潮；高度重视，切实将思想和行动统一到党的二十大精神上来；联系实际，以党的二十大精神为指引研究新思路、落实新举措、取得新成效。10 月 31 日—11 月 5 日，海关总署举办党委理论学习中心组（扩大）学习暨学习贯彻党的二十大精神培训班，俞建华署长作开班动员讲话，作出了 4 大方面的部署：一是全面学习，切实把思想和行动统一到党的二十大精神上来；二是全面把握，坚持用党的创新理论指引海关事业高质量发展方向；三是全面落实，为以中国式现代化全面推进中华民族伟大复兴作出海关贡献；四是全面从严治党，深入推进新时代海关党的建设。我们要深入学习领会上级部署要求，把学习党的二十大精神与海关工作实际紧密结合起来，不断加深认识和思考，自觉以创新理论丰富创新思维，以创新理论引领创新实践。

（三）持续推进厦门关区学习宣传贯彻党的二十大精神走深走心走实

学习宣传贯彻党的二十大精神是当前和今后一个时期的首要政治任务。要提高政治站位，压紧压实主体责任，精心组织、统筹安排，以高度的政治责任感掀起学习宣传贯彻热潮。目前，关党委已经下发学习宣传贯彻实施方案，各部门单位要认真主动抓紧抓实。要搭好阵地平台，用好新媒体平台，加强经验做法、学习体会的交流展示，营造浓厚氛围，努力扩大厦门海关学习宣传贯彻党的二十大精神的社会影响力。要促进学深悟透，联系党的十八大报告、十九大报告和习近平总书记系列重要讲话精神，原原本本学、对比研究学、反复揣摩学、全面系统学、融会贯通学、联系实际学，做到知其然更知其所以然；细化学习安排，确保学习时间、质量、效果和覆盖面。要加强调查研究，牢记空谈误国、实干兴邦。要紧紧围绕俞建华署长提出的 38 个“深入思考”课题，研究新举措，解决新问题，抓好今年工作任务的收官和明年工作思路的谋划。要推进基层宣讲，党的二十大精神直达基层才能激发出强大的创造力。要发挥好领导干部和“轻骑兵”的两级宣讲示范带动作用，推动党的二十大精神走进基层党员群众。要创新方式方法，坚持科学的世界观和方法论的统一，既严谨又生动，组织开展征文、展览、竞赛等形式多样的主题活动，不断拓展广度深度，增强吸引力感染力。要提升实际效果，学习党的二十大精神，要做到知信行统一，结合海关工作实际，全面促进党建与业务的深度融合，努力学出成效、作出特色、凝聚力量，拿出把关服务的新水平建功新时代。

二、深刻把握中国式现代化对海关工作的重要启示

习近平总书记在党的二十大报告中庄严地向世界宣告，中国共产党从现在起的中心任务就是团结带领全国各族人民全面建成社会主义现代化强国、实现第二个百年奋斗目标，以中国式现代化全面推进中华民族伟大复兴。中国式现代化具有深刻的历史逻辑、理论逻辑和实践逻辑，内涵丰富、思想深邃，对海关工作具有重要的启示和指导意义，需要我们深入学习领悟、全面准确理解。

海关作为党和国家事业的重要组成部分，置身国内国际双循环“交汇枢纽”，肩负着促进对外开放的重要职责，在推进中国式现代化进程中具有重要而独特的作用。厦门关区地处厦门经济特区，处于对外开放最前沿，在维护国门安全、服务国家经济社会发展方面责任重大、使命光荣。我们要把海关工作摆到以中国式现代化推进中华民族伟大复兴大局中去定位、去谋划、去推动，围绕中心、服务大局，推动党的二十大重大工作部署在厦门关区落地生根。

（一）在领导力量上，要始终坚持和加强党的全面领导

党的二十大指出，我们推进的现代化，是中国共产党领导的社会主义现代化。报告中关于中国式现代化的第一条本质要求就是“坚持中国共产党领导”，表明了中国式现代化的引领者、领导者是中国共产党。历史告诉我们，在中国，组织和推动现代化的重任，必然要也只能由中国共产党来担当。过去几十年，正是在中国共产党的正确领导下，中国式现代化的内涵从“四个现代化”拓展为“富强民主文明和谐美丽”，现代化国家建设的指导思想日益明确、奋斗目标更加坚定、战略步骤始终稳健，取得了彪炳史册的伟大成就。可以说，党的领导是中国式现代化的最本质特征和最大优势。

厦门关区地处习近平新时代中国特色社会主义思想的重要孕育地和实践地，习近平总书记在福建工作 17 年半，为福建改革开放和现代化建设事业作出了一系列极具前瞻性、开创性、战略性的理念创新和实践探索。我们要怀着特殊感情、带着特殊责任，更加自觉地维护以习近平同志为核心的党中央权威和集中统一领导，充分发挥党的领导这个最大的政治优势，坚定不移把党的领导落实到工作的各领域各方面各环节，确保习近平总书记重要指示批示精神和党中央重大决策部署落地见效。

（二）在价值取向上，要始终坚持人民至上

党的二十大报告中关于中国式现代化重要特征和本质要求的精辟论断，句句围绕“人民”，处处彰显“人民”，深刻阐明了中国式现代化的价值取向，彰显了我们党的根本政治立场。中国共产党的理想信念、性质宗旨、初心使命决定了中国式现代化的本质必须是以人民为中心、促进人的全面发展的现代化。人民性，是中国式现代化不同于西方式现代化的鲜

明特色。

厦门海关是党领导下的人民海关，我们的权力是党和人民赋予的，必须始终植根于人民、服务于人民。我们要传承弘扬习近平总书记在闽工作期间亲自倡导、大力践行的“四下基层”“四个万家”等优良传统，深入基层一线，走进企业群众，坚持问政于民、问需于民、问计于民，坚持为民用权、为民执法、为民服务，持续提高企业群众的满意度和获得感，切实维护好国家和人民的根本利益。

（三）在思想路线上，要始终坚持实事求是

党的二十大指出，中国式现代化，既有各国现代化的共同特征，更有基于自己国情的中国特色。一些发展中国家不顾自身发展的国情和历史方位，全盘照搬西方模式，结果发展过程极为艰难。我们党明确强调中国要实现的现代化是“中国式的现代化”，强化现代化道路探索的“中国化意识”，为发展中国家树立起坚持“走自己的路”的典范。回顾中国式现代化道路，将马克思主义与中国具体实际相结合，坚持实事求是的思想路线，是贯穿始终的基本特征。党的十八大以来，我们党提出的一系列新理念新思想新战略，出台的一系列重大方针政策，提出的一系列重大举措，推进的一系列重大工作，都是坚持从实际出发、贯彻执行实事求是思想路线的结果。

当前，外部环境严峻复杂，这就要求我们从全局和战略高度分析厦门关区工作面临的新形势新任务，做到准确识变、科学应变、主动求变。我们要大力加强调查研究，全面把握国情、省情、关情，尊重客观实际和企业需求，健全系统完备、科学规范、运行有效的监管体系，持续提升海关治理能力建设水平，为积极探索社会主义现代化海关建设贡献厦门海关力量。

（四）在推进路径上，要始终坚持高质量发展

党的二十大指出，高质量发展是全面建设社会主义现代化国家的首要任务，“实现高质量发展”是中国式现代化的本质要求之一。党的十八大以来，以习近平同志为核心的党中央提出并贯彻新发展理念，着力推进高质量发展，推动构建新发展格局，实施供给侧改革，制定一系列具有全局性意义的区域重大战略，我国经济实力实现历史性跃升。当前，我国仍处在转变发展方式、优化经济结构、转换增长动力的攻坚期，高质量发展将有力促进经济向形态更高级、分工更复杂、结构更合理的方向演进，助力我国开好“顶风船”，走好“上坡路”。

在构建新发展格局进程中，福建作为崛起中的开放型经济省份，正迎来更大的发展空间。作为驻闽海关，我们要把提升发展质量放在更加突出的位置，切实发挥职能作用，推动外贸实现质的有效提升和量的合理增长，助力加快构建以国内大循环为主体、国内国际双循环相互促进的新发展格局，全力支持福建全方位推进高质量发展超越。

（五）在发展动力上，要始终坚持深化改革开放

党的二十大指出，推进中国式现代化，要“坚持深化改革开放”这一重大原则。党的十八大以来，以习近平同志为核心的党中央以巨大的政治勇气全面深化改革，实行更加积极主动的开放战略，使改革开放成为当代中国最显著的特征、最壮丽的气象。党的二十大就“推进高水平对外开放”作出一系列重要部署，彰显出我们党坚定不移深化改革开放的决心。

厦门关区内“海丝”核心区、自贸试验区等多区叠加，处在对外开放的前沿、改革创新的高地，有开风气之先的优良传统。我们要坚定做对外开放的践行者、维护者、促进者，进一步守正创新、主动作为，在海关管理机制、管理方式、监管模式和科技手段上持续改革创新，以更大力气建设“更有效率海关”。

（六）在应对挑战上，要始终坚持发扬斗争精神

党的二十大指出，推进中国式现代化，要“坚持发扬斗争精神”这一重大原则。实现伟大梦想，必须进行伟大斗争。在推进中国式现代化的过程中，我们遭遇的风险挑战风高浪急，有时甚至是惊涛骇浪，其复杂性严峻性前所未有。以习近平同志为核心的党中央团结带领全党全军全国各族人民，义无反顾进行具有许多新的历史特点的伟大斗争，推动党和国家事业取得历史性成就、发生历史性变革。

我们要科学理性地认清和把握当前的国际和国内形势，发扬斗争精神、增强斗争本领，既要敢于斗争，也要善于斗争，全面履行海关在维护经济、政治、文化、社会、生态安全等方面的职责，积极应对各种风险挑战，依靠顽强斗争守住守好国门防线。

三、以党的二十大精神为指引，努力为谱写中国式现代化海关篇章贡献力量

党的二十大关于今后一个时期建设的蓝图已经绘就，关键在于落实。我们要深入学习宣传贯彻党的二十大精神，认真落实海关总署党委“铸忠诚、担使命、守国门、促发展、齐奋斗”要求，加强对厦门关区改革发展事业的前瞻性思考、全局性谋划、整体性推进，形成一系列中国式现代化在厦门海关的生动实践。

（一）新征程上，我们要坚持和加强党对厦门关区工作的全面领导，铸牢绝对忠诚的政治品格

一是捍卫“两个确立”，做到“两个维护”。深刻领悟“两个确立”的决定性意义，做到对习近平总书记忠诚拥戴、对习近平新时代中国特色社会主义思想坚定信仰，任何时候任何情况下都不改其心、不移其志。加强党章党规党纪教育，引导党员干部更加自觉地学习好、遵守好、贯彻好、维护好新党章。牢固树立“没有脱离政治的业务，也没有脱离业务的政治”的理念，心怀“国之大者”，善于从政治和大局高度审视厦门关区工作，不断提高政治判断力、政治领悟力、政治执行力。完善“第一议题”闭环制度机制，全力抓好口岸疫情防控、打击象牙等濒危动植物及其制品走私、禁止“洋垃圾”入境等重大工作，以实际行动践行“两个维护”，当好忠诚卫士。

二是坚定理想信念，强化理论武装。大力弘扬、认真践行习近平总书记在福建、厦门工作期间创造的宝贵思想财富、精神财富和实践成果，深入开展“理论溯源”行动，巩固拓展党史学习教育成果，自觉做习近平新时代中国特色社会主义思想的坚定信仰者和忠实实践者，筑牢对党绝对忠诚的信念根基。各级领导干部都要在学深悟透党的创新理论上走在前列，做到知其言更知其义，以上率下推动理论学习蔚然成风。

三是坚持大抓基层，建强战斗堡垒。以提升组织力为重点，突出政治功能，加强包括事

业单位在内的基层党组织标准化规范化建设，健全厦门关区上下贯通、执行有力的组织体系，推动基层党组织全面进步全面过硬。坚持大抓基层的鲜明导向，巩固拓展“强基提质工程”成果，建好用好基层党建实训基地，做实做强基层党建品牌，加强先进典型宣传引领，引导广大党员充分发挥先锋模范作用，打造有效实现党的全面领导的坚强战斗堡垒。

（二）新征程上，我们要大力弘扬“三实”文化，勇担为民服务的初心使命

一是便民利民，提高群众满意度。聚焦人员出入境检疫、海淘、免税购物、进口食品安全监管等民生领域，不断强化监管、优化服务，把好事实事做到群众心坎上。加强执法统一性建设，将严格规范公正文明的要求贯彻到把关服务各环节，让人民群众在海关每一次执法中感受到公平正义。

二是高效监管，增强企业获得感。大力推进精准监管、审慎监管，实现顺势监管、高效监管，进一步优化口岸营商环境，提高跨境贸易便利化水平，努力实现监管效能最大化、对市场主体干扰最小化、口岸通关体验最优化。

三是主动服务，稳住外贸基本盘。持续深入开展调研，聚焦企业通关痛点、堵点、难点，吃透广大进出口企业和人民群众的实际需求，研究进一步助企降本增效措施，完善服务企业长效机制，千方百计助企纾困解难。

（三）新征程上，我们要认真履行为国把关的神圣职责，筑牢国门安全的坚实屏障

一是坚决落实总体国家安全观。增强风险意识、树牢底线思维、发扬斗争精神，时刻瞪大眼睛、保持战斗状态，坚持把政治安全放在首位，坚决维护国家安全和社会稳定。

二是筑牢口岸检疫防线。坚持人民至上、生命至上，落实“工作要严格、流程要严密、作风要严谨、关员要严管”要求，严密“境外、口岸、境内”3道防线，更加科学精准高效调整完善防控策略和防控措施，完善传染病监测预警、“多病同防”机制，严防重大动植物疫情和外来物种入侵，确保国门安全防线始终稳固。

三是防范化解重大风险。进一步健全指挥平台机制，强化跨部门、跨区域、跨渠道的口岸安全风险联合防控，牢牢守住不发生系统性风险、颠覆性错误底线。突出管控重点，动态开展风险排查、排序、排除，夯实责任、细化机制，坚决防止“小问题变成大问题”，坚决“减存量、遏增量”，坚决防范“黑天鹅”“灰犀牛”事件。

（四）新征程上，我们要坚持服务构建新发展格局，助力更高水平的对外开放

一是优质高效服务贸易强国建设。大力支持进口贸易促进创新示范区建设，深化服务贸易保税监管制度创新，推进货物和服务贸易协调发展。支持跨境电商、市场采购等贸易新业态健康发展，增强外贸发展新动能。强化海关技术执法和知识产权保护，完善技术性贸易措施工作机制，助力企业提升竞争优势，巩固我出口市场份额。

二是创新引领推动扩大制度型开放。以“三智”理念深化与“海丝”沿线地区海关关际合作，推进金砖国家示范电子口岸试点等创新项目，为海关深层次参与跨境贸易数据交换规则和标准制定探路。提高自主创新能力，落实好自由贸易试验区提升战略，开展更大力度的压力测试，提升海关监管制度创新质量，助推厦门建设具有自由港特征的经济特区。

三是积极探索深化业务改革融合。按照“三应”要求，建立更加集成优化的海关业务运行体系，实现各类监管业务同向发力、同频共振。深化关检业务融合，推动专业条线与分段执行有机结合，充分激活职能条线管控，探索构建行之有效、可操作性强的后续监管作业机制，打通监管链堵点。强化科技创新赋能，持续拓展非贸业务一体化智能管理平台应用，提升病毒采检等新型智能化监管设备使用效能，开展多领域“机器代人”论证研究，持续为一线监管“减压赋能”。

（五）新征程上，我们要保持永远在路上的清醒和坚定，凝聚同心奋斗的海关力量

一是坚持好干部标准。牢固树立重政治、重品行、重基层、重担当、重实绩的鲜明用人导向，大力培养选拔使用优秀年轻干部，持续推进执法一线科长队伍建设，强化一专多能复合型人才培养，不断提升队伍综合素质和专业化水平。健全干部能上能下和正向激励机制，让那些想干事、肯干事、能干事、干成事的干部都能脱颖而出、有用武之地。发挥好党组织、群团组织在团结引领、关心关爱、凝心聚力方面的作用，全面提升队伍战斗力。

二是坚持严的主基调。深化巩固“一体严”“贯通严”“自觉严”的工作格局，锲而不舍落实中央八项规定精神，严格家教家风，严防酒驾醉驾。发扬钉钉子精神，持之以恒纠治“四风”，不断完善整治形式主义官僚主义专项考核制度，精准规范运用“四种形态”特别是“第一种形态”，推进作风建设常态化长效化，让新风正气在厦门关区不断充盈。

三是坚持零容忍态度。永远吹冲锋号，在思想上再加压、行动上再加力，一体推进“三不腐”。深化打私反腐“一案双查”，严肃惩治“靠海关吃海关”、政商“旋转门”等贪腐行为，保持“惩”的震慑。深化“制度+科技”运用，聚焦业务改革做到执法风险和廉政风险同时防控，提升派驻纪检组“抵近监督”质效，强化“治”的约束。深入推进新时代海关廉洁文化建设，用好用活两个“第一课堂”，扣好年轻干部廉洁从政的“第一粒扣子”，筑牢“防”的堤坝。

新征程是充满光荣和梦想的远征，责任无比重大，使命无上光荣。让我们更加紧密地团结在以习近平同志为核心的党中央周围，自信自强、守正创新，踔厉奋发、勇毅前行，深入推进“更有效率海关”建设，奋力谱写中国式现代化海关篇章，为实现党的二十大提出的目标任务团结奋斗！

第二篇

专记

厦门海关政治机关专项教育活动和“学查改”专项工作

2022年，厦门海关党委根据海关总署党委部署要求，把推进捍卫“两个确立”、做到“两个维护”、强化政治机关建设专项教育活动和“学习研讨、查摆问题、改进提高”专项工作（统称“两个专项”）走深走实作为重要政治任务，在学习研讨、查摆问题、改进提高上持续下功夫，坚定走好践行“两个维护”的第一方阵和贯彻落实党中央决策部署的“最先一公里”。

一、高标准组织推动

关党委召开党委会专题研究部署推进“两个专项”工作，制发活动方案和通知，合并细化12方面40项具体措施，成立工作专班，建立工作例会、定期通报、内部沟通3项机制。创新领导小组办公室“双轮驱动”机制，推动排查整改各类问题风险227个、建立健全常态长效机制14个。组织召开领导小组办公室工作例会4次，编发阶段性进展情况2期、工作专刊34期。组建3个督导组，制发督导工作方案和指引，采取实地调研、抽查台账、视频连线等方式开展督导检查。深化政治监督，纪检部门开展监督检查135次，提出意见建议21条，制发监督建议书9份。把“两个专项”开展情况作为对8个单位巡察的重点内容，推动主体责任落实。

二、开展学习研讨

2022年2月28日，举办厦门海关捍卫“两个确立”、做到“两个维护”、强化政治机关建设专项教育活动专题学习班，关党委书记、关长郑巨刚进行主题宣讲。关党委委员，一级巡视员，副巡视员套转的二级巡视员，总工程师、总检验师，各部门单位（含巡察办、关工会、关团委）主要负责同志在主会场参会。厦门海关办公楼内各部门、风控分局二级巡视员、二级总监和其他处级领导干部，各隶属海关督办、其他处级领导干部，事业单位其他处级领导干部，派驻纪检组二级巡视员、处级领导干部，缉私局处级领导干部在分会场参会。厦门大学教授应邀以《“两个确立”的实践依据与理论来源》为题，为学习班学员就党的十九届六中全会精神和强化政治机关建设进行深入阐释。关区15个部门单位围绕专项教育活动以来梳理排查的问题隐患及对策措施，进行现场交流发言。

▲2022年2月28日，厦门海关举办捍卫“两个确立”、做到“两个维护”、强化政治机关建设专项教育活动专题学习班　（刘雨龙　摄）

“两个专项”工作期间，厦门关区两级党委理论学习中心组开展集中学习227次、研讨交流128次，各基层党组织通过“三会一课”、“讲政治、强业务、勇担当”主题党日活动组织集中学习1879次，开展“忠诚与清廉——我和我的海关”主题研讨912次；组织学习贯彻党的十九届六中全会精神暨政治能力提升专题培训测试，通过率100%；各部门单位梳理岗位政治要求4000多条次，实现讲政治“指导清单”全覆盖。

三、深入查摆问题

关党委委员深入一线开展调研29次，下沉了解掌握业务领域实情。党委书记、关长带头深入13个业务职能部门，梳理近10年来各业务条线的政策演进情况。采取“三上三下”模式组织各部门单位深入自查，开展2次联合会审，提出修改意见101条，各部门单位排查各类问题及风险隐患218个，在此基础上梳理形成关党委问题清单，涉及14个问题，制定44项整改措施。分管关领导召开专题会议，对2018年以来进口相关商品的379家企业进出口数据进行分析，全面排查加工贸易相关商品进入海关特殊区域“一日游”及配额管控商品进出口情况。

四、持续开展宣传

在厦门海关内网主页开设专项教育活动专栏，编发动态信息170篇、简报34期；厦门海关发布相关宣传103篇；向海关总署政工网报送信息简报110篇，被采用16篇；4篇简报被海关总署专项教育活动专栏刊发，2篇简报被海关总署采用。结合“七一”主题党课，开展“忠诚·使命”微党课评选展示活动，各级党组织精心录制微党课视频近50个。

撰稿人

许　震

厦门海关新冠疫情防控工作

2022年，厦门海关坚持以习近平新时代中国特色社会主义思想为指导，以党的二十大精神为指引，增强“四个意识”、坚定“四个自信”、做到“两个维护”，坚决贯彻落实习近平总书记重要指示批示精神，坚持“外防输入、内防反弹”总策略，坚持“人、物、环境”同防，持续提升厦门关区口岸卫生检疫效能，筑牢口岸检疫防线。

一、持续完善“大办公”体系

厦门关区两级党委落实防控责任，担责尽责、靠前指挥，对疫情防控工作统一部署、统一指挥、统一协调。疫情防控指挥部办公室持续完善“大办公”体系，优化全天候、扁平化指挥和指挥部“大办公”机制，关党委和13个职能部门主要负责人常态化进驻指挥部办公室办公，全天候实体化运作，确保疫情防控快速响应。全年指挥部召开会议50余次，下发会议纪要48篇。参加全国海关疫情防控专题工作会议5次，明确防控责任分工，及时更新细化技术方案、操作指南等16份，织密织牢水陆空立体防控网。

二、全力落实防控措施

按照“执行技术方案就是遵守工作纪律，不执行技术方案就是违反工作纪律”要求，精准规范做好口岸疫情防控工作，严格执行“三查三排一转运”防控措施。动态调整优化高风险岗位人员封闭管理、入境人员采样、健康申报、航空器终末消毒等口岸疫情防控措施。组织做好“关长走进口岸封管区”专项行动，收集汇总问题建议69项并持续优化厦门关区疫情防控措施。健全疫情监测预警机制，建议地方政府强化重点地区疫情输入风险防控，严防非法捕捞渔船海上接触和接驳交易带来的输入风险。全年厦门海关检疫进出境飞机8040架

▲2022年，厦门海关开展“关长走进口岸封管区”专项行动。图为6月27日关领导深入业务现场，参加封闭管理专班对入境航班开展终末消毒监督　（郑雅红　摄）

次、船舶 1.08 万艘次、人员 75.76 万人次，采样 24.48 万人次，在全国海关率先检出首例奥密克戎 BA.4 变异株。

坚持“多病同防”，密切监测全球猴痘、埃博拉病毒病等疫情发展态势，严防疫情叠加。举办猴痘口岸疫情防控专题培训，对来自美国、加拿大、荷兰等有猴痘疫情的国家（地区）入境航班开展监测 5127 人份。加强对有非洲旅居史的归国劳务人员等重点人群监测，严防疟疾疫情输入。在进境空集装箱中截获 2000 只活体美洲大蠊，相关报道被 100 多家媒体转载。在入境维修飞机上截获 47 只德国小蠊，检出赫氏埃希菌等多种致病菌。

落实“人、物、环境”同防，最大限度阻断进口冷链食品及高风险非冷链集装箱货物疫情传播渠道。全年厦门关区实施进口冷链食品风险监测检测核酸样本 13.64 万份、监督预防性消毒货物外包装 250.19 万件，派员参加海关总署源头管控专项任务，完成 22 家境外水产品生产企业的视频检查和后续评估工作，最大限度预防疫情经进口冷链食品输入风险。厦门海关进口冷链食品疫情防控工作组被海关总署授予集体二等功。严格落实进口非冷链物品口岸环节疫情防控优化措施，按照风险布控指令做好进口高风险非冷链集装箱货物核酸监测和预防性消毒监督，对 3805 批次货物采集核酸样本 3.5 万份。规范落实“四类人员”手提行李消毒。成立入境客运航空器终末消毒监督专班，制定监督作业指引，推动属地明确终末消毒评价单位。全年累计监督客运航空器终末消毒 871 架次。制定环境监测工作指引，启动海关监管作业现场及封闭管理场所环境新冠病毒监测工作。

强化联防联控，加强与地方外事部门、码头企业、航空公司等沟通协作。与厦门市卫健委建立“分工合作、分段采样、结果共享”检测合作及新冠病毒阳性样本基因测序协作机制，通过“海关检疫 E 码通”和地方疾控溯源系统数据对接，实时共享口岸新冠疫情防控信息，实现无缝对接的入境人员闭环管理。

三、严密内部疫情防控

成立厦门海关疫情防控安全防护领导小组，严格“一把手负总责、业务条线各负其责、一线单位具体负责”安全防护责任制，将安全防护与出入境人员检疫、动植物检疫、进出境运输工具登临检查等工作同研究、同部署、同督促。进一步细化关键环节、重点岗位安全防护工作要求，制定并更新新冠疫情内部防控指南、全员核酸检测方案、新冠疫情防控职业暴露应急处置方案等，预防和控制职业暴露感染，确保安全防护管理全覆盖、无死角。

加强防控监督，组建疫情防控“挑毛病”专家组，修订防控监督作业指引，开展安全防护监督员培训，评选安全防护监督业务标兵，通过网络课程、理论考试、实操考评、应急演练等多种方式，提升各级专兼职安全防护监督员业务水平。防控一线业务现场设立安全防护监督岗，将岗前检查、工作巡查、全程督查和双人作业、互相监督安全防护监督制度落到实处。发挥二级监控指挥中心作用，成立视频监控专班，紧盯卫生检疫作业、进口冷链食品采样和预防性消毒作业现场等重点区域以及样本采集、防护服脱卸等重点环节，开展视频巡查、事后视频回看等多形式日常监督检查，及时通报检查发现的问题，定期连线会商，指导一线关员严格执行安全防护措施。全年自查督查共发现问题87项，并就“百名科长百日督查”“二十大期间派驻督查”“关长走进口岸封管区”发现的问题开展“回头看”，所有发现的问题均有效整改到位。

严格干部职工日常管理，做到“四个减少”“四个避免”。实行每日健康监测报告制度和风险接触信息报告制度，确保“日报告、零报告”全覆盖、无遗漏。严格“绿码”上岗，落实测温、查验健康码等防控措施。制订封闭管理工作方案和管理制度，严格落实高风险岗位人员管理措施，开展集中封闭监督检查，严格执行“四必须”“五件套”“六个不”工作要求。加强新冠疫苗免疫接种，实现一线人员免疫接种全覆盖。

妥善应对本土疫情，关党委靠前指挥，各部门单位主要负责人驻岗值守。疫情防控指挥部24小时不间断运行，从快从紧从严启动应急响应，第一时间获取疫情信息，认真开展风险排查，采取AB班工作制、驻扎办公等，组织全员核酸检测，做好各项突发状况应急处置准备等，确保各项工作到位。

四、关心爱护疫情防控一线人员

制定关心爱护疫情防控一线人员身心健康保障、休假疗养、学习培训、加大选用力度与表彰奖励力度5个方面12项细化措施，落实海关总署关心爱护疫情防控一线人员指导意见。

撰稿人

潘晨建

厦门海关优化口岸营商环境促进外贸保稳提质

2022 年，厦门海关贯彻落实习近平总书记关于高效统筹疫情防控与经济社会发展的重要指示批示精神，关党委提前谋划，多次召开党委会、关长办公会专题研究稳外贸工作，促进外贸保稳提质。关党委委员分别牵头开展调研，各部门单位闻令而动，先后制定实行促进外贸保稳提质 16 条措施、支持龙岩市建设闽西革命老区高质量发展示范区 9 条措施，以及福厦两关支持福建省外贸保稳提质 23 条措施，确保海关总署各项稳外贸举措在厦门关区落地见效。全年，厦门关区实现外贸进出口总值 1.27 万亿元，同比增长 12.2%，高于全国 4.5 个百分点。

一、开展“惠企助稳”专项行动

一是建立“关企直通车”制度。健全企业问题收集、清单建档、限时办理、销号督办工作机制，定期召集企业面对面宣传海关政策措施。在厦门自贸片区、龙岩革命老区、海沧港综合保税区、漳州地区召开 4 场关企直通车活动，收集解决企业问题 73 个。

二是推动“企业问题清零”。在行业协会、重点大型企业设立问题直报点，在所有业务现场设置 18 个保稳提质一站式服务专窗，收集并推动解决厦门太古飞机调运出口复进口等各类企业问题。建立“三应”问题处置平台，指导解决现场业务中存在的痛点、难点、堵点问题 151 个。

▲2022 年 11 月 21 日，泉州海关关员向企业报关人员解读报关单位备案管理规定 （林婧洵 摄）

三是做好政策宣传。通过“厦门海关 12360”微信公众号发布厦门海关稳外贸措施，受到外贸企业高度关注，点击率创年内新高。各项措施落实情况被中央电视台、人民网以及地方媒体密集报道，“学习强国”刊载 28 篇次，工作经验被海关总署“海关发布”微博、微信公众号刊载。

二、打造福厦两关一体化改革升级版

一是出台《福州海关 厦门海关支持福建

省外贸保稳提质二十三条措施》。全面推广“安全智能锁+转关自动核销”适用业务类型从一般贸易扩展至跨境电商。新增厦门—平潭等跨境电商临时邮路。推广锂电包装“产品线”安全监管模式，2022年厦门关区累计出口锂电新能源产品262.51亿元，同比增长1.2倍。

二是深入推进福厦两关全业务领域一体化改革。落实口岸安全风险联合防控、卫生检疫联防联控信息通报等协作机制。建立跨关区转关出口异常结关协同处置机制，确保应结尽结，避免影响贸易数据。跨关区协调事项办理时限由10个工作日压缩至7个工作日，对进口铁矿粉实施联合监管。

三、巩固促进跨境贸易便利化专项行动成果

一是推动厦门首次作为全国10个试点城市之一参加促进跨境贸易便利化专项行动，以着力培树、打造优化口岸营商环境示范高地和标杆城市。

二是推动“数字口岸”建设。汇集18家航司、2家货站、400余家企业用户数据接入“数字口岸”，通过数据“线上汇聚”，推动“线上作业”，提升数字化智能监管水平和作业效率。航空物流公共信息平台试点被国家口岸办向全国复制推广。

三是持续压缩通关时间。2022年12月，厦门关区进口整体通关时间为23.96小时、出口整体通关时间为0.89小时，较2019年12月分别压缩31.62%和74.57%。助力厦门市连续2年获评“全国营商环境标杆城市”，厦门口岸连续4年获评“中国十大海运集装箱口岸营商环境测评”最高等级。

四、促进重点特色产业及新兴业态发展

一是发挥技术性贸易措施应对的帮扶作用。高标准建设“厦门技术性贸易措施信息网”，收集发布3200余条技术性贸易措施预警信息，点击量超1200万次；对斯里兰卡鱼罐头总砷限量提起特别贸易关注，获外方采纳，每年惠及全国鲭鱼罐头出口约4亿元。

二是促进重点产业发展。推动建成福建省首家生物材料特殊物品公共服务平台，全年监管出口新冠病毒检测试剂超11亿人份，位居全国海关前列。深入推广集成电路保税研发试点，通过国家“芯火”双创基地保税进口产品8972万元。推动试点开展高新技术货物一体化布控查验，设备到厂缩短至2天，节省企业成本超500万元。

三是支持新兴业态扩量增效。2022年，监管泉州海关辖区内晋江、石狮两个国家级市场采购贸易试点出口货值超700亿元。其中，石狮服装城作为全国首个预包装食品市场采购出口试点，自获批试点以来累计出口预包装食品9.94亿元。厦门关区全年监管跨境电商进出口清单4419.58万票，同比增长15.09%。在厦门机场、东渡、海沧新增3个跨境电商监管中心，支持建设对台“南向通道”和对菲（律宾）“丝路海运”电商快线，支持中欧班列叠加跨境电商业务。推进跨境电商B2B出口监管，支持企业利用海外仓出口。厦门跨境电商综合试验区在商务部“2021年跨境电子商务综合试验区评估”中位列第一档。

四是帮扶农水产品等特色产业扩大出口。推荐经营出口芦柑和蜜柚的13家包装厂和14

个果园对美注册，对美出口柑橘类水果 147 批、2843.46 吨。推荐经营出口蜜柚的 35 家包装厂和 34 家果园对俄注册，占全国同类企业数近一半，实现对俄出口蜜柚 2040 批、3.53 万吨。紧贴地方沿海产业规划，2022 年出口水产品 54.23 万吨、同比增长 4.83%，出口罐头 44.44 万吨、同比增长 5.21%。

五、力保通关物流顺畅

一是保障重点商品通关。对 512 批、3195.8 万吨进口矿产、原油实施“先放后检”；保障进口大宗粮食 363.65 万吨、煤炭 963.56 万吨快速通关；牵头建立进口铜精矿、光刻胶检验监管联系配合工作机制，保障 92 批次进口铜精矿零延迟通关，对 900 批次生产急需进口货物实施口岸快速验放、优先检测，确保大宗商品进口由“通”至“畅”。

二是推动港口物流枢纽建设。推进进口“卸船直提”、出口“抵港直装”，完成“直装直提”1.32 万标箱；全面推广“安全智能锁+转关自动核销”，集装箱在码头时间进一步压缩；优化集装箱国际转运流程，作业时效由2~3 小时压缩到 5 分钟以内，完成中转作业量 108.5 万标箱；试行进口货物“免预约吊柜”模式，升级“进出口货物双信息放行系统”，分别压缩查验前准备时间及货物提离仓库时间约 6 小时。

三是助力海陆大通道建设。支持龙岩上杭、泉州惠安、海沧前场等中欧班列监管作业场所建设，支持海沧多式联运监管中心常态化运营，推动实现龙岩、泉州、海沧共 4 条新班列线路首发，强化“丝路海运”和中欧班列对接。全年监管中欧班列 121 列、货值 41.97 亿元。

六、助力企业降低贸易成本

一是积极落实减税降费措施。全面贯彻国家税收优惠政策和惠企纾困举措，全年累计减免、减让税款 37.93 亿元。

二是推动高质量实施 RCEP。开展 RCEP 进出口享惠分析，梳理重点商品、企业并开展精准靶向辅导，审核认定 8 家经核准出口商，签发 RCEP 原产地证 1.78 万份，项下货物享受关税减让约 7000 万元。

三是落实加工贸易货物内销暂免征收缓税利息措施。推进加工贸易内销便利化，减免特殊区域二线进口税款保证金 4.5 亿元，同比增长 1.1 倍。区外加工贸易货物内销货值 307.27 亿元、税款 39.36 亿元，同比分别增长 25.2%、19.3%。

撰稿人

何舒航

厦门海关“口岸危险品综合治理”百日专项行动

2022 年，厦门海关落实海关总署署长俞建华对安全生产和口岸危险品综合治理工作的批示要求，积极打造“加强版”危险品安全监管体系，防范化解危险品“滞”与“瞒”的风险。7 月 20 日，海关总署“口岸危险品综合治理”百日专项行动部署动员会后，厦门海关立即组织部署百日专项行动。专项行动成果明显，危险品抵港至提离平均时间由 8.5 天压缩至 4 天以内，口岸监管环节查发伪瞒报 12 票，后续稽查环节查发伪瞒报 155 票。

一、创新构筑“大办公”工作平台，形成一体化专项行动指挥体系

一是创新大办公机制。关党委第一时间作出部署，实施“联合联动大办公机制”，成立“一把手”任组长的专项行动领导小组，组建直属海关、隶属海关两级工作专班，建立健全集中研判、例行会商、数据监控、作业监控、专业指导、连线会商 6 项工作机制，一级专班 11 个部门轮流值守，进驻监控指挥中心集中办公，直通监管一线现场，实施扁平化管理，形成快速反应、快速决策、快速执行、快速处置机制。相关经验做法被海关总署相关载体采用 21 篇，典型案例被采用 10 起。

二是动态监控统筹调度。各口岸强化危险品通关流程管理、监管资源调度和外部协同配合，推广“提前申报”“查验免陪同”，推行预约检查、优先派单、优先检测。专班每日动态监控口岸危险品进出数据，掌握在港危险品通关状态，建立“每日在港”危险品台账。视频监督现场落实场所设置规范、安全防护要求、查验技术规范等情况，确保执法规范性和安全性。建立一二级专班“一跟到底”清单，实时跟踪需处置危险品后续动态。健全业务现场与缉私部门的联系配合机制，规范涉危案件办理流程，办案效率得到提升。

三是强化内外联系指导服务。强化对企业的政策宣传贯彻、知识普及和警示教育，设立综合协调指导窗口 5 个，根据作业和到港情况由业务专家进行单证资料预审核、查验预约、催提催报、检测鉴定流程追踪、技术整改反馈等一跟到底服务，服务关区企业超 170 次，指导技术整改 32 次。组织实验室专家加入关企交流微信群，解答问题 25 个。

二、科技赋能，优化流程监控，防范化解“滞”的风险

一是常态化指导监督监控。制发新版危险

品查验操作指南，业务专家进驻监控指挥中心办公，实时提供专业支持，压缩关员户外作业时间约50%。建立常态化监控通报机制，对申报未放行报关单实施每日评比通报，对超5日未放行的挂号督办。每日通报在港存储时间超7天的危险品货物情况，跟踪监控，快速处置，确保“动态清零”。

二是科技赋能强化流程再造。开发数字监管平台危险品货物监控模块，整合港口、物流、舱单、报关单等系统信息，动态获取实时堆存数据，实现对到港未申报、放行未提离危险品的实时监控和催报催提，累计完成危险品催报87次、催提156次。推动建设危险品全流程可视化“数字驾驶舱”平台，实现货物状态全流程物流链可视化、可追溯。开发上线“单一窗口”进口危险品申报信息逻辑检控功能，对申报为件装或散装危险品的报关单，弹窗提示规范申报检验名称及相关单证材料，提高申报准确性，从源头上减少改单时间。

三是打造加强版联动作业机制。协调物流、码头、报关行、货代等各参与方，将准备作业由“串联”改“并联”，平均每柜危险品海关检查前后停留时间缩减了2个小时。强化“即到即报、即放即提”机制，对到港存储超1天未申报或放行超1天未提离的，由二级专班专人跟踪督办；到港超2天未申报或放行超3天未提离的，实施提级管理，纳入一级专班“一跟到底”清单。推广危险品货物“抵港直装”，对重点港区出口危险品货物入场时间从5~7天压缩至船舶到港前36小时，并联合港务、海事、物流等部门持续梳理优化“抵港直装”作业流程，指导建设冷藏危险品专用堆场3个，设置专用直装作业区3个，专项行动以来共保障出口危险品货物“抵港直装”5860标箱。

三、提升专业能力，加强风险分析预警，严厉打击“瞒”的行为

一是提升执法把关能力。构建“专家—骨干—学员”三级教学体系，2021年、2022年连续两年岗位资质考核通过率超90%，截至2022年年底，厦门关区获有关岗位资质持证人员256人，较2018年海关机构改革前增长3.2倍。建设监管查验设备审像、危险化学品取样与安全防护两个实训基地，深入开展夹藏危险品机检审像和现场查验实操实训。系统梳理制度规范，印发危险品检验监管工作指引、进口危险品口岸查验操作指南。推进国家级矿产品检测重点实验室科研攻关，加速关键检测项目通过中国合格评定国家认可委员会（CNAS）认证，优化检测流程、提升检测效率，取样送检全周期时长压缩57%。

二是强化风险分析预警能力。强化业务部门与现场协调联动，开展40余项重点商品、贸易方式风险分析，不断完善“影子商品库”，借力“云擎”平台搭建危险品风控预警模型。开展危险品机检图像专题培训，建立典型图像库，密切“机检”“人检”配合，开展3轮专项切片行动，查获16吨电池、油墨、冷却液等危险品，并首次查发危险品作为“配套商品”伪瞒报情事。

三是严密后续处置链条。开展历史数据分析，通过专项稽查查发一起涉案金额1034万元的出口危险品逃漏检案件，移送缉私部门开展调查，提升专项行动震慑力。强化对海关总署通报典型案例的梳理排查，防止口岸漂移。

强化查发案例大数据分析研判，将风险信息转换为布控指令，进一步加强监管。

四、同频同向发力，健全联防联控机制，织密危险品综合治理网络

一是健全联防联控长效机制。与地方海事、民用航空、港口管理、应急管理等执法部门建立常态化联系配合机制，加强信息互换和执法互助，形成联合安全巡查等协作方案5套，开展暑期危险品安全管理专项行动等3次。厦门海关全年发现并联合处置装卸及港区堆存安全隐患3起，协助卸船受损泄漏危险品集装箱安全离港3次，配合海事部门对危险品集装箱开展监装调查和移场处置1次。

二是加强特殊区域、涉案财物仓库等安全隐患排查。通过企业自检自查、现场实地检查、职能数据筛查相结合的“三联动”核查方式，对厦门关区4个海关特殊监管区域、3个保税物流中心、32个保税仓库、7个出口监管仓库危险货物进出口情况逐一摸排，确保在库危险品账目清晰、存储安全规范。规范涉案危险品管理，与仓储经营单位签订合作备忘录，厘清安全生产义务和责任，制定试行厦门海关航空煤油定向收购工作指引等规范，明确主要涉案危险品处置流程细则，处置时效提升35%。

▲2022年8月17日，海沧海关关员实地检查出口危险化学品及其包装　（郑春苗　摄）

三是强化安全防护和应急处置。梳理厦门关区常见275种进出口危险货物的危险类别和主要危险特性，明确查验及取样安全防护装备佩戴、样品运输和储存要求。出台应急处置意见，指导一线妥善处置突发事件。联合多部门开展危险品监管作业应急演练5次，现场应急处置能力进一步提升。

撰稿人

张　真　周冬彪

第三篇

大事记

2022年厦门海关大事记

1月

4日 厦门海关报送的信息《12月份厦门关区出口企业反映订单回暖　东南亚航线运价飙升抬高我市近二成出口产品成本》被福建省委办相关载体采用，并获福建省委常委、厦门市委书记崔永辉批示。

7日 厦门海关启动事业单位所属企业脱钩和转让产权专项审计。

10日 厦门市市长黄文辉在《厦门海关关于报送2021年市绩效考核指标完成情况的函》上作出批示。

12日 完成关区业务领域重大风险隐患梳理评估工作。

17日 经中央和国家机关培训疗养机构改革工作小组批复，厦门海关培训中心（原国家质量监督检验检疫总局南方培训中心厦门海天宾馆）撤销。

18日 海关总署发文，任命邓光文为厦门海关党委委员、副关长；白松为厦门海关党委委员、党委纪检组组长；免去叶超俊厦门海关党委委员、副关长职务。

泉州海关监管首趟中欧班列（泉州—莫斯科）开行。

24日 关领导在厦门海关分会场通过视频参加全国海关工作会议、全国海关全面从严治党工作会议。

东渡海关在对一个进境空集装箱进行查验时截获2000只活体美洲大蠊，是近年厦门关区在进境空箱中截获病媒生物数量最多的一次。

26日 召开2022年厦门海关工作会议。关长、党委书记郑巨刚作题为《汲取百年奋斗力量　增强时代使命担当　深入推进“更有效率海关”建设》的主题报告，总结回顾2021年关区工作取得的成绩，分析当前关区工作面临的形势，明确2022年工作的总体要求，对全年重点工作进行部署。

召开2022年厦门海关全面从严治党工作会议。党委书记、关长郑巨刚作题为《永葆对党忠诚　坚定全面从严　为建设“更有效率海关”提供坚强政治保证》的讲话，部署2022年关区全面从严治党工作。纪检组组长白松作题为《守正创新　全面规范　高质量推进全面从严治党向纵深发展》的讲话。

27日 厦门市市长黄文辉对《2021年厦门海关工作报告》作出批示。

28日 副关长邓光文参加厦门市党政领导

平安建设和生态环保目标责任书签订仪式。

30 日 福建省省长赵龙在《2021 年厦门海关工作报告》上作出批示。

2 月

11 日 厦门海关参与建设的“厦门口岸首创‘单一窗口+航空物流’模式”获评厦门市 2021 年度改革创新优秀案例。

15 日 关领导会见龙岩市市长胡盛一行，就进一步推进龙岩跨境电商综合试验区发展、开通中欧班列、综合保税区建设等进行交流。

22 日 2020 版报关单全国首单申报在厦门海关测试通过。

23—25 日 海关总署党委委员、驻海关总署纪检监察组组长王林在厦门海关调研，肯定厦门海关全面从严治党和纪检监察工作成效，要求厦门海关围绕“国之大者”履职尽责，坚定践行“两个维护”；聚焦“关键少数”强化监督，层层压实“两个责任”；坚持严的主基调不动摇，一体推进不敢腐、不能腐、不想腐；突出班子带头，巩固拓展党史学习教育的成果。

3 月

1 日 厦门海关评选出 2021 年度关区打击走私十大典型案件。

东渡海关监管厦门自贸片区首批多式联运“一单制”货物出口。

10 日 厦门海关在口岸病媒生物本底监测捕获的鼠类样本中，检出 8 例Ⅱ型汉坦病毒核酸阳性，其中 2 例Ⅱ型汉坦病毒核酸阳性合并致病性钩端螺旋体核酸阳性。

11 日 厦门海关调整高崎海关、集同海关的部分职责、内设机构和领导职数。

15 日 厦门海关发布 2021 年度进口消费品检验十大典型案例。

25 日 厦门海关 12360 服务热线、翔安海关综合业务科等 5 个集体获评福建省“2022 年—2024 年青年文明号”。

4 月

2 日 报送的信息“厦门海关特殊监管区域外贸情况分析研究”获福建省委常委、厦门市委书记崔永辉批示。

15 日 “厦门海关国门生物安全展厅”开馆。

21 日 厦门海关查获的侵犯外资品牌商标权货物系列案入选 2021 年中国海关知识产权保护典型案例。

26 日 厦门海关与厦门市纪委监委签订《监督执纪监察工作协作配合办法》。

厦门海关开展第 15 个“全国疟疾日”、第 22 个世界知识产权日主题宣传系列活动。

29 日 龙岩海关监管首趟中欧班列（龙岩上杭—满洲里—莫斯科，又称“红古田号”）开行。

5 月

5 日 厦门海关在 2021 年度厦门市绩效评估中获评优秀等次。

10 日 龙岩市市长胡盛一行到龙岩陆地港调研，肯定了海关对老区外贸发展作出的贡献。

12 日 “厦门海关 12360”微信公众号对外发布《厦门海关促进外贸保稳提质十六条措施》。

14日 泉州海关监管首趟中欧班列（泉州—霍尔果斯—莫斯科）开行。

24日 泉州海关综合技术服务中心及其下属5个实验室通过中国合格评定国家认可委员会（CNAS）评审组评审。

26日 厦门海关在全国海关率先检出新冠病毒奥密克戎BA.4亚型变异株，系从英国经荷兰中转入境人员中检出。

6月

6日 福建省委常委、厦门市委书记崔永辉带队到厦门海关调研。崔永辉充分肯定了厦门海关在推动通关便利化、优化营商环境、疫情防控等方面作出的重要贡献，并寄语厦门海关助力厦门经济发展和城市现代化建设。

7日 关长郑巨刚参加2022年金砖国家海关署长线上会议，代表中国海关就能力建设议题发言。

厦门海关与青岛海关联合上报的“企业集团加工贸易保税监管模式”获评海关总署2022年复制推广自贸试验区海关监管创新制度。

13日 厦门海关从原产于越南的番茄种子中首次检出番茄褐色皱纹果病毒。

13—19日 厦门海关开展“绿色低碳、节能先行”全国节能宣传周活动。

15日 厦门海关开展和参与的“通关全流程状态可视化服务”“航空物流电子货运信息一点登录查询”“特殊物品‘一次评估、分批进口’”3项创新举措，入选福建省第九批自贸试验区复制推广创新成果。

20日 厦门海关出台支持龙岩市建设闽西革命老区高质量发展示范区九条措施。

23日 泉州海关启用全国海关系统首个“散装气体和液体危险化学品取样与安全防护实操培训基地”。

23—24日 厦门海关各单位开展“6·26”国际禁毒日禁毒宣传活动。

30日 关领导分别带队组成7个检查组，分赴各隶属海关开展“四不两直”安全生产专项检查。

6月 厦门海关报送的《我市外贸出口增速低于全国　近4成被调查企业出口订单外流》等3篇信息被厦门市相关载体采用，获福建省、厦门市有关领导批示。

7月

1—2日 关党委集体参加全国海关年中工作视频会议。关长郑巨刚作“坚决筑牢口岸检疫防线”会议发言。

4日 厦门市委副书记、市长黄文辉带队到厦门海关调研，肯定厦门海关在疫情防控、进出口贸易、对台工作等方面作出的重要贡献，并就地方发展与海关加强合作提出希望。

5日 召开厦门海关2022年年中工作会议，听取办公室等8个部门单位工作汇报，研究部署下半年重点工作。

福建省委常委、泉州市委书记刘建洋到晋江陆地港调研，听取海关促进外贸保稳提质情况介绍，肯定相关举措及成效。

6日 厦门海关承办的署级信息化系统“执法办案动态监控应用（二期）”通过海关总署项目验收。

6—8日 海关总署副署长、全国打私办主任王令浚在厦门关区调研。王令浚到厦门海关缉私局及龙岩、高崎、泉州3个隶属海关听取打击走私等工作情况汇报，实地察看反走私工作运行情况。其间，会见地方党政领导同志，就反走私综合治理、促进外贸保稳提质等进行交流。关领导郑巨刚、邓光文参加调研。

7日 关长郑巨刚参加国务院总理李克强在福州主持召开的东南沿海省份政府主要负责人经济形势座谈会。

海关总署副署长王令浚出席在厦门召开的全国海关政策研究工作专题会议，厦门海关等9个单位作典型发言。

8日 国务院总理李克强在泉州晋江陆地港调研并与一线海关关员交流，强调要求持续推进“放管服”改革，优化营商环境；持续推进通关便利化，提升港口集疏运水平。

海关总署自贸区和特殊区域发展司批复同意厦门海关备案自贸试验区“航空物流公共信息平台”创新举措。

15日 副关长邓光文参加海关总署网站“解开‘鱼米花果之乡’的出口‘密码’”在线访谈活动，在1小时的访谈时间内访问量达256.7万人次。

16日 福建省副省长李建成对厦门海关工作汇报作出批示。

19—21日 海关总署“海关特殊监管区域法律制度”立法调研工作组到厦门海关开展立法调研。

20日 厦门海关组织“七一”表彰暨专题党课教育活动，为“光荣在党50年”代表颁授纪念章，为关区2022年度“两优一先”“我为群众办实事”优秀项目代表颁发荣誉证书或牌匾。关党委书记郑巨刚讲专题党课。

厦门海关对2021年度工作表现优秀的集体和个人予以奖励。对20个集体予以嘉奖，为66名个人记三等功，为2名个人记功，对546名个人予以嘉奖。

20—22日 海关总署巡视办、上海特派办检查组实地监督检查厦门海关巡视整改工作。

21—30日 海关总署专项整治第九督导检查组对厦门海关“海关重点项目和财物管理以权谋私”专项整治工作开展视频督导检查。

22日 东山海关为福建省首家水产行业高级认证企业颁发海关AEO高级认证企业证书。

23—25日 东山海关综合技术服务中心通过资质认定扩项评审和CNAS认可复评审现场评审，该中心获得资质认定和认可的检测参数增至639个。

8月

1日 按照海关总署统一部署，厦门海关稽查部门开始承接关区检验检疫行政处罚管理工作，此前缉私部门立案的案件由缉私部门继续办结。

厦门海关131人通过海关总署进出口危险货物及其包装检验监管岗位资质考核，通过率90.3%。全关累计256名关员获得该资质。

2日 东渡海关完成厦门关区首票现场即决式布控。该工作模式自8月1日起在全国海关施行。

翔安海关对关区内一家出口饲料生产企业开展属地查检与核查执法联合作业，这是厦门关区首次开展属地查检与核查执法联动。

5日 厦门海关与厦门市司法局、律师协会、海丝中央法务区自贸先行区联合举办“‘关’注法治‘律’动青春”暨“8·8”海关法治宣传日主题活动。

6日 福建省副省长李建成一行在厦门海关调研，肯定厦门海关为福建经济发展作出的突出贡献。

31 日 海关总署批复同意厦门海沧港综合保税区（一期）验收结果，认定验收合格。

按照海关总署统一部署，厦门海关启用第九版《中华人民共和国出/入境健康申明卡》。

9 月

1 日 国务院第九次大督查第七督查组组长，国家税务总局党委委员、副局长王道树一行 5 人在泉州晋江陆地港督导调研。实地察看海关关员现场查验作业，了解海关压缩通关时间以及晋江陆地港“海陆空铁邮”多式联运发展等情况。

5—11 日 厦门海关开展“网络安全宣传周”活动。

7—9 日 海关总署监管司副司长武跟平到厦门海关进行“口岸危险品综合治理”百日专项行动专项督导。

9 日 签订《福建省商务厅 厦门海关关于进一步推进市场采购贸易监管联动机制合作备忘录》。

14 日 海关总署副署长张际文实地调研厦门海关疫情防控指挥部、国门生物安全展厅、国际旅行卫生保健中心，视频慰问封闭专班人员，听取工作汇报，肯定厦门海关党委班子工作成效。

15 日 海关总署副署长张际文在厦门出席 2022 年“全国食品安全宣传周”海关总署主题日系列活动。厦门市委常委、副市长黄晓舟，海关总署相关司局领导、厦门市市场监管局代表，厦门海关关领导参加主会场活动。

27 日 厦门海关查获的“何某洋团伙走私、倒卖文物案”入选《全国打击文物犯罪案例精选》。

28—30 日 举办厦门关区 2022 年度口岸监管环节反恐怖工作培训班。邀请解放军疾病预防控制中心、厦门市公安局等单位的专家授课，对反恐理论知识、反恐设备实操等内容进行系统培训。关区相关业务骨干 34 人参加。

10 月

11 日 完成厦门关区专业能力提升行动常规考核和督查考核。共 2525 人次参加常规考核，通过率 99.8%；随机抽取 126 人参加督查考核，通过率 100%。

13 日 厦门海关、厦门市公安局反恐办、厦门市国安局、厦门市卫健委在厦门五通码头举办 2022 年口岸反恐应急处置联合演练。

16 日 厦门海关各部门单位组织收听收看中国共产党第二十次全国代表大会开幕会盛况。关领导分别到执法一线科室和基层党支部联系点集中收看并开展座谈交流。

21 日 厦门海关实现跨境电商出口转关自动核销。各隶属海关之间以公路运输的海运出口跨境电商转关单实现自动核销，自动核销配合安全智能锁可以实现出口转关全天候自动化进行。

厦门海关技术中心高分通过福建省司法厅司法鉴定机构登记现场评审，取得微量物证司法鉴定资质。

25 日 根据国家机关事务管理局等 4 部委《关于公布第二批节约型机关建成单位名单的通知》，厦门海关本级和 10 个隶属海关获评节约型机关。

在海关总署“清风国门”廉洁文化创意作品征集活动中，厦门海关4个作品分获一、二、三等奖。

27日　厦门海关联合厦门自贸委、厦门市口岸办等单位报送的“创新多式联运一单制　降低企业融资成本”工作举措获评2022年度厦门市“十佳”营商环境创新举措。

31日　海关总署发文，王忠亮任厦门海关党委委员、政治部主任。

11月

1日　厦门海关技术中心全面上线运行厦门海关非执法领域实验室信息管理系统（LIMS），实现检测业务全流程信息化管理。

8日　厦门海关41名新录用公务员赴秦皇岛参加为期28天的海关总署组织的初任培训集中调训。

14日　厦门海关承办的海关总署首届国际传播能力建设网上培训班开班。培训班为期12天，开设23门课程。海关总署及全国海关64个单位部门的64名学员参加。

16日　福建省委书记周祖翼到厦门国际航运中心自贸试验区办事大厅调研，向海关等口岸联检单位工作人员及办事群众宣讲党的二十大精神，听取东渡海关优化原产地证办理等情况介绍。

17日　厦门海关申报的“筑牢国门生态环境安全保障防线　促进航维产业高质量发展”创新监管案例入选全国自由贸易试验区生态环境保护典型案例汇编。

20日　海沧海关监管首趟中欧班列（厦门—明斯克）开行。

30日　召开2022年金砖国家海关能力建设战略研讨视频会。会议由海关总署主办、厦门海关承办。副关长邓光文代表中国海关向大会致辞。

厦门海关“新型监管模式　全国复制推广”案例获评厦门市首届依法治理十佳典型示范案例。

12月

5日　厦门市启动2022年“12·4”国家宪法日暨“纪念现行宪法公布施行四十周年”主题活动。作为厦门市首届依法治理十佳典型示范案例入选单位，厦门海关被授予奖牌并作案例展示。

30日　厦门国际邮轮中心码头的进境食用水生动物指定监管场地通过海关总署验收。这是自2018年机构改革后，厦门海关首次获批的海关指定监管场地。

12月　厦门海关牵头提出的6项税政调研建议被国务院关税税则委员会采纳。

第四篇

政治建设

党建工作

【概况】2022年，厦门海关以习近平新时代中国特色社会主义思想为指导，以迎接党的二十大召开和学习宣传贯彻党的二十大精神为主线，深化政治机关建设，统筹推进捍卫“两个确立”、做到“两个维护”、强化政治机关建设专项教育活动和“学习研讨、查摆问题、改进提高”专项工作，推动党史学习教育常态化长效化；巩固“强基提质工程”，推进基层党建“双提升”行动，实施两级“书记项目”，深化“四强”党支部创建和党建品牌建设，夯实基层党建基础；强化全面从严治党，坚持严的主基调，持之以恒正风肃纪反腐，推进清廉海关建设，统筹开展专项整治学习教育和2轮廉政警示教育月活动，狠抓纪律作风建设；统筹开展党的群团工作，深化文明创建，为“更有效率海关”建设提供坚强政治保证。

【学习宣传贯彻党的二十大精神】2022年，厦门海关深入学习宣传贯彻党的二十大精神，制发实施方案，举办专题培训班，开展主题研学、“支部书记谈心得”等系列活动，关区各级党组织专题学习研讨1379场次，形成以上率下示范学、广泛发动全员学、学思践悟深入学、特色活动促进学、营造氛围沉浸学的“五学联动”模式。打造领导干部、理论专家、基层理论宣讲“轻骑兵”3支宣讲队伍，1个宣讲品牌和3名个人获厦门市表彰。

【政治机关专项教育活动和“学查改”专项工作】2022年，厦门海关统筹推进政治机关专项教育活动和“学查改”专项工作，成立工作专班，制发活动方案，细化12方面40项具体措施，建立工作例会、定期通报、内部沟通3项机制，关区各部门单位建立岗位政治要求清单，累计排查整改各类问题风险227个。

【政治机关建设】2022年，厦门海关贯彻落实“第一议题”制度，跟进学习领会习近平总书记重要讲话重要指示批示精神，关党委开展党委理论学习中心组集中学习43次、重点研讨7次，组织专题学习《习近平谈治国理政》第四卷等鲜活教材，推进“理论溯源”行动，组织“习近平的地方历练”系列学习交流，到泉州晋江、厦门思明深田社区和同安军营村等习近平总书记曾经留下足迹的地方开展现场教学。推动党史学习教育常态化长效化，细化5方面20项具体措施，评选厦门关区“我为群众办实事”优秀项目19个。落实意识形态工作责任制，健全防范化解意识形态领域风险制度机制，组织开展分析研判，守牢意识形态阵地。统筹推进乡村振兴工作，深入厦门海关关员挂职的乡村开展挂钩帮扶调研，慰问关员，了解情况，解决困难。

【基层党建强基提质】 2022年，厦门海关巩固基层党建“强基提质工程”，开展清查整治突出问题规范党务工作，关区205个基层党组织开展换届选举。组织召开党史学习教育专题民主生活会，督导全关232个党支部召开组织生活会，党员2488人参与民主评议。打造“1个中心基地+N个实训点”网络，推进厦门海关机关和机场海关、龙岩海关、东山海关4个党建实训点建设，组织党务干部275人参加岗位练兵，提升抓党建、强党建能力。

【基层党建“双提升”行动】 2022年，厦门海关在基层党组织中开展“强化政治功能，组织力凝聚力提升行动”，在党组织书记和党务干部中开展“强化政治意识，党建工作能力提升行动”，即“双提升”行动。实施两级“书记

▲2022年12月15日，厦门海关组织开展线上党务干部技能比武　（王施红　摄）

项目”，组织课题研讨和项目攻关，征集研讨成果、党建创新案例和支部工作法69个。获评厦门市直机关党建课题调研优秀成果一等奖和组织奖，1人获评全国海关系统“党务之星”。

【先进典型培树】 2022年，厦门海关营造学先进、赶先进、立新功的浓厚氛围，组织开展关区“两优一先”集体和个人评选活动，表彰优秀共产党员101人、优秀党务工作者40人、先进基层党组织34

▲2022年7月20日，厦门海关关领导为优秀共产党员代表颁发荣誉证书（刘雨龙　摄）

个。深化“四强”党支部创建和党建品牌建设，评选产生68个“四强”党支部和16个关区基层党建示范（培育）品牌。5个党支部（含复核认定）获评2022年度全国海关党建示范品牌，2个案例分别入选海关基层党建创新案例和第五届“推进机制活、建设新福建”全省机关体制机制创新优秀案例。

【党建主体责任落实】2022年，厦门海关组织开展2021年度关党委及其成员落实全面从严治党主体责任落实情况自查，形成自查情况报告上报海关总署党委。组织对各部门单位党委（领导班子）及其成员2021年度全面从严治党主体责任落实情况开展自查和抽查工作，进一步健全完善关区全面从严治党主体责任落实情况的检查考核机制。召开加强新时代廉洁文化建设和2022年警示教育动员部署会暨上半年关区党风廉政建设和反腐败工作例会，进一步传导责任和压力，巩固“一体严”“贯通严”“自觉严”的态势，深化“三不腐”一体推进，深入推进全面从严治党、从严治关。开展“一把手”和领导班子其他成员重点事项监督自查工作。全年厦门关区累计运用“第一种形态”196人次，持续推动规范精准运用“第一种形态”。

【专项整治学习教育】2022年，厦门海关统筹开展专项整治学习教育和2轮廉政警示教育月活动，组织干部职工3573人观看警示教育片，开展“廉政大家谈”“年轻干部谈廉洁”等活动40余场，推进政治教育、纪法教育、警示教育、纪律作风建设相互贯通。开展“清风国门”廉洁文化创意作品征集和宣传活动，征集各类作品33份，4个作品在海关总署获奖，2个“基层书记组长谈责任”视频在海关总署网站展播。

【廉政教育及内务规范等工作】2022年，厦门海关组织开展领导干部配偶、子女及其配偶从业情况自查填报和抽查工作，干部职工1108人开展自查。组织对厦门关区2021年4379次外出执法廉政监督开展抽查回访471次，未发现违反廉洁纪律等制度规定情形。重大节假日向全体干部职工发送提醒遵守廉洁纪律、杜绝酒驾醉驾短信，全年推送提醒短信88次。常态化开展内务规范督察80次、视频检查94次，下发通报6次，整改通知书11次，督查提醒8次。举办机关准军事化队列示范班暨内务规范兼职督察员培训班，组织22个部门单位代表队准军事化队列训练会操。全年累计接听政风行风监督热线电话95人次，均按要求及时反馈。互联网+海关政务服务管理平台“好差评”系统线上办理854件，好评率100%。

【群团工作】2022年，厦门海关举办“越是困难越向前——向抗疫一线的干部职工致敬”迎新春文艺演出，开展春节线上文体活动13场。组织15人参加疗休养，开展节日慰问和高温慰问，累计慰问基层一线426人次，为疫情防控一线发放“应急抗疫包”620份。4个劳模工作室获评厦门市劳模创新工作室，1个工作室获评厦门市职工技术创新工作室。承办厦门市食品检测技术比赛并获团体第一名，组队参加厦门市第二届市区机关三小球交流赛获5个项目冠军。开设24小时心理援助热线，为疫情防控一线专班人员开展心理疏导，一对一疏导97人次，开展14次团体辅导及1次大型团体活动。举办青年理论学习小组专题研学，组织“读经典、悟思想、汇青年”活动，开展“厦门海关好青年”系列宣传推介。厦门关区11个“文明单位”100%通过届中评审，2个集体获评全国海关先进集体，2个集体获评福建省“五一先锋号”，5个集体获评福建省省级青年文明号，5个家庭分别获评福建省最美家庭、绿色家庭、五好家庭，5人获省部级以上表彰。

▲2022年1月24日，厦门海关关员在“越是困难越向前——向抗疫一线的干部职工致敬”迎新春文艺演出中表演节目　（刘雨龙　摄）

撰稿人

许　震　陈金铁　陈嘉娴

巡视巡察

【概况】2022年，厦门海关党委全面贯彻巡视工作方针，以巡视标准为工作标准、以巡视要求为日常要求，深化政治巡察，强化政治监督，为建设“更有效率海关”提供坚强政治保障。推进中长期巡视整改，组织巡视整改集中清查，配合海关总署巡视办、上海特派办书面监督检查和实地督导检查，开展巡视发现共性问题自查自改，全面提升整改成效。组织1轮对厦门关区8个部门单位开展巡察监督，1轮对5个隶属海关开展实地巡察“回头看”，全年巡察发现问题93个，向被巡察单位提出意见建议29条；巡察发现问题分类函告职能部门13份，梳理通报2019年以来巡察发现共性问题25项。截至年底，厦门海关党委完成党的十九大期间对厦门关区所有部门单位的巡察全覆盖任务。

【巡视巡察整改集中清查】2022年3月，厦门海关党委按照海关总署党委巡视工作领导小组制订的海关系统巡视整改集中清查工作方案部署要求，结合厦门关区实际，制订厦门海关开展巡视巡察整改集中清查工作实施方案，全面清查党的十九大以来海关总署党委巡视整改情况、厦门关区巡察整改情况，研究部署厦门关区中长期巡视整改和集中清查工作。关领导对整改工作提出明确要求，并按照职责分工抓好分管条线的整改工作落实。各部门单位从落实主体责任和监督责任、问题整改情况、问题

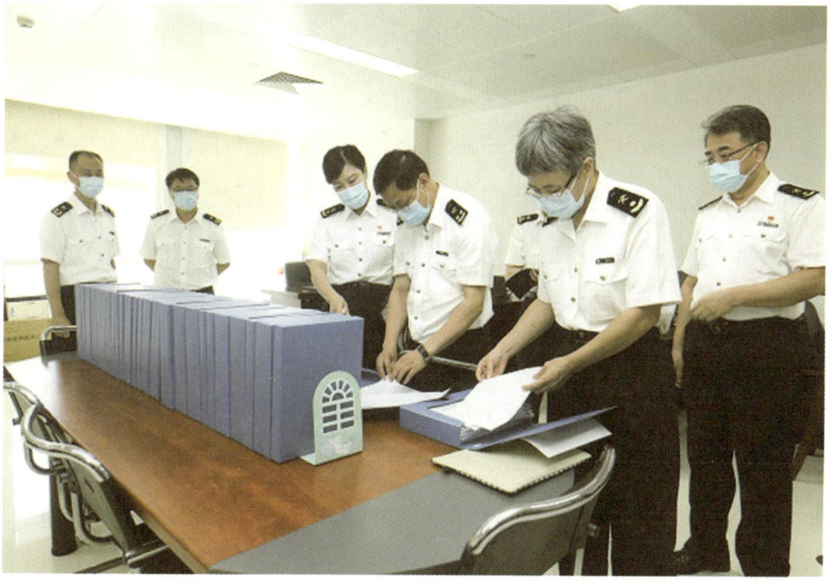

▲2022年7月21日，海关总署巡视办、上海特派办督导检查组实地检查厦门海关巡视整改工作台账　（刘雨龙　摄）

线索处置情况、整改成效、群众满意情况、存在问题不足6个方面全面自查。巡察办、人事处、监察室等部门采取“巡察监督+专责监督+书面审查”3种方式对整改落实情况再审视再督促，实现巡视巡察整改“回头看”全覆盖，巩固提升整改成效。5月，形成巡视整改集中清查自查情况报告报送海关总署巡视办、上海特派办。7月，针对海关总署巡视办反馈审核意见中指出的问题，组织开展专项整改，举一反三、标本兼治，推进整改落实。7月下旬，海关总署巡视办、上海特派办检查组开展实地督导检查。10月，厦门海关党委巡察组对部分被巡察单位巡视巡察整改情况开展检查评估。截至年底，海关总署党委巡视反馈的34个问题均整改完毕；厦门海关党委巡察反馈的615个问题完成整改613个，完成率99.7%。

【巡视发现共性问题自查自改】2022年9月，海关总署巡视办要求各直属海关党委认真研究对照巡视发现共性问题清单，开展自查自改、举一反三，避免屡查屡犯。厦门海关党委成立自查自改工作机构，制订工作方案，按照条线区分、责任明晰的原则，对巡视发现46项共性问题进行细化分解，逐条逐项明确责任单位和责任人员。关领导牵头研究部署，指导督导检查，推动整改任务落实。先后召开党委会1次、专题会议4次、形势分析及工作督查例会1次，不断推进工作执行到位。各部门单位对照清单，查摆存在问题8个，从问题本身、举一反三和建立长效机制3个方面，制定整改措施33项，截至9月29日全部整改完成；针对自查后不存在的共性问题，梳理制定预防性措施和长效机制113项，防止同类问题发生。

【巡察全覆盖】2022年，厦门海关党委深化巡视巡察上下联动，结合年内开展的“捍卫‘两个确立’、做到‘两个维护’、强化政治机关建设”专项教育活动，“学习研讨、查摆问题、改进提高”专项工作和“海关重点项目和财物管理以权谋私”专项整治，于4月组织开展第一轮巡察，组建2个巡察组分别对厦门国际旅行卫生保健中心（厦门海关口岸门诊部）开展常规巡察，对办公室、卫检处、人事处、教育处、机关党委、监察室、离退办7个部门开展“强化政治机关建设　持续推进巡视整改落实”专项巡察。8月，政治部主任、党委纪检组长分别带队赴上述8家被巡察单位反馈巡察情况和关党委巡察工作领导小组审议意见。该轮巡察监督发现问题86个，提出意见建议26条。至此，厦门海关党委完成党的十九大期间对厦门关区所有部门单位的巡察全覆盖。年底前，总结党的十九大以来厦门关区巡察工作经验成效，形成专题报告报送海关总署巡视办。

【巡察整改落实】2022年10月，厦门海关党委组建巡察组，对2020年第二轮常规巡察、危险化学品专项巡察对象及2021年巡视巡察上下联动专项巡察对象中的泉州海关、机场海关、邮局海关、集同海关、古雷海关5个隶属海关开展实地巡察“回头看”，发现问题7个，提出意见建议3条。11月，厦门海关党委贯彻落实海关总署党委巡视工作领导小组关于进一步强化巡察整改责任的部署要求，研究制定巡察整改责任分工，进一步明确被巡察单位整改主体责任，纪检监察机构、组织人事部门应履行的整改监督责任，以及巡察机构的统筹督促责任，为强化厦门关区巡察整改和成果运用提供制度保障。

撰稿人

陈悦松　黄宝边

纪检工作

【概况】2022年，厦门海关坚持严的基调，一体推进“三不腐”，强化政治监督和日常监督，统筹做好口岸疫情防控和促进外贸保稳提质、安全生产等重大决策部署监督；聚焦非执法领域，开展“海关重点项目和财物管理以权谋私”专项整治工作；保持零容忍的警醒和力度，依规依纪依法开展执纪问责，正风肃纪反腐；进一步丰富监督手段，强化人员动态管理和“八小时内外”监督；开展“一组一课题”、打私反腐“一案双查”工作调研，关于直属海关一体推进“三不腐”工作的思考课题得到海关总署领导批示；从严从实锻造纪检队伍，推进厦门关区全面从严治党、党风廉政建设和反腐败工作迈上新台阶。

【政治监督】2022年，厦门海关围绕“两个维护”做实政治监督，制订党委纪检组“捍卫‘两个确立’、做到‘两个维护’、强化政治机关建设政治监督”工作方案，明确政治监督3方面18项内容；聚焦“国之大者”，将政治监督与专项教育活动统筹推进，突出疫情防控、安全生产、专项整治等重点任务，建立政治监督“双周报表”机制，推动政治监督具体化、精准化、常态化。强化安全生产领域职能监督，对厦门关区8个职能部门开展督导并进行履责提醒，传导责任压力、推动任务落实；各派驻纪检组发挥抵近监督、靠前监督作用，建立常态化安全生产领域监督检查台账，督促持续压紧压实安全生产主体责任，防范化解安全风险隐患。厦门关区纪检机构采取参加（列席）会议、查阅台账、调研走访、谈话提醒、派员督导等形式开展监督检查1660次，与“一把手”和领导班子成员谈话603人次，发现问题288个，提出意见建议369条，制发监督建议书29份，制发整改意见书2份，保障党中央重大决策部署在厦门关区落地落实。

【疫情防控监督】2022年，厦门海关纪检部门绷紧疫情防控这根弦，严格落实海关总署党委、驻署纪检监察组和关党委各项部署要求，靠前监督、跟进监督、精准监督。召开纪检机构专题视频会议，全面部署疫情防控监督工作，统筹做好疫情防控和推动外贸保稳提质监督。坚持责任导向，坚守“监督的再监督”职责定位，打造“监督检查、发现问题、督促整改、堵塞漏洞”的监督闭环，落实与疫情防控指挥部办公室及各相关职能部门的共商、共享和联动“三项机制”，参加连线会商21次，开展联合监督检查3次，推动“主体”“监督”两个责任紧密结合、互相促进，提升监督合力。坚持问题导向，紧盯口岸疫情防控、内部安全防护重点领域和关键环节，统筹抓好疫情防控推动外贸保稳提质工作，建立疫情防控监督日报告和周报制度，向驻署纪检监察组报送周报52份，按照“问题对照清单”“监督清单”“整改督办单”3张清单要求，加大对一线监督检查力度、提升“视频监控+联合监督”实效，运用监控指挥中心平台、“四不两直”检查、跟班作业等方式，开展会议监督547次、督促提醒664次、赴一线检查480次、视频监督973次，调阅资料1259份，个别谈话557人次，应用数据监督261次，开展专项检查、座谈交流、跟班监督等其他形式132次，共发现问题248个。坚持效果导向，紧盯问题整改，严肃执纪问责，建立健全常态化疫情防控监督反馈，持续跟进“百名科长百日督查”督查组、二级监控指挥中心通报问题整改督办，开展“验证式”日常监督、“回头看”重点监督，以问题为导向跟踪督办，共提出意见建议224条，制发监督建议书16份，以强监督、严问责推动形成严密高效的防控体系。

【党委派驻监督】2022年，厦门海关召开年中纪检工作会议，关党委专门听取派驻纪检组工作报告，关党委纪检组长深入12个派驻纪检组调研，“面对面”指导，召开派驻纪检组工作汇报会，组织开展派驻纪检组专项集中工作，不断强化对派驻纪检组的监督指导。调整部分党委派驻纪检组监督单位，实现对基层单位派驻监督全覆盖，召开综合派驻监督工作现场会，开展事业单位社会化服务情况专题调研，提升综合派驻监督质效。以考核促工作，以干代训，修订党委派驻纪检组工作量化考核指标评分细化表（2022），制订党委派驻纪检组重要情况报告事项清单，建立集中调训制度，推动“一组一课题”调研，提升派驻纪检干部的专业素质，增强派驻纪检队伍履职能力。党委派驻纪检组创新监督方式，丰富监督手段，探索加强家访制和党支部纪检委员在监督工作中的作用，结合队伍结构特点强化人员思想动态管理和“八小时内外”监督，了解“街谈巷议”情况，及时掌握队伍思想动向和廉政形势。全年，12个派驻纪检组对驻在单位制发监督建议书、意见书、提示单共计60份。

【“海关重点项目和财物管理以权谋私”专项整治工作】2022年，厦门海关组织开展“海关重点项目和财物管理以权谋私”专项整治工作，制订实施方案，细化4个阶段、25项重点工作，召开工作推进会、专题会等22次，畅通信访举报渠道，设置举报箱78个、张贴宣传海报171份、走访企业138家，发放问卷调查4087份。组织涉及专项整治范围的875人开展逐一谈话、参加知识测试和个人违规事项申报。查阅纸质和电子资料1.4万余份，汇总数据10万余条，梳理重点项目524项。成立风险排查专班，对524个项目和财物管理领域开展“拉网式”筛查，排查出问题及廉政风险40个。成立研判小组，从人、企、项目多个维度开展风险研判，排查出廉政执法高风险项目7个，重点关注人员6人。针对全面自查发现问题和视频督导检查反馈问题，研究制定整改措施76条，督促各部门单位针对廉政风险点和管理薄弱环节，制定风险防范措施40条，修订规章制度13个，建立操作指引8个，完善工作流程7个。专项整治期间，立案2件。

【执纪问责】2022年，厦门海关党委与厦门市纪委监委签订《监督执纪监察工作协作配合办法》。牵头组织海关系统执纪审查第五协作区8个直属海关单位（上海特派办、沈阳海关、大连海关、哈尔滨海关、合肥海关、郑州海关、厦门海关、上海海关）党委纪检组，针对专项整治中处置问题线索、查办案件等经验做法开展书面研讨，并形成资料汇编。组织打私反腐“一案双查”工作调研并形成专题报告，开展执法一线微腐败专题调研，撰写海关执法一线微腐败问题探究与对策建议文章《厦门海关基层执法领域典型违纪违法问题剖析》。做好海关监督执纪问责信息系统数据录入核对等工作，在2022年该系统数据填报考核中获得满分。及时更新各部门单位电子廉政档案。审查各类干部廉政审核事项136份，提出否定性意见3人次；党纪立案5起，办结3起。

▲2022年4月1日，厦门海关党委集体参观廉政警示教育室　（刘雨龙　摄）

【廉政警示教育】2022年，厦门海关发挥廉政警示教育室作为厦门海关新进关员和新提任干部的两个“第一课堂”作用。年内，海关总署党委委员、驻署纪检监察组组长王林和福建省副省长李建成等领导参观厦门海关廉政警示教育室；关党委集体参观廉政警示教育室，党委书记郑巨刚为党委委员、部门单位“一把手”上廉政课。全年累计实地参观该室33批次、593人次。结合“海关重点项目和财物管理以权谋私”专项整治工作，统筹政治教育、纪法教育、警示教育和准军教育，深入开展廉政警示教育月活动，关党委纪检组长作廉政主题宣讲，派驻纪检组上廉政警示教育课。通过举办廉政书画展、摄影展、笔会、读书会，编发廉“节”贺卡、廉政提醒短信，播放廉政动漫等，营造崇廉尚洁的氛围。挖掘富有海关特色的清廉家风故事，5个家庭获评福建省最美家庭、绿色家庭、五好家庭。警示教育经验做法被驻署纪检监察组相关刊物采用。

撰稿人

刘树生　许雅君　李远鹏

干部队伍建设

【概况】2022年，厦门海关践行新时代党的组织路线，以政治建设为统领，以领导班子建设为关键，以人才队伍发展为支撑，在机构编制管理、干部人事管理、干部监督管理、人才队伍建设、工资福利保障等各项工作中深耕细作，推动关区干部人事工作高质量发展，为建设“更有效率海关”提供组织保证。截至年底，厦门海关内设正处级机构20个（不含海关缉私局），党委派驻纪检组12个，所属事业单位10个，隶属海关单位14个（其中副厅级1个、正处级13个）；实有行政编制人员（不含海关缉私警察编制）2217人、事业编制人员311人。

【机构及职能配置优化】2022年，厦门海关持续优化完善机构编制管理，提升机构编制资源使用效能。1月11日，调整事业单位编制，核增东山海关综合技术服务中心事业编制数，核减厦门海关技术中心事业编制数。3月11日，调整关区稽查职责，撤销集同海关稽查四科，增设高崎海关机动稽查科，增加高崎海关相关职责，并核增高崎海关科级领导职数，相应核减集同海关科级领导职数。4月15日，延伸纪检监督覆盖，调整各派驻纪检组职责，将风控分局和事业单位首次纳入派驻监督范围。12月5日，深入开展机构改革以来“三定”规定执行情况评估和优化完善工作，调整优化泉州海关4个内设机构和1个下设机构的主要职责；核增办公室、动植物检疫处人员编制数，核减进出口食品安全处人员编制数；对8个行政单位内设科级机构予以更名；年内，开展规范事业单位领导职数管理工作，对超标准核定的领导职数予以规范。

【干部录用及选拔任用】2022年，厦门海关统筹推进处科级领导干部选拔任用工作。根据海关总署统一部署，采取录像面试方式，考试录用公务员41人。接收安置军队转业干部4人。

【干部培养锻炼】2022年，厦门海关选拔1名优秀执法一线科长担任隶属海关党委委员，选派1名干部参加中央组织部博士服务团工作，选派2名干部参加海关第十批援藏工作，选派4名干部分别到财政部厦门监管局、厦门市委文明办、厦门市平安办、厦门市机场建设指挥部参加实践锻炼。

【考核机制建设】2022年，厦门海关推动关区“三位一体”考核体系不断优化完善，进一步加强实践探索，将政治素质考核贯穿始终，加强客观指标考核工作统筹力度，用好民主测评结果分析，组织开展全员打私绩效评估、疫情防控专项考核，以及防范化解重大、系统性风险专项考核工作，强化考核结果运用，根据领导班子考核结果差异化核定各部门单位年度考核优秀名额，形成奖优罚劣的鲜明导向。

【干部监督】2022 年，厦门海关落实干部监督制度，干部监督工作抓早抓小抓苗头，人事部门全年运用“第一种形态”18 人次。结合关党委巡察，对 1 家事业单位（保健中心）开展选人用人专项检查。组织开展干部配偶移居国（境）外、违规投资企业和兼职专项整治。

【职称评审】2022 年，厦门海关 10 人通过海关总署 2021 年度高级职称评审；8 人通过厦门海关中级职称评审。

▲2022 年 8 月 30 日，厦门海关举办 2021 年度中级职称评审会　（谢秋论　摄）

【奖励】2022 年，厦门海关对查办重大案件、处置重大事件、完成专项工作的集体和个人进行及时奖励，对在日常本职工作中表现突出、成绩显著的集体和个人进行定期奖励。年内，共 69 个集体和 983 人次立功受奖。其中，为 1 个集体记二等功，为 2 个集体和 93 人次记三等功或记功，给予 66 个集体嘉奖和 890 人次嘉奖。在以上表彰奖励中，含为参与疫情防控一线工作的 1 个集体记二等功、1 个集体记三等功、10 个集体嘉奖、38 人次记三等功和 237 人次嘉奖。

【关衔授予与调整】2022 年，厦门海关集中调整关衔 2 次、及时调整关衔 9 次，共涉及 480 人。其中，首次授予关衔 12 人，首授微调关衔 110 人，按期晋升关衔 281 人，晋职晋升关衔 59 人，选升关衔 17 人，关衔降级 1 人。截至年底，累计已授关衔的在职公务员 2071 人。

【疫情防控人力资源调配和健康管理】2022 年，厦门海关健全疫情防控人力资源保障机制，动态调配疫情防控人力资源，按照“四优先四不抽”原则，累计抽调 34 批次 109 人次支援疫情防控工作；严格落实健康监测“日报告、零报告”制度，全力做好本土疫情防控工作，组织紧急排查 93 次、涉及 42 万余人次。

撰稿人

王依婷　甘杰鹏　刘东方　刘宏杰　孙子杰　陈江鸣
陈丽婷　谢秋论　潘剑威

教育培训

【概况】2022年，厦门海关以政治建设为统领，以建设“更有效率海关”为目标，开展年度各项教育培训工作，完成3年专业能力提升行动各项计划，举办各级干部任职、晋衔、初任等综合类培训班，执行年度培训计划107项，其中实操培训项目11个、理论培训项目58个、理论与实操相结合培训项目38个。厦门关区2395人完成年度教育培训任务，人均接受培训171.5学时，获得155学分。

【专业能力提升行动】2022年，厦门海关以调研、解答会、推进会等形式找准问题和需求，做好专业能力提升行动收官之年各项工作。累计设置政治素养基础项目和19个业务条线22个业务项目，以一专多能复合型人才培养为导向，按照“基础—提高—选拔”分级分阶段推进提升行动。厦门关区2525人次参加基础阶段培训考核，通过率99.8%，其中560人参加多个项目。随机抽取基础考核通过人员126人参加督查考核，通过率100%。各业务条线立足工作实际，分批开展提高培训和技能比武。其中，在全国海关稽查岗位练兵个人技能比武中成绩突出，入围第二阶段“团体比武十强赛”。能力提升行动期间，共组织各条线汇总发布学习资料687份，推荐“钉钉”课程108门，上传题库7000余题，推荐专家79人。与海关总署岗位练兵、年度培训计划同部署同推进，耦合率达41%，实操培训占比74%。累计发布行动专刊19期。

【综合培训】2022年4月至11月，厦门海关举办3期新任职科级领导干部培训班，

▲2022年11月9日，厦门海关教育处开展专业能力提升行动视频巡考（黄为　摄）

共258人参加。培训班分线上脱产培训（5天）和线上自学（10天）两个阶段。线上脱产培训委托中国海关管理干部学院承办。培训期间建立“班主任协调督导、班委联动管理、学员自主管理”的在线培训网络，设教育处和参训单位两级班主任负责督导，多措并举提升“空中课堂”办班质效。

9月21日至30日，举办2022年拟晋升关务督察衔级人员培训班，109人参加。培训分线上自学和线上脱产培训两个阶段，以专题讲座、学员论坛、交流研讨、测试考核等方式开展。其间，培训班建立教育处和参训单位两级班主任负责培训督导机制，设立学员临时党支部和11个学习小组，严格培训管理，提升培训质量。

10月17日至11月15日，委托中国海关管理干部学院以线上脱产培训的形式举办新任职处级领导干部网络培训班，参训学员6人。培训以提高履职能力为目标，设习近平新时代中国特色社会主义思想、政治能力、业务能力和执法能力4个教学单元，包含专题讲座、视频现场教学、读书分享、研讨交流、党的二十大精神应知应会测试等模块。

【政治能力培训】2022年1月至5月，厦门海关组织全员参加“海关系统学习贯彻党的十九届六中全会精神网上专题班”学习，分厅级、处级、科级及以下3个层级同步举行。参训人员均完成全部学习和考试任务，一次性考试通过率和合格率均为100%。

2月至4月，分3期举办处级领导干部学习贯彻党的十九届六中全会精神专题培训班，采取“线上+线下”相结合的模式开展，与关党委理论学习中心组联动融合，实现资源共享。按照海关总署要求合理设计课程，共安排辅导讲座、研讨交流、自学读书、学员论坛、知识测试等教学单元。二级巡视员、督办及处级领导干部246人参加。

8月15日至9月30日，举办厦门海关习近平新时代中国特色社会主义思想网上培训班。该次培训班依托中央党校习近平新时代中国特色社会主义思想专题课程，通过“钉钉”平台，分线上培训和考试测评两个阶段进行。

【教学资源建设】2022年2月，厦门海关根据海关总署《海关干部教育培训兼职教师管理办法》，修订印发厦门海

▲2022年4月21日，厦门海关教育处组织到业务现场调研国门生物安全实训项目　（黄为　摄）

关兼职教师管理办法，进一步规范兼职教师聘任、管理、考核等工作。年内，将“教学能力素养”纳入能力提升行动项目，共 55 人参加。9 月 5 日至 9 日举办教学能力提升培训，同月 29 日开展“教学能力素养”项目技能比武。向海关总署推荐优秀师资，年内新增署级兼职教师 5 人。制作党建教学视频《基层海关视角贯通理解“两个确立”的决定性意义》，被全国海关教育培训中心采用并上线“钉钉”平台。依托龙岩海关党建实训基地摄制的教学片《如何做好基层党建实训工作》上线“钉钉”平台。首部基层党建实训宣传片《那一抹红》获海关总署“海关影像”栏目采播。

撰稿人

刘俊峰　黄　为

第五篇

业务建设

法治建设

【概况】2022年，厦门海关深入学习贯彻习近平法治思想，落实“十四五”海关法治建设规划，扎实推进关区法治建设。修订规范性文件管理办法，持续推进规范性文件清单化管理，启动对厦门关区2003—2022年162件公告清理工作。完善文件制度库，累计上传各类制度文件2366份。发挥行政复议化解行政争议的主渠道作用，办理行政复议案件13起。加强行政应诉工作，办理行政应诉案件2起，继续保持行政诉讼零败诉。制定厦门关区“八五”普法规划实施意见和年度普法责任清单。创新“一案一普法”等普法举措，打造“蜡笔小红”等普法品牌。组织开展海关法治宣传日、国家宪法日等重要时间节点普法活动。全面实施行政许可事项清单管理，推动海关行政许可事项纳入福建省行政许可事项清单。推进“放管服”改革，“厦门海关助力地方政府打造市场采购贸易出口预包装食品新业态”入选福建省2022年度深化“放管服”改革持续优化政务服务典型经验做法。推动厦门海关“新型监管模式，全国复制推广”创新案例获评厦门市首届依法治理十佳典型示范案例。厦门海关所属东渡海关获评“全国行政执法先进集体”。

【学习贯彻习近平法治思想】2022年，厦门海关组织党委理论学习中心组（扩大）学习，邀请专家教授专题讲授党的二十大报告中蕴含的习近平法治思想，系统梳理、深入学习习近平法治思想“十一个坚持”的核心要义。组织厦门海关新提任处科级领导干部130人开展宪法集

▲2022年12月9日，厦门海关新提任处科级领导干部开展宪法集体宣誓（刘雨龙　摄）

体宣誓。因地制宜开展宪法进校园、进社区、进企业活动，联合地方检察部门开展“法护古城”线上主题交流，重点宣传“法治是最好的营商环境”，强化宪法至上的法治观念，培育学习宪法、尊崇宪法、维护宪法的法治文化。

【参与海关总署立法】2022年，厦门海关派员参加《中华人民共和国海关法》《中华人民共和国进出境动植物检疫法》等修订专班工作。组织开展《中华人民共和国海关法（修订草案）》研究，研提修法建议23条。承接海关总署行政审批所涉22部规章集中修订专项工作和海关特殊监管区域立法调研。参与立法后评估，对海关总署43部规章研提评估意见，协同完成《海关对上海钻石交易所监管办法》立法后评估报告。

【修订规范性文件管理办法】2022年10月19日，厦门海关修订印发规范性文件管理办法，新修订的管理办法含总则、一般要求、起草、合法性审查、决定公布和备案、解释修改废止和评估清理、附则7章41条。

【行政复议】2022年，厦门海关进一步畅通行政复议渠道，加大监督纠错力度，促进严格规范公正文明执法。首次采用“零接触”方式召开线上行政复议听证会。全年共办理行政复议案件13起，同比增长2.25倍。其中，厦门海关受理的行政复议案件12起，厦门海关为被申请人的行政复议案件1起。

【行政应诉】2022年，厦门海关自觉接受司法监督，全面落实涉诉海关行政机关负责人出庭应诉制度，针对重大、疑难、复杂行政诉讼案件开展“实战型”模拟庭审演练。健全行政审判与海关行政执法工作良性互动机制，加强与人民法院的沟通协调。全年办理行政诉讼案件2起，其中，1起行政处罚类案件一审在审，1起投诉举报类案件一审胜诉、二审在审。

【践行新时代“枫桥经验”】2022年，厦门海关深入践行新时代“枫桥经验”，发挥行政复议化解行政争议的主渠道作用，搭建“厦门海关行政争议职能处置”和“各隶属海关执法现场争议化解”两个平台，落实行政纠纷源头预防、排查研判、多元化解3项机制。推进厦门关区践行新时代“枫桥经验”培育建设工作，分别在所属东渡海关、海沧海关、邮局海关和东山海关挂牌成立新时代“枫桥经验”基层示范点，协调解决海关业务现场行政争议49件，实现行政纠纷就地化解。

【执法规范化建设】2022年，厦门海关参与海关总署权责清单编制试点工作，按时完

▲2022年9月20日，东渡海关践行“枫桥经验”工作室挂牌（刘雨龙摄）

成编制任务。加强对一线执法行为的引导和规范，编发“执法提示”“新法速递”和“案例参考”，组织召开厦门关区法治工作座谈会，通报复议应诉工作情况和存在的执法问题，组织政府信息公开及投诉举报处置专题培训。持续推动行政执法“三项制度”（行政执法公示制度、执法全过程记录制度、重大执法决定法制审核制度）全面实施，统筹推进厦门关区执法统一性建设。

【公职律师管理】2022年，厦门海关加强公职律师及后备人才培训，开展专项轮值、在岗轮值，提升履职能力。年内，公职律师累计参与重大事项研究等辅助决策23件，参与各类法律法规、规章、规范性文件等起草修订44件，修改审核合同197份，参与行政处罚、行政复议和行政诉讼等案件210件；厦门关区新注册公职律师7人，公职律师队伍扩大至53人，约占具备法律职业资格人员总数的61.63%，5人获评关区优秀公职律师。

【行政审批制度改革】2022年，厦门海关持续推进行政审批制度改革，全面实施行政许可事项清单管理，梳理并公布厦门关区“保税仓库设立审批”“出口监管仓库设立审批”“保税物流中心设立审批”“海关监管货物仓储企业注册”“过境动物、进境特定动植物及其产品检疫审批”“出境特定动植物及其产品和其他检疫物的生产、加工、存放单位注册登记”“进出境动植物检疫除害处理单位核准”“特殊物品出入境卫生检疫审批”“国境口岸卫生许可”共9大项16子项行政许可事项及其实施机关、实施依据。组织做好服务指南、流程图等配套的同步调整，推动行政许可事项纳入福建省省级行政许可事项清单。

【政务服务窗口建设】2022年，厦门海关驻厦门市行政服务中心窗口连续4年获评厦门市行政审批管理局“红旗窗口”单位，1人获评“优秀首席代表”，1人获评“服务标兵”荣誉称号。集同海关行政审批受理窗口获评集美区行政审批管理局2022年度政务服务“红旗窗口”，1人获评“优秀首席代表”荣誉称号。

【普法宣传】2022年，厦门海关制定“八五”普法规划实施意见和普法责任清单，落实“谁执法谁普法”普法责任制。推广运用“一案一普法”，针对现场执法中频发的行政处罚案件，同步送达“普法教育书”，强化日常普法。围绕“4·15”全民国家安全教育日、“8·8”海关法治宣传日、民法典宣传月、“12·4”国家宪法日等节点，深入企业、社区、校园及“海丝”中央法务区开展助企惠民普法活动20余场，获“学习强国”App、《中国国门时报》、“海关发布”微信公众号、福建电视台、厦门电视台等各类平台报道40余篇次。

撰稿人

李学能　李端悦

业务改革与发展

【概况】2022年，厦门海关推进各项稳外贸措施落地见效，全年监管进出口货物总值1.27万亿元，同比增长12.2%，高于全国同期平均水平4.5个百分点，排名全国海关系统第10位。其中，进口4097.6亿元，同比增长10.6%；出口8609亿元，同比增长13%。厦门港集装箱吞吐量1243万标箱，同比增长3.22%，排名全国第7位，连续3年位列全球第13大港口。持续优化口岸营商环境，厦门关区进、出口整体通关时间进一步压缩，“航空物流公共信息平台”建设获全国推广，助推厦门市连续2年获评“全国营商环境标杆城市”，厦门口岸连续4年获评“中国十大海运集装箱口岸营商环境测评”最高等级。

【优化口岸营商环境】2022年，厦门海关推动厦门市首次作为试点城市参加全国跨境贸易便利化专项行动，出台10方面22条措施。完成全国首票2020版报关单实单验证；对进境粮食全部实施“两段准入”，通关时间压缩90%；推动建设“数字口岸”平台，开发RCEP生鲜易腐货物空运通关小程序。厦门关区区域外航空保税维修业务进出口货值401.67亿元，同比增长32.57倍；厦门口岸稳定成为全国最大啤酒、燕窝进口口岸。

【促进外贸保稳提质】2022年，厦门海关先后出台保稳提质16条、支持龙岩老区高质量发展示范区9条等促进外贸保稳提质一揽子措施，不断强化政策集成效应。推进“惠企助稳”专项行动，建立6个企业问题直报点和18个“一站式”服务专窗。常态化开展“关企直通车”，在厦门自贸试验区、龙岩革命老区、海沧港综合保税区

▲2022年5月17日，厦门海关在国际航运中心举办首场“关企直通车”活动 （李盛杰 摄）

等召开直属海关、隶属海关两级“关企直通车”40余场次，推动解决各类企业“急难愁盼”问题155个，相关工作被各级媒体报道300余篇次。

【通关时间压缩】2022年，厦门海关通过优化业务流程，抓住重点商品、重点环节，推动通关时间“全链条”压缩。针对取样送检效率低的问题，出台试行进出口货物样品管理工作指引，检测平均耗时压缩40%。厦门关区进出口整体通关时间同比大幅压缩，2022年进、出口整体通关时间分别为27.02小时、1.28小时，同比分别压缩6.73%、20.50%。

【推进“航空物流公共信息平台”建设】2022年，厦门海关推进“航空物流公共信息平台”建设。该平台通过“单一窗口”实现跨部门作业流程电子化、协同环节数据共享等多项功能，解决进出境航空物流中存在的部门间信息化水平不一、跨部门数据交互性偏弱等问题，推进传统航空货运向现代物流转变。进口方面，取消纸面中性运单，单证交接、查验预约、分拨申请等传统线下作业转为线上操作，每票货物从原来的至少5次人工交接减少为1次的提货交接，作业效率提升90%以上；出口方面，取消纸面托运书，安检申报清单等6种纸面单证转为电子化运作，货代外勤交接由6次减少至2次，工作量减少70%以上；转关方面，转关送审核放时间由20分钟减少为2分钟，货站、货代企业共享海关转关放行指令，企业无须到海关办理纸质转关放行。

【厦门海关、福州海关两关一体化改革】2022年，厦门海关联合福州海关出台推进全业务领域一体化改革工作方案，优化福厦两关企业协调员合作机制，跨关区协调事项办理时限由10个工作日压缩至7个工作日；扩大“安全智能锁+转关自动核销”应用试点；建立进口大宗散装矿产分港卸货协调配合与信息通报机制，对进口铁矿粉实施联合监管；建立跨关区转关出口异常结关协同处置机制，确保应结尽结；推广锂电池包装安全监管新模式，采取“抵港直装”；协同推进福建省内跨关区企业集团加工贸易改革试点，实现集团内原材料跨关区异地存放、自由调拨，降低进出口成本。

【“两步申报”“两段准入”改革】2022年，厦门海关持续推进“两步申报”、“两段准入”、“提前申报”、汇总征税等改革举措的叠加联动。全年厦门关区7.2万票进口报关单采用“两步申报”模式，应用比例达19.53%，涵盖水运、空运、铁路、公路、转关等运输方式，涉及一般贸易、加工贸易、特殊监管区域、跨境电商等贸易方式。进口报关单1352票采用“两段准入”附条件提离模式，涉及进口粮食、水果、原油、鲜活水产等商品。

【新一代通关管理系统全面上线运行】2022年，厦门海关完成新一代通关管理系统全面切换。全力做好系统切换后的应急保障工作，协调解决公路转关快件无法纳入系统、出口运抵报告上线异常、系统异常无法拟证等问题，确保新一代通关管理系统顺畅运行。

【业务改革深化融合】2022年，厦门海关成立“进一步深化改革融合”课题组，以关检业务融合研究为重点，围绕货物通关全链条主线，选取货物通关全流程中的货物申报、证单审核、风险甄别、口岸检查、属地查检和信息系统互联互通6个关检业务融合关键点开展研究。课题组采用现场调研、问卷调查、统计分析、案例分析等方法，着眼现场执行，从制度、职责、运行、系统等方面多角度分析问题、提出思路，形成1个课题报告、6个子课题报告及一系列研究成果。

年内，厦门海关通畅海关业务问题的收集反馈渠道，建立厦门关区“三应”平台。推动建设数字监管平台，开发上线“智能卡口云分流”、船舶监管模块、危险品货物监控功能、查验吊柜免预约、查验场位实时动态等功能。推广综合查验模式，研究理顺口岸检查与风控、后续处置的协调配合。探索开展“联合审单”，组建跨部门的专家队伍，通过“事前研判预警+事中联合指导+事后监控核查”，优化对综合业务全过程职能、执行指导，保障厦门关区单证审核业务顺畅运转。

【通关运行管理】2022年，厦门海关持续做好报关单日常运行监控管理，提高通关便利化水平，保障口岸通关平稳有序。开展单证审核作业调研，优化业务流程，推动单证审核比例大幅度下调，完成出口证书模板绘制、报关单运行监控系统任务书编写等重点任务。加强业务结合部问题协调，解决无样本进口动植物产品国外官方证书，法国、墨西哥、菲律宾等国家的存疑官方证书货物通关问题，保障误判为危险品的普通货物顺利通关。参与海关总署报关、报检、报关单修撤管理等通关改革的推进工作，对报关单申报项目调整情况开展实单测试，就证书录入、报关单布局等提出多条建议。

【技术性贸易措施应对】2022年，厦门海关持续推进技术性贸易措施工作。加强技术性贸易措施交涉应对，完成对22份WTO/SPS（世界贸易组织下的卫生与植物卫生措施协议）通报进行评议。征集WTO/TBT（世界贸易组织下的技术性贸易壁垒）、SPS例会特别贸易关注议题2项，其中1项在海关总署指导下首次推动外方按中国海关要求修订相关标准，助力福建省鲭鱼罐头扩大出口。开展技术性贸易措施精准咨询服务，联合厦门市商务局发布技术性贸易措施预警信息3200余条，涉及美国、欧盟、RCEP成员等主要经济体和厦门关区5大类主要出口产品，信息阅读点击量超1200万次。完成厦门关区949家企业技术性贸易措施影响调查，向海关总署和地方报送调查报告12份。完善技术性贸易措施工作机制，修订制发技术性贸易措施会商工作指南、技术性贸易措施影响统计调查制度等3项规范性文件。建立涵盖13个专业门类约60人的厦门海关技术性贸易措施应对骨干队伍。

【技术规范标准制定】2022年，厦门海关受海关总署指派，完成9项技术规范修订，上报及发布技术规范SN/T5459-2022《出境蘑菇菌棒检疫操作规程》解读，8人次参加海关总署植物检疫、化矿、动物检疫、食品、管理5个技术规范专业委工作。

【知识产权海关保护】2022年，厦门海关持续强化知识产权保护，开展“龙腾行动2022”“净网行动2022”等知识产权保护专项行动，营造良好营商环境。全年共查获进出境涉嫌侵权货物1058批次，扣留侵权嫌疑货物530万件。4月，海关总署发布消息，厦门海关查获的“侵犯外资品牌商标权系列案”入选“2021年中国海关知识产权保护典型案例”。

2022年，厦门海关加大服务中小企业高质量发展力度，通过培训、座谈、实地调研、延伸普法等方式，累计向400余家企业解读知识产权海关保护政策，厦门关区全年自主知识产权企业新增备案652项。加大对侵犯自主知识产权案件查缉力度，查获进出境侵犯自主知识产权货物47批次，扣留侵权嫌疑货物170万件，对38家国内企业自主知识产权实施有效保护，帮助企业净化海外市场。

【规范新兴业态发展】2022年，厦门海关促进新业态规范发展，针对市场采购贸易方式侵权多发、易发的情况实施专项治理，在出境环节查获涉嫌侵权货物38批次，扣留香水、玩具、休闲鞋、烤面包机等侵权嫌疑货物56万件，以打击促规范，引导企业守法经营。

▲2022年9月28日，高崎海关机动查验查获侵犯知识产权奢侈品包袋（黄皓 摄）

【“两法衔接”协同工作模式】2022年，厦门海关加大行政、刑事协同强化知识产权保护，创新“两法衔接”（行政执法和刑事司法相衔接）协同工作模式，推进侵权源头治理，联合福州海关与福建省公安厅签订《关于进一步加强知识产权保护执法协作的意见》，构建“两级联系、多点对接”快速衔接机制。强化与知识产权主管部门协同保护，签订《福建省知识产权局 福州海关 厦门海关关于加强进出口环节知识产权保护合作备案录》，围绕打击侵权、服务企业、案件协查、疑难案件鉴定咨询等全面深入协作，构建知识产权“大保护”格局。

撰稿人

李林川 何舒航 余 江 林丽红 周腾建

自贸试验区和特殊监管区域管理

【概况】2022年，厦门海关深化自贸试验区海关监管制度创新，出台支持进口贸易创新示范区建设、提升自贸试验区医药产品进口便利度等10项措施，推动自贸试验区和海关特殊监管区域统筹发展。参与自贸试验区扩区、厦门自由港型经济特区建设和金砖国家新工业革命伙伴关系创新基地建设，争取改革创新工作在自贸试验区先行先试，会同地方政府相关部门研究出台福建自贸试验区提升战略实施方案和深化“创新发展平台”行动方案。全面启动RCEP对接行动方案涉及厦门海关的9项任务并取得成效。优化海关监管模式，推动建立以ERP联网监管为基础的自贸保税领域数字监管模式。制定下发特殊监管区域外加工贸易业务监管岗位操作规范，持续开展20余次线上线下专题培训研讨，依托自贸创新实训基地，开展自贸保税领域专业能力提升行动。全年厦门关区实际有进出口加工贸易的企业534家，加工贸易进出口值2056.19亿元，同比增长7.94%；海关特殊监管区域一线进出口值1976.46亿元，同比增长28.17%；保税物流业务稳中有进，保税仓库、出口监管仓库进出口值442.26亿元，同比增长9.41%，3个保税物流中心进出口值12.36亿元，同比减少12.03%。

【自贸试验区海关监管制度创新】2022年，厦门海关对标自贸试验区国际最高标准落实改革任务，2022年自贸创新试验任务涉及厦门海关的17项已全部实施，3项创新举措（通关全流程状态可视化服务、航空物流电子货运信息一点登录查询、特殊物品“一次评估、分批进口”）入选福建自贸试验区第九批复制推广，2项创新举措（陆地港出口转关直通业务、“关税e保”通关保额评估平台）被评为全国首创，1项创新举措（航空物流公共信息平台）通过海关总署备案。年内，厦门海关1项创新举措（企业集团保税监管改革）获评厦门市首届十大依法治理典型案例，并被海关总署在全国复制推广；1项创新举措（航空维修改革举措）入选全国自贸试验区生态环境保护典型案例；10月，厦门海关向海关总署报送新创新举措“非贸业务一体化运行智能管理平台”。

【企业集团加工贸易监管模式创新】2022年6月，厦门海关推出的企业集团加工贸易监管模式被海关总署列为2022年度复制推广的改革试点经验。年内，加大该监管模式改革举措的政策宣传力度，持续加强与福州、南京、武汉、青岛等海关的联系配合，推广企业集团加工贸易监管。截至年底，企业集团加工贸易监管创新举措已覆盖厦门关区5家企业集团的17家成员企业。

【改革试点经验在关区复制推广】 2022年，厦门海关持续推动各项改革试点经验在厦门关区复制推广和落地实施，新增1项国务院复制推广（低风险特殊物品行政审批改革）任务；落实海关总署关于复制推广自贸试验区海关监管创新制度（2022年）的要求，做好“国际航行船舶转港数据复用模式”等创新制度的复制推广工作。定期开展企业需求调研和需求培育，宣讲“期货保税交割海关监管制度”“大宗商品现货保税交易”等海关监管政策，分析“进口货物预检验”等复制推广项目在执行中存在的问题，提出针对性意见建议并上报海关总署。截至年底，国务院6批次共58项涉及海关的改革试点经验及海关总署3批次27项监管制度创新在厦门海关均已复制推广完毕。

【海关特殊监管区域管理】 2022年，厦门海关加强和地方牵头部门的联系配合，开展特殊区域外贸分析并提出可行性政策建议。利用《中华人民共和国海关综合保税区管理办法》颁布施行时间节点，通过云宣讲、电视报纸等多渠道扩大社会宣传效应，助力企业提高政策知悉率和利用率。支持保税维修、融资租赁、跨境电商网购保税、国际中转分拨等新业态入区发展，新开通保税研发业务，持续完善综合保税区内保税跨境电商监管设施，完成海沧跨境电商查验设施的建设，支持泉州、东渡、海沧等隶属海关优化完善监管方案，启动泉州、东渡跨境电商入区统筹发展试点；加大数字监管应用，会同厦门市自贸委加快共同推动“保税领域数字监管服务平台”建设，建立以ERP联网监管为基础的自贸保税领域数字监管模式。象屿综合保税区实现封关运作，2022年特殊区域指标列全国第六，质量效益指标排名全国第一。厦门关区特殊区域业务量由2019年的967.42亿元增长到2022年的1976.46亿元，增长1.04倍。

【“保税领域数字监管服务平台”建设】 2022年，厦门海关加大数字监管应用，会同厦门市自贸委加快推动“保税领域数字监管服务平台”建设，建立以ERP联网监管为基础的自贸保税领域数字监管模式；推进数字综合保税区管理，完成分类监管、

▲2022年4月1日，厦门海关自贸处在厦门特协直播间开展海关特殊监管区域政策“云宣讲”　（李千千　摄）

内贸集装箱、跨境电商一般贸易等项目开发；加快“分类监管”“内贸集装箱业务”“一般纳税人业务”“跨境电商”等非保业务在综合保税区落地，实现全程无纸化高效便捷通关。

【对标国际政策研究】2022年，厦门海关参加海关总署新一轮支持自贸试验区发展政策措施研究，广泛征求意见并提出“探索实施两仓整合”等7条政策建议。组织梳理RCEP和CPTPP（《全面与进步跨太平洋伙伴关系协定》）涉及海关的经贸规则，向海关总署报送整理“过境货物启动依职权知识产权保护”等25项建议试点项目，为在自贸试验区内先行先试CPTPP规则做好准备。

【加工贸易业务转型升级】2022年，厦门海关探索符合关区实际的区外加工贸易集中审核作业模式；开展保税维修业务宣传推介，推动进境航空维修业务向保税维修转型，为6家航空维修企业开立保税维修专用电子账册，提出特殊监管区域外保税维修优化发展建议，推动全球一站式航空维修和航材保障中心建设；持续深化厦门集成电路保税检测试点，覆盖全市80多家相关企业，带动企业经济效益超3亿元；助推加工贸易监管创新发展，支持加工贸易向龙岩老区梯度转移。全年厦门关区共有实际进出口的加工贸易企业534家，加工贸易进出口总值2056.19亿元，同比增长7.94%。

【集成电路保税检测】2022年，厦门海关深化集成电路产业链保税监管试点，实施以厦门“芯火”双创基地平台为单元的集中式管理，辐射厦门市80余家集成电路设计企业。深入厦门关区重点集成电路加工贸易企业开展调研，了解集成电路测试业务发展规模并研讨优化集成电路保税检测措施，助推地方集成电路产业发展。年内，厦门关区参与试点企业带动相关企业经济效益超过3亿元，1家试点企业营收超亿元，4家试点企业营收突破1000万元。

【网购保税业务发展】2022年，厦门海关持续推进跨境电商业态高质量发展，开展数字综合保税区监管服务平台建设，完成该平台电商模块开发并投入使用，支持多种跨境电商业务在综合保税区内融合运营；支持开通国内首条“丝路海运”电商快线，新增出口海外仓备案企业28家；实现首家综合保税区内电商出口海外仓企业成功备案，推动跨境电商特殊

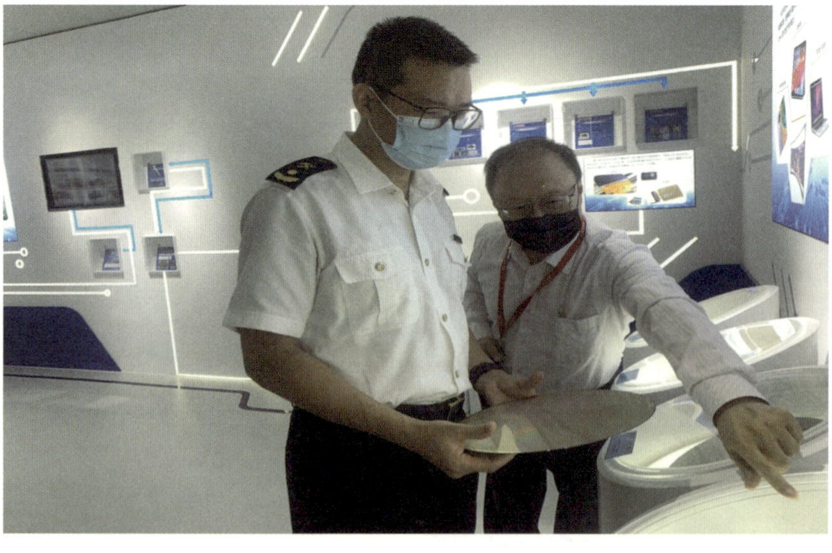

▲2022年11月7日，厦门海关自贸处在厦门某电子有限公司调研　（谢天佑　摄）

区域出口海外仓业务落地，厦门跨境电商综合试验区位列商务部评估第一档。全年厦门关区网购保税进口业务一线进境入综合保税区货值7.72亿元，同比增长0.28%，二线销售电商清单265.21万单、货值8.39亿元，同比分别增长9.58%、11.61%；综合保税区内非保税电商进出区161.4万单，货值2.8亿元。

【业务风险防范】2022年，厦门海关结合迎接国家审计工作，对照梳理细化自贸保税业务领域的各项工作要点，深入开展自查，及时向海关总署反馈问题和困难，落实整改责任，指导业务现场同步开展好联动自查和问题整改；开展特殊商品“一日游”和配额管控的风险排查；扎实开展加工贸易保税领域专项整治、黄金加工贸易业态分析、加工贸易残次品等专项工作；结合安全生产工作要求，以危险化学工业品仓储及进出综合保税区情况为重点，实地开展安全生产巡查，排除保税领域安全隐患。

撰稿人

王　红　李千千

风险管理

【概况】 2022年，厦门海关贯彻落实全国海关风险管理工作要点，把握海关风控工作新形势新要求，持续深入开展固体废物、濒危、危险品等专项风险防控，全年移交各类刑事案件53起，同比增长8.16%。

【风险防控机制体系建设】 2022年，厦门海关成立厦门关区风险管理委员会，配套制定业务风险跨部门联合研判机制、风控部门与业务现场联动工作机制（简称“一会两机制”），推进非贸业务一体化防控改革，不断完善口岸安全风险跨部门联合防控机制，完善厦门海关风险防控机制体系建设。持续加深与海关总署风险管理司、3个风险防控局、缉私部门以及地方国安、税务等深度合作；与厦门市公安局联合开展枪配研判，海关缉私部门缴获疑似枪支12把、枪支散件658件、各类子弹868发。

【风险信息监测预警】 2022年，厦门海关开展风险信息监测预警工作，践行总体国家安全观，强化从政治层面加强业务工作，报送的出口高压水炮专题调研报告，获得海关总署领导批示并促成海关总署出台对此类产品的出口管制措施。注重防范政治类有害信息载体进出境风险，查获政治类有害信息载体情事264起，同比增长1.75倍，涉及违反一个中国原则表述的外包装等101.23万件，各类图书及印刷品2324册，相关措施成效形成信息呈报并获署领导批示。查发冻品逃避商检、骗取出口退税案件，刑事立案6起，涉及骗取国家出口退税约890万元；查发松脂走私进口案，

▲2022年2月25日，厦门海关举行涉检风险专项研判会　（刘雨龙　摄）

移诉查证金额达1.1亿元，查获追缴金额1171万元；查发大嶝对台小额商品交易市场伪瞒报贸易方式走私案，累计移诉查证金额17.71亿元。建立"双链条分析+双线路验证"防控战法，查发未经检验检疫走私入境的濒危仙人掌3000多株。

【查发出口水果逃避商检案】2022年9月，经厦门海关风控分局后续分析并下达稽查指令，厦门海关缉私局连续立案侦办3起涉嫌套用报检底账逃避商检出口水果案件，涉案货值13亿元。

【"非贸业务一体化监管平台"一期项目建成】2022年5月，厦门海关完成"非贸业务一体化监管平台"一期项目建设。该平台实现海关数据的互联互通，接入63家企业实时作业数据，开发多个风险布控规则和AI模型，并组建非贸"风云"工作室，形成一体化、智能化、自动化的非贸风险管控机制。自2021年平台试运行以来，累计查发涉枪、涉毒等安全准入情事6223起，刑事立案39起。

【开展"清邮"专项行动】2022年8月，厦门海关开展为期3个月的"清邮"专项行动，聚焦正面风险防控，发挥口岸安全风险联防联控机制作用，深度加强联合查缉行动，深挖查处、源头封堵，形成风险防控合力。联合地方公安禁毒部门，继续加强对精神药品等走私系列案件的专项查缉与打击，行动期间查获45起走私精神药品和麻醉药品情事，咖啡因案件被列入公安部部督案件持续扩大战果，全年捣毁走私团伙8个，抓获嫌疑人近百人。联合地方烟草部门对邮件渠道伪报贸易方式、低报价格走私进境雪茄开展专项打击，案值200万元。

【防控"洋垃圾"入境】2022年，厦门海关加强风险防控，严厉打击"洋垃圾"走私入境。全年下达针对伪瞒报风险的固体废物专项布控指令273条，查获伪瞒报固体废物案件22起，总重874.01吨，查获的固体废物包括废塑料、废金属、废矿渣、废化工品、废回收贝壳、废硅片等。

【濒危动植物及其制品、野生动物及其产品进出境专项防控】2022年，厦门海关加强濒危动植物及其制品、野生动物及其产品进出境风险防控。全年在货运渠道下达针对伪瞒报风险的涉濒专项布控指令409条，查获濒危野生动植物及其制品15起，总重22.29吨，查获的濒危物种货

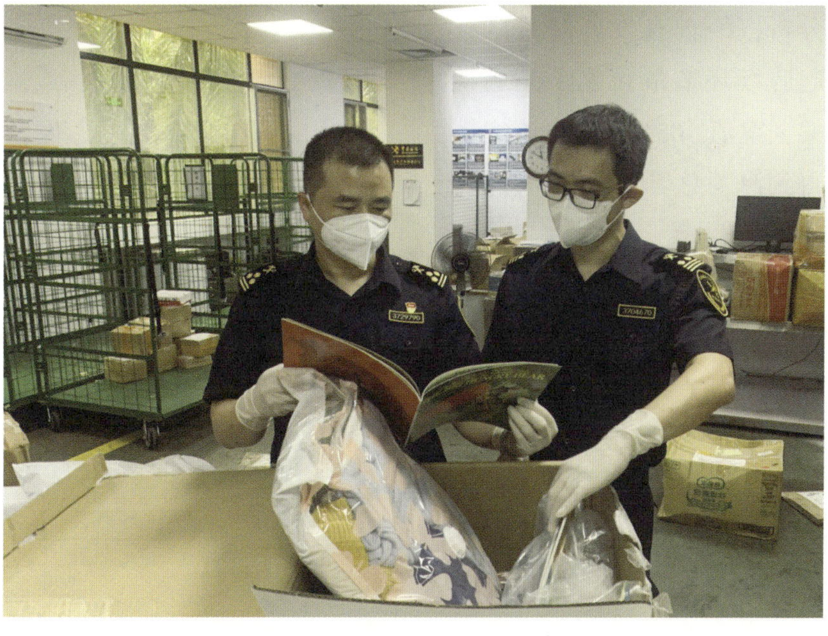

▲2022年8月4日，厦门海关关员在"清邮"专项行动中对进境邮包进行查验　（黄皓　摄）

物主要包括大叶桃花心板材及家具、香洋椿木制品、奥氏黄檀、斜叶黄檀、拟沉香木段、沉香木块、100%人参破壁粉、含银杏的综合谷豆固体饮料、人参乌龙茶、含梨果仙人掌的综合植物固体饮料等。

【海关后续风险防控】2022年，厦门海关风控分局开展后续风险防控，将风险关注点由“涉税”向“安全准入”“涉检”领域拓展，实现事后环节风险防控的纵深覆盖。涉检领域重点开展出口果蔬、竹木草制品冒用电子底账的专项分析，查发机构改革后关区首起出口商品逃避商检案；开展危险化学品逃漏检分析，稽查查发厦门关区首起后续环节危险化学品逃检案，案值1054万元，该案例得到海关总署多个司局肯定。涉税领域开展进口木材接力报关、低报价格风险分析，查发包通关走私团伙1个，案值约3亿元；开展减免税设备擅自抵押风险分析，查发4家企业存在擅自改变减免税货物使用地点、擅自抵押给金融机构和非金融机构等情事，涉及货值2亿元。非贸领域，查发“套代购”走私团伙1个，涉案货物价值332万元。

【海关大数据应用】2022年，厦门海关在持续强化固体废物、濒危物种及其制品、危险品等专项风险防控的同时，聚焦涉检风险、跨境电商等新兴业务领域，以实战为导向深入推进大数据模型应用。自主研发寄递渠道关系分析、电子底账风险分析、商品及口岸异动分析等多维度大数据模型，联合江门海关、长春海关捣毁非法走私贩卖“咖啡因片”供应链1条，查获二类精神药品“咖啡因片”127万余片。开发“监控特许权使用费辅助模型”等模型应用，推动风险监测指标落地见效。全年累计应用“云擎”平台新建或优化模型371个，“云擎”平台活跃度、模型发布数均排名全国海关第二位。

撰稿人

方弘韬　苏　俭　苏菲菲　连　浩　张荣强　林伟祺　柯晓宁　洪　泓

税收征管

【概况】2022年，厦门海关统筹通关便利与依法科学征管，贯彻落实国家税收优惠政策和惠企纾困举措，持续跟踪和研判税收形势，深化综合治税。完善属地纳税人管理，强化企业合规申报引导。多渠道开展税收政策宣传和属地纳税服务，不断优化税政调研机制，有效推动释放RCEP等协定红利。加强非贸渠道税收征管，推广优化行邮税征管应用系统，实现税收征管智能化和作业信息化。深化减免税快速审核应用，推广原产地证书自助打印和预裁定等税收征管便利措施；实施税款担保改革，缓解企业资金压力，提升通关效率。全年税收入库500.95亿元，同比增长27.98%。

【原产地管理】2022年，厦门海关高质量实施RCEP，梳理重点商品和企业并精准开展辅导，审核认定经核准出口商8家，全年累计签发RCEP原产地证书1.78万份。组织开展政策宣传，在中央、地方各级主流媒体刊发RCEP有关报道152篇次。组织编写操作指引，指导开展优惠贸易协定实施情况分析，引导企业应享尽享，不断提升厦门关区进出口货物的优惠贸易协定享惠水平。持续推广原产地证书申领一体化平台，年内该平台获评福建省第五届“推进机制活、建设新福建”机关体制机制创新优秀案例三等奖。强化厦门关区原产地风险防控，制发工作指引，定期排查风险。

【税则税政】2022年，厦门海关结合重点发展战略，聚焦改善人民生活品质、加快科技自立自强、促进产业链优化升级等，不断优化税政调研工作机制。牵头开展全国性专项行业调研，研提上报税政建议20条，其中6条被国家相关政策主管部门采纳。全年通过微信公众号、12360海关热线等渠道为进出口企业提供疑难咨询答复200余次，制发归类预裁定决定书36份，提前化解归类风险和争议。防控归类领域风险，梳理要点并制发工作指引，定期组织风险排查。

【价格管理】2022年，厦门海关参与海关总署组织的估价技术委员会集中工作、估价制度建设和估价技术理论研究等工作。规范估价补税操作，严格落实海关总署税收征管局指令，协同开展税收风险联防联控。开展厦门关区企业特许权使用费支付情况数据分析和专项调研，做好特许权使用费和特殊关系价格台账管理工作。开展价格预裁定工作，进一步促进贸易安全与便利。

【税收征管质量提升】2022年，厦门海关依法科学征管，加强属地纳税人管理，制订重点属地税源企业和属地报关企业合规管理服务方案，强化对属地纳税企业的合规申报引导，属地企业合规申报水平保持在99.5%以上。组织落实好《海关总署关于明确进出口货物税款缴纳期限的公告》等税收征管制度的实施。全年运用汇总征税模式的报关单超10万份。推进实施以企业为单元的海关税款担保改革，实现一份担保同时在全国海关用于多项税款担保业务，累计备案税款担保超110亿元，缓解企业资金压力，提升通关效率。

【减免税管理】2022年，厦门海关高质量实施“十四五”期间税收优惠政策，综合运用减免税、进口增值税分期纳税等税收政策，帮助企业降本增效，促进外贸保稳提质。组建工作联络小组，通过实地调研、线上培训等方式指导企业办理减免税手续，支持重点产业扩大原材料、生产设备、关键零部件进口，推动“十四五”期间税收优惠政策顺利落地。实现厦门关区部分企业ERP管理系统与海关新一代减免税管理系统快速审核模块成功对接，助力企业提升申报质量和管理效能。

▲2022年7月28日，厦门海关关员为企业办理退税手续　（黄晓玲　摄）

【非贸税收管理】2022年，厦门海关做好邮递、快件和旅检等非贸渠道的税收征管工作，多渠道向工作对象开展政策宣讲，结合非贸领域不同类型业务特点开展分类培训，提升非贸税收征管工作的协同治理效能。推荐厦门关区专家骨干参评并入围全国海关跨境电商零售进口税收征管专家技术组，为跨境电商税收征管工作提供智力支持。研判非贸税收风险并开展排查和处置，防止税款“跑冒漏滴”。依托科技创新，持续推广行邮税征管应用系统，促进缴税便利。

【关税人才素质能力建设】2022年，厦门海关通过开展专业能力提升行动、参与课题研究、跟班培训和集中工作等方式，不断加强税收征管专业化干部队伍素质建设。采取挑选精品课程、业务专家指导、实操培训等方式，深化开展现场验估岗位专业能力提升行动，选拔验估业务领域的业务标兵1人、岗位能手1人。立足厦门关区税收征管岗位适配需求，补短板、强弱项，精选优秀课程，开办“关税小讲堂”6期，分阶段开展岗位技能理论和实操培训，提升税收征管执行力。参与海关总署税收政策、估价、原产地、跨境电商领域的课题研究及案例编写等，全年累计参与 14 个课题和估价案例的研究与编写工作。

撰稿人

王志福　王欣桐　王静莉　陈宜荣　龚新喆

卫生检疫

【概况】2022年，厦门海关严格落实“外防输入”、常态化精准防控新冠疫情，持续提升口岸公共卫生检疫能力。严格规范入境人员健康申报核验、两道测温、采样检测、信息通报、移交处置等防控措施，全年累计检疫进出境飞机8040架次、船舶1.08万艘次，检出全国海关首例奥密克戎BA.4变异株。坚持“人、物、环境”同防，落实进口非冷链物品口岸环节疫情防控优化措施，按照风险布控指令做好进口高风险非冷链集装箱货物核酸监测和预防性消毒监督。推动口岸公共卫生核心能力建设，落实口岸食品安全抽检计划和卫生监督工作方案，加强病媒生物监测，在进境空集装箱中截获2000只活体美洲大蠊。强化非法进出境特殊物品检疫查验，全年查获非法入境特殊物品216批次，同比增长1.7倍。

【口岸新冠疫情防控】2022年，厦门海关持续完善“平急转换”防控机制，健全“大办公”指挥体系，动态调整防控措施，组织更新新冠疫情防控方案。密切跟踪与厦门关区口岸通航的国家和地区疫情态势，定期开展风险评估，及时研判分析。优化水运口岸防控举措，严防周边其他国家、地区疫情通过水运口岸输入。健全疫情监测预警机制，重点关注并专题建议地方政府强化境外重点地区疫情输入风险防控，严防捕捞渔船海上接触和接驳交易带来的输入风险。成立入境客运航空器终末消毒监督两级专班，制定终末消毒监督作业指引，规范终末消毒监督工作。严格落实安全防护责任制，配合海关总署“百名科长百日督查”“二十大期间派驻督查”工作，立行立改督查发现的问题。开展“关长走进口岸封管区”专项行动，收集汇总问题建议69项并持续优化疫情防控措施。年内，按照海关总署要求，在每天开展视频监控检查、每月开展1次自查的基础上，组织4轮专项督查，共发现问题87项，均逐一明确责任部门，所有问题均已整改到位。

【“多病同防”】2022年，厦门海关加强对登革热、疟疾等蚊媒传染病疫情监测预警，严防埃博拉病毒病、鼠疫、黄热病、中东呼吸综合征、拉沙热等重大传染病通过口岸传入，防止疫情叠加。强化对有非洲旅居史的归国劳务人员等重点人群监测，严防疟疾疫情输入。全年对来自美国、加拿大、荷兰等国家（地区）入境航班开展猴痘监测 5127 人份。1 月，在入境人员中检出 1 例艾滋病阳性人员。

▲2022 年 1 月 24 日，东渡海关在进境空集装箱中截获活体美洲大蠊　（郭江水　摄）

【病媒生物检出】2022 年，厦门海关检出输入性病媒生物 506 批次，同比减少 14.38%。检出病媒生物数量 68.46 万只，其中蝇类 68.24 万只、蜚蠊 2128 只。厦门关区 48 个病媒生物监测点监测捕获鼠类 105 只、成蚊 7031 只。从口岸本底监测捕获的鼠类样本中检出 8 例Ⅱ型汉坦病毒核酸阳性，其中 2 例Ⅱ型汉坦病毒核酸阳性合并致病性钩端螺旋体核酸阳性，系厦门关区首次在口岸鼠类本底监测中检出。1 月 24 日，在进境空集装箱中截获 2000 只活体美洲大蠊，相关报道被 100 多家媒体转载，阅读量近 2 亿。6 月 16 日，在入境维修飞机上截获 47 只德国小蠊，检出赫氏埃希菌等多种致病菌。

【口岸卫生监督】2022 年，厦门海关落实口岸食品安全抽检计划和卫生监督工作方案，累计开展食品快速检测 301 批次、合格率 100%，实验室检测 153 批次、合格率 100%；对 350 家口岸卫生监督对象实施监管 1324 次、发现问题 90 个；对口岸公共场所空气质量监督抽检 35 家次、合格率 100%；对集中空调通风系统监督抽检 4 家次、合格率 100%；对口岸生活饮用水监督抽检 75 家次、不合格 4 家次。累计监管入境客运航空器终末消毒 871 架次。

【生物安全体系建设】2022 年，厦门海关贯彻落实海关总署《海关生物安全体系建设方案》，成立生物安全工作领导小组，制发 25 条细化落实措施，推进生物安全体系建设。向海关总署推荐厦门高崎国际机场、厦门港口岸纳入生物安全“高风险人员、运输工具指定入境国境口岸”储备名单。向海关总署推荐 2 名专家担任生物安全咨询专家委员会候选人。加强国门生物安全宣传，依托厦门海关国门生物安全展厅，通过海关概况、成果展示、能力建设、科普互动 4 大板块，运用图文展板、实物标本、VR 游戏、场景模拟等方式，让参观者了解海关守护国门生物安全成果。

【口岸公共卫生核心能力建设】2022 年，厦门海关推动厦门市完善口岸核心能力建设联防联控机制，将口岸突发公共卫生事件应急处置纳入属地应急管理体系，推动翔安刘五店南部港区通过自评考核；提前介入指导国际邮轮中心二期航站楼、翔安新机场卫生检疫设施规划建设；做好泉州晋江国际机场和厦金、泉金“小三通”客运码头航班航线复航等应对准备工作。开展新型核酸快速检测设备实验室平行验证，争取属地支持实验室检测设备和人员配置，应对国际航班大规模恢复；与厦门市疾控部门建立核酸检测结果复核和基因测序协作机制，开展现场监督检查，强化对第三方检测机构检测质量监督指导。

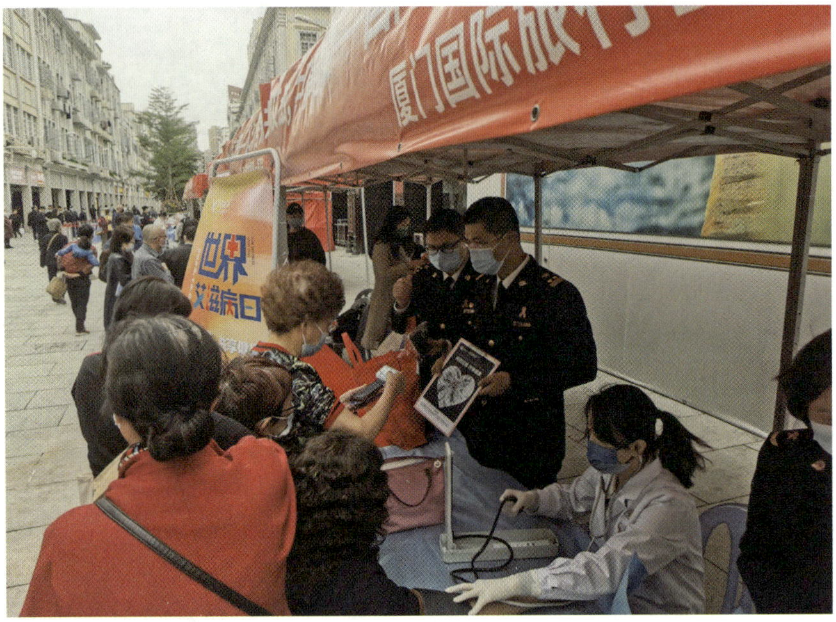

▲2022 年 12 月 1 日，厦门海关开展“世界艾滋病日”主题宣传活动　（熊为旻　摄）

【卫生检疫专题宣传】 2022 年，厦门海关在“全民国家安全教育日”“全国疟疾日”“世界艾滋病日”等重要时间节点，围绕外来物种入侵、新发传染病传入等社会关注热点，开展科普教育。国门生物安全宣传方面，与厦门五中连线开展“云展播小课堂”进校园宣传活动；与东山县铜陵中心小学学生视频连线“云”参观东山海关文化展厅，海关关员结合外来入侵物种、进境禁止携带寄递物品等公众关注的热点进行讲解。疟疾防治宣传方面，紧扣“防止疟疾输入再传播，共创无疟世界”年度宣传活动主题，联合多部门开展宣传活动 29 次，累计发放宣传资料 1300 份、宣传品 1360 份，开展媒体宣传 33 次。艾滋病防治宣传方面，通过海报展板、LED 屏幕、发放防治手册等，开展“共抗艾滋 共享健康”主题宣传，布置宣传条幅、展板、海报，累计发放宣传资料 2000 份、宣传品 1125 份、红丝带 1000 个，开展媒体宣传 33 次。

【卫生检疫“放管服”改革】 2022 年，厦门海关推动属地联防联控机制试点水运口岸第三方核酸检测，提升国际集装箱班轮港口作业效率。针对药监部门取消“医疗器械出口备案表”，开展专题调研并出台解决方案。优化特殊物品卫生检疫审批，召开“一次评估、分批进口”特殊物品风险评估会议 5 场次，开展出口特殊物品远程集中视频查验试点，探索疫情下不见面查验机制，不断提升特殊物品通关便利化水平。年内，厦门关区企业出口新冠病毒检测试剂 11.13 亿人份，货值 56.05 亿元；进出口各类特殊物品 1682 批次，货值 10.11 亿元。

撰稿人

张金山　陈进文　施文秀　潘晨建

动植物检疫

【概况】2022年，厦门海关维护国门生物安全，推动动植物检疫工作高质量发展，全年检出二类动物疫病2种4种次、植物有害生物460种8408种次（其中检疫性57种1094种次）。推进“国门绿盾2022”行动、“跨境电商寄递‘异宠’综合治理”专项行动。加强风险评估和口岸检疫，为海关总署制定政策提供技术支持。严把种用水生动物进口关，服务国家优质种质资源引进。帮扶厦门关区特色农产品出口，蜜柚恢复对俄罗斯出口，柑橘输美大幅增加，荔枝输日继续稳步推进。制定进境动植物及其产品检疫审批工作规范，严格检疫审批工作程序，把好动植物检疫第一道防线。正式启用全国首家以“生物安全法”为主题的国门生物安全展厅，打造生物安全教育培训和普法宣传平台。建成木材、粮食、外来物种、水果、水生动物、农产品6个专业能力提升培训基地，组织厦门关区200余人次参加培训，完成407人次动植检岗位资质认定，初步形成动植检专家人才、查验和管理骨干、后备人才三级梯队。参与WTO贸易争端应诉及农产品技术性贸易措施的审查和评议。

【动植物检疫】2022年，厦门海关持续加强国外动植物疫情信息监测预警，监测收集动植物疫情信息801条次，获海关总署采用345条次。开展进出口水果、饲料及饲料添加剂、水生动物和进口粮食安全风险监控，累计监测样品570个，检出不合格样品10个，对检出不合格的货物

▲2022年4月4日，泉州海关关员对进境大豆开展船边检疫　（何家庆　摄）

依法实施监督销毁或技术处理。加强防范非洲猪瘟、沙漠蝗等动植物疫情疫病传入，检疫查验进境高风险的水果、粮食、木材、水生动物等动植物及其产品，累计监督退运、销毁进口不合格动植物及其产品37批；在进境食用珍珠龙胆石斑鱼中检出隐性孔雀石绿和隐性结晶紫，为海关总署政策制定提供参考依据。与厦门市农业农村局共同开展红火蚁防控模拟演练及突发高致病性禽流感疫情桌面推演，不断提升疫情疫病联防联控处置能力。做好进出境动植物检疫除害处理单位监督管理，按要求对2家单位变更核准范围并做好除害处理业务监管。

【外来入侵物种防控】2022年，厦门海关严防外来物种非法入侵。建成外来物种防控能力提升平台，组织对厦门关区一线人员345人开展外来物种防控培训，提高机检人工判图精准度，强化口岸外来物种检疫监管能力。完善初筛实验室建设，培养具备初筛检验能力的查验队伍，厦门关区邮、快件通用查验岗均具备开展籽实萌发、杂草、昆虫等初筛实验的能力。加强外来物种入侵风险分析，结合历史查发情况，优化布控参数，实施预定式精准布控。建立包括进境收件人、境外寄件人等7个关键信息的截获“异宠”信息库。对厦门关区15家跨境电商货运代理企业及18家进境快件、邮件企业进行政策法规宣传贯彻。结合全民国家安全教育日、国际生物多样性日等时间节点，以发放宣传材料、发布新媒体推送等多形式开展防范外来物种入侵科普教育和主题宣传，营造社会共治良好氛围。开展“国门绿盾2022”“跨境电商寄递‘异宠’综合治理”专项行动，非贸渠道累计截获外来物种35批，邮件渠道截获2批次4只“异宠”中华大锹。

【国门生物安全监测】2022年，厦门海关持续做好国门生物安全监测工作。动物检疫监测方面，开展进出境水生动物疫病监测、进境非食用动物产品疫病监测。全年监测进出境动物及产品样品795份，获得监测结果2091条，检出阳性结果2例，全部为进境动物样本，对检出阳性的动物依法处理并留存相关影像资料。植物检疫监测方面，开展境外植物疫情风险监测、口岸截获植物疫情监测、非贸渠道植物疫情监测及外来物种监测、外来有害生物监测4类监测。重点做好检疫性实蝇、外来有害杂草、舞毒蛾、林木害虫、油菜籽茎基溃疡病、红火蚁和小火蚁等13种外来有害生物监测和入境口岸普查。设置监测点400余个，监测标本18万余个，监测到假高粱、豚草、长林小蠹等检疫性或具有检疫意义的有害生物19种，首次发现一般性杂草刺蒴麻，对监测到的重要有害生物依法监督实施铲除。

【支持特色农产品出口】2022年，厦门海关支持关区特色农产品出口。开展永春芦柑输美政策宣传和实地指导，完善平和蜜柚“四位一体”风险管理模式，推荐芦柑和蜜柚的13家包装厂和14个果园对美注册，对美出口柑橘类水果147批、2843.46吨。继续实施荔枝输日临时性措施，25批、299.81吨输日荔枝无不良反馈。配合海关总署做好柑橘类企业对俄推荐工作，推荐34家蜜柚果园和35家包装厂对俄注册，占全国同类企业数近一半，实现对俄出口蜜柚2040批、3.53万吨。

【服务大宗农产品安全进口】2022年，厦门海关为关区大宗农产品安全进口保驾护航。做好检出植物检疫性有害生物的进境粮食的调运、加工监管，落实加工除害处理措施，防范疫情扩散风险。针对进口水果量突增情况，强化业务指导，深挖口岸作业潜力，做好新冠病毒监测和消毒工作，保障进口冷链水果安全迅速通关。支持优质动植物种质资源引进，采用智慧物流锁辅助对66批进境种用水生动物进行在途监管，不断提升检疫质效。

【检疫便利化措施】2022年，厦门海关持续优化进境粮食"两段准入"的附条件提离、文件审核办理出境农产品注册登记、检疫审批申请"即报即审"等通关便利化措施。累计对56船进境粮食实施靠泊检疫，对符合要求的品种实施附条件提离，第一时间为企业办理流向变更手续。对46家企业注册登记申请免于现场考核，通过文件审核合格后予以核准。完成3361单检疫审批申请的"即报即审"并报送海关总署审批或授权审批。对厦门关区505家木竹藤草制品实施分类管理，促进一类企业及低风险产品快速通关。

【国门生物安全展厅启用】2022年4月20日，厦门海关启用全国首个"生物安全法"主题展厅，年内累计接待2000余人次参观学习。依托展厅平台，利用新媒体手段宣传展示《中华人民共和国生物安全法》实施1周年、《中华人民共和国进出境动植物检疫法》实施30周年海关执法成效，传播国门生物安全相关知识，营造"人人关注国门生物安全，人人守护国门生物安全"的良好社会共治氛围。

【智慧动植检建设】2022年，厦门海关参与海关总署智慧动植检信息化模块建设，派员参加进境粮食检验检疫管理系统、出入境生态安全保护管理应用等智慧动植检信息资源基础平台相关系统的建设和优化。10月3日，启动"智慧动植检一期"动植检人员资质管理、检疫处理、动植检结果判定、进出境农产品和饲料安全风险监控指令、出境动物检疫管理、国际动植物疫情信息、动植检全景数据监控7个模块试点，进一步深化出入境生态安全保护管理应用系统推广。推进厦门关区智慧动植检建设，

▲2022年4月13日，厦门海关组织开展国门生物安全云课堂宣传活动（王施红　摄）

在厦门数字监管平台实现旧检疫审批系统单证自动比对和核销、进境粮食检验检疫管理系统调运信息辅助填报等功能，进一步提升业务一线工作效能。

撰稿人

林　欣

进出口食品安全监管

【概况】2022年，厦门海关全面贯彻落实食品安全“四个最严”要求，强化监管、优化服务，进出口食品质量安全状况平稳，未出现系统性、区域性和行业性食品安全问题。严格进口冷链食品新冠疫情防控，全年累计实施进口冷链食品风险监测检测核酸样本13.64万份、监督预防性消毒货物外包装250.19万件，派员参加海关总署源头管控专项任务，完成22家境外水产品生产企业的视频检查和后续评估工作，最大限度预防疫情经进口冷链食品输入风险。厦门关区进口冷链食品疫情防控工作组被海关总署授予集体二等功。推进进口食品“国门守护”行动，全年完成进出口食品检验样品5170个、检验项目12.57万项次，开展进出口肉类、水产品疫病监测70批次、167项次，检出未准入境食品194批，同比增长15.51%，在全国海关检出首例进口牛肉蓝舌病病毒阳性。支持泉州石狮服装城市场采购方式出口预包装食品试点工作。参与海关总署“台湾地区食品安全体系研究”、“进出口食品安全监管史沿革”课题相关子课题研究，做好“中国技术贸易措施网”互联网平台食品标准信息维护，以及国门生物安全基础数据信息资源平台建设等工作。进出口食品安全信息全年被海关总署采用225条。

【进出口食品安全责任通报】2022年，厦门海关持续压紧压实进出口企业、地方政府等进出口食品安全责任，强化海关监管。对20家多次不合格食品进口商开展责任约

▲2022年7月7日，东渡海关关员对进口固体饮料实施查验　（王易　摄）

谈；约谈20家食品出口被境外通报的生产企业，督促其落实主体责任；根据被境外通报情况，4次向地方政府发出风险预警通报，告知并提请采取整改措施，履行食品安全属地管理责任。

【进口食品“国门守护”行动】2022年，厦门海关加强进口食品化妆品监督抽检和风险监测，累计完成4052个样品、11.52万项次检验，检出不合格样品36个、不合格项次53项。落实海关总署关于重点敏感产品专项部署，严格进境动植物源性食品检疫审批，累计签批肉类、水产和植物源性食品1158份。检出来自15个国家或地区的194批未准入境食品，同比增长15.51%，依法实施退运或销毁处理。

【落实两部食品安全海关规章】2022年1月1日，《中华人民共和国进出口食品安全管理办法》《中华人民共和国进口食品境外生产企业注册管理规定》实施。年内，厦门海关采取多种形式开展宣传贯彻培训，畅通渠道收集企业反映的相关问题，并在实施过程中及时应对、妥善处置。全年累计回应解答各类问题300余条；向海关总署申请解决153家境外生产企业因注册有效期、产品编码不一致、业务规则异常拦截等申报受阻问题；完成海关总署委派的2484家次境外生产企业注册评审工作，保障进出口食品安全和贸易平稳有序。

【进口冷链食品新冠疫情防控】2022年，厦门海关严格执行海关总署疫情防控技术方案和布控指令，通过“四不两直”方式，每季度开展全覆盖实地督查，不定期对各业务现场进行专项督查。每天通过视频全面跟踪检查现场规范操作和安全防护情况，对发现的问题紧盯不放，督促整改到位。根据海关总署紧急预防性措施，督促指导业务现场加强申报、查验环节信息验核。对检出阳性货物涉及的进口商开展责任约谈并依法依规妥善处置，做好进口冷链食品运输船舶船员染疫后的货物处置。加强与地方集中监管仓工作衔接，推动出台口岸环节检出核酸阳性进口冷链食品后续处置方案，配合做好检出核酸阳性货物的分级分类处置工作。向地方联防联控机制报送每日进口冷链食品信息，及时通报厦门关区阳性检出情况，强化信息共享和协同处置，扎紧扎牢闭环管理链条。

【推动燕窝产业发展】2022年，厦门海关发挥海关总署燕窝协作组成员单位牵头作用，完成74家境外燕窝生产企业回顾性书面审查，主动承担准入评估工作，加快推进越南燕窝输华获批准入，扩大进口燕窝平台企业原料来源。年内，厦门关区进口燕窝143.44吨、12.59亿元，同比分别增长28.80%、13.04%。其中，毛燕29.65吨、1.87亿元，同比分别增长48.99%、34.60%，占全国进口总量近八成。

【出口食品化妆品风险管理】2022年，厦门海关加强出口食品化妆品监督抽检和风险监测，累计完成1118个样品、1.05万项次检验，检出2个不合格样品、2项次不合格。开展风险评估，结合国外预警信息，5次动态调整出口食品化妆品高风险产品清单、高风险项目清单，发布3个预警通报，对境外通报的出口不合格食品信息开展核查，对企业在原辅料管理、生产加工过程卫生控制等方面存在的问题督促其采取针对性整改措施消除隐患。

【市场采购贸易方式出口预包装食品】 2022 年，厦门海关按照“风险可控、源头可溯、责任可究”原则，量身定制市场采购贸易方式出口预包装食品监管新体系，压紧压实各方责任，保障安全有序出口。自 2019 年 9 月 27 日（获批市场采购贸易方式出口预包装食品试点）至 2022 年年底，厦门关区累计200余家食品企业、600余家食品店铺入驻泉州石狮服装城试点市场，累计市场采购贸易方式出口预包装食品 4599 批、货值 9.94 亿元。其中，2022 年出口 2539 批、货值 3.85 亿元，占全国市场采购贸易方式出口预包装食品总量的八成。“厦门海关助力地方政府打造市场采购贸易出口预包装食品新业态”入选福建省 2022 年度深化“放管服”改革持续优化政务服务典型经验做法。

【推动水产品、罐头出口提质扩量】 2022 年，厦门海关根据出口水产品企业质量管理能力提升诉求，指导企业完善自检自控体系，联合漳州市水产协会举办首场出口水产质量提升“关企直通车”，集中解答企业疑难杂症、开展同类企业实地经验分享，推动提升行业管理水平。加强技术性贸易措施应对，开展科学研判，收集证据材料，推动斯里兰卡鱼罐头重金属砷标准从总砷最大含量 1mg/kg 修订为无机砷最大限量0.1mg/kg。年内，厦门关区出口水产品 54.23 万吨、货值 298.17 亿元，同比分别增长 4.83%、2.58%；出口罐头 44.44 万吨、货值 54.99 亿元，同比分别增长 5.21%、5.75%。

【承办全国“食品安全宣传周”海关总署主题日活动】 2022 年 9 月 15 日，厦门海关承办全国“食品安全宣传周”海关总署主题日活动。围绕“共担安全责任、共享美好生活”年度主题，开展“现场启动仪式、专家座谈、行业倡议”，举办“食品安全口岸行”“2022 年全国‘食品安全宣传周’海关总署主题日宣传展示厅”“进出口食品安全宣传教育基地”等一系列活动，宣传海关进出口食品安全工作成效，普及进出口食品安全科学知识。全国海关通过线上直播观看海关总署主题日活动现场启动仪式。

【进出口食品安全社会共治】 2022 年，厦门海关推进进出口食品安全社会治理，举办

▲2022 年 9 月 15 日，厦门海关承办全国“食品安全宣传周”海关总署主题日活动，向消费者宣传食品安全知识 （王施红 摄）

“进口食品‘国门守护’行动”“食品安全进社区、进企业”等系列宣传活动，累计印发进出口食品检验检疫要求、进口食品安全常识等宣传材料6600余份，制作横幅展板56个，开展食品安全专项宣传活动70场次、现场咨询活动56场次、举办讲座13场次。参与厦门市食品安全风险研判会商，定期向地方卫健部门通报进出口食品安全风险监测情况。完成2022年福建省治理“餐桌污染”、建设“食品放心工程”工作任务，助力厦门市获得全省首个“国家食品安全示范城市”。

【供厦食品标准体系建设】2022年，厦门海关作为厦门市供厦食品标准建设委员会主要成员单位，牵头制定即炖燕窝、白茶、叶菜类蔬菜3项供厦食品安全标准，参与制定其他4项供厦食品安全标准。自2020年厦门市供厦食品标准建设以来，厦门海关累计牵头制定10项供厦食品标准（占厦门市已发布供厦食品安全标准的17.35%），参与制定其他7项供厦食品标准。

【进出口食品安全业务规范建设】2022年，厦门海关修订更新口岸监管环节查验作业指导书，编制进口预包装食品标签检验作业操作指引和77类重点产品监督抽检参考示例，做好现行制度文件和工作措施的“废改立释”，确保厦门关区业务执行规范统一。针对各隶属海关不同业务特点，推动建立“实训基地”。组织进口食品专业能力提升项目培训，2000余人次参训，按照“基础—提高—选拔”开展分级考核，168人通过基础阶段考核，择优推选39位业务骨干参加技能比武。开展进出口食品安全“四个最严”要求落实情况专项督察，结合国家审计、内控工作、日常监管数据审核和工作质量检查等，紧扣审单放行、查验送检、不合格后续处置等业务关键节点，抓早抓小发现问题4项，研究制定针对性措施督促整改落实。全年下发工作联系单17份，涉及进出口食品安全内控节点12个。

撰稿人

黄　曦

商品检验

【概况】2022年，厦门海关筑牢进出口商品质量安全防线，统筹口岸安全生产和促进外贸稳增长工作，梳理商检领域12项主要业务政策措施，出台危险化学品、石材、旧机电产品等检验监管业务规范12项，组建“专家—骨干—学员”三级人才队伍，构建“师带徒”等7项工作机制，建成现场固体废物属性初筛工作室，设立各业务门类实训工作站3个，开展7场次业务培训，提升一线实操实战能力。开展“口岸危险品综合治理”百日专项行动，创新实施“联合联动办公机制”，建立“职能管理—现场监管—服务窗口”三级工作平台，进出口危险品通关时间同比压缩60%。牵头开展海关总署资源能源生态安全监控系统和再生原料生态安全监控系统的上线试运行。全年检出不合格进出口商品1624批，同比增长36.6%，5个典型案例获海关总署采用发布。发布厦门关区进口消费品检验十大典型案例，通报进口涂料、牙刷、奶瓶、文具等不合格消费品检出情况，获中央、地方媒体报道。

【严防“洋垃圾”入境】2022年，厦门海关强化进口“洋垃圾”打击力度，受海关总署委托牵头开发再生原料装运前检验证书校验系统，组织7个直属海关开展“单一窗口”和海关内网系统校验。参与生态环境部《进口货物的固体废物属性鉴别程序（征求意见稿）》审议修订。制定厦门关区进口铁矿等矿产品固体废物排查作业规定，督促各相关业务现场严格落实固体废物排查要求，防止废矿渣等固体废物入境，压紧压实监管责任。规范厦门关区进口再生金属原料固体废物属性鉴别程序，编写再生铜检验作业工作指引，提升一线执法质效。建成福建省首个固体废物初筛现场工作室，组织专家开展固体废物检出典型案例分析，制作进口矿产品标准样、固体废物对比样等20余组，建设现场监管“研、学、升”共享平台，提升口岸打击“洋垃圾”入境专业能力和监管效率。组织人员为一线查验提供远程技术支持，指导处置2批进口金属材料涉嫌固体废物案情。全年检验监管进口再生金属原料16批、673.24吨，其中1批环保项目不合格再生金属原料被鉴定为固体废物，共13吨。

【危险品检验监管】2022年，厦门海关开展“口岸危险品综合治理”百日专项行动，组建进出口危险品检验监管专家组常态化驻点指挥部办公，加强对一线业务的指导督促，同步设立两级工作专班和危险品通关专用窗口，实现业务管理扁平化、信息传导高效化、指挥调度集中化、现场执行统一化。开展企业政策宣传贯彻、知识普及和警示教育，压紧压实海关安全监管责任和企业主体责任，维护口岸安全。制定进出口危险品检验监管“一站式”作业指引，规范企业申报、单据审核、现场查验、异常处置、单证签发等10余项作业要点，梳理明确进出口危险品及其包装检验依据、标准100余份。完善厦门关区两级培训教学考核体系，连续3年开展业务能力提升专项行动，累计200余人参加。全年136人通过危险品岗位资质考核，考核通过率超90%，危险品岗位资质人员数量比2018年海关机构改革时增长3.2倍。开展进出口危险品质量安全风险分析，汇编近年危险品伪瞒报、不合格典型案例，组织点对点的现场跟班指导和远程业务督导，不断提升业务一线异常查处能力。全年累计检出伪瞒报、不合格进出口危险品1650批次，涉及行政处罚案件28起。

【大宗资源商品检验监管】2022年，厦门海关推进进口矿产品和原油“先放后检”模式改革，累计“先放后检”监管512批、3195.8万吨，为企业节省费用1000余万元。指导企业利用政策优势提升货物通关速度、维护对外贸易合法权益，对91批次、139.1万吨进口矿产、粮食、棉花依申请实施重量鉴定，对48批次、287.9万吨进口铁矿、棉花依申请实施品质检验。牵头建立进口铜精矿检验监管联系配合工作机制，保障92批次进口铜精矿口岸快速验放、优先检测。强化进口商品煤联合监管，做好口岸放射性监测和环保项目检验，建立口岸、属地信息通报机制，及时将限制远距离运输的进口商品煤信息通报属地海关做好后续监管。强化进口花岗岩放射性检测，修订进口石材检验工作规程，明确现场检验检疫要点，规范异常处置工作流程，累计检验进口花岗岩540.2万吨，开展实验室核素分析109批，检出限制使用用途的进口花岗岩60批。

▲2022年3月4日，厦门海关关员深夜登轮对进口原油实施取样　（张庄熠　摄）

【消费类产品检验监管】2022年，厦门海关严把进口消费品质量安全关，累计开展服装、食品接触产品、一次性卫生用品、玩具等检验监管1243批次、629.9万件，检出不合格消费品14批次、39.4万件，监督销毁109件。按照国家标准要求开展进口涂料、油墨、胶粘剂等检验工作，针对有关商品漏标危险信息、未采用合格包装、有机挥发物超标等危害人民群众切身利益的风险重点发力，查处危险公示信息不合格412批次，监督销毁挥发性有机化合物超标进口涂料1批次。强化进口汽车安全项目和环保项目检验，针对生态环境部通报的进口汽车排放超标风险开展重点核查，累计检验进口整车367台。

【重点商品检验监管】2022年，厦门海关加强进口医疗器械检验监管工作，开展进口特定用途医疗器械、医疗美容用医疗器械专项治理，累计检验进口医疗器械820批次，查处2万余盒软性亲水接触镜与申报规格不符情事。规范厦门关区进口旧机电产品异常查发处置要求，严密进口旧机电检验监管链条，严格落实进口旧机电产品装运前检验、开机动态检验等检验要求，严厉打击不合格旧机电产品闯关入境，累计检验进口旧机电产品共1503批，检出不合格产品77批，查处夹带禁止进口旧压力容器、未实施装运前检验擅自进口、以旧充新等典型案例9起。开展重大系统性风险排查，严防固体废物假借“维修/再制造”物料入境风险。支持重点产业发展急需的原材料进口，创新采用“口岸验核+生产线上取样”顺势监管模式快速验放进口货物900批次。

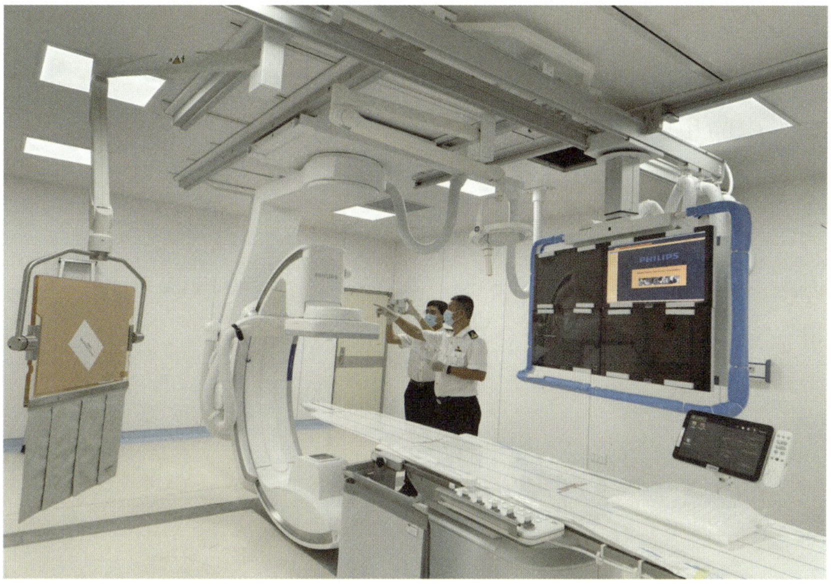

▲2022年9月16日，厦门海关关员对进口医疗设备实施检验 （郭龙杰 摄）

【进出口商品质量安全风险预警】2022年，厦门海关强化进出口商品质量安全风险预警和快速反应体系建设，开展质量安全风险采集业务培训，组织撰写进口旧机电、医疗器械、花岗岩及进出口危险品质量安全风险分析报告，建设重点商品风险评估模型，完善信息采集、风险评估、预警处置工作机制。发挥风险监测点作用，推进一级风险监测点建设运行，提高风险监测的精准性和有效性，拓宽信息采集渠道，强化机制保障，提高监测点运行成效。完成PVC及硫化橡胶制品、小家电及照明产品质量安全监测69批次，检出6批次PVC材质女用彩色雨鞋挥发性物含量超标，9批次橡胶材质气球含有有毒物质“萘”，小家电产品电气安全和电磁兼容不合格5批，照明产品电气安全和电磁兼容不合格2批，对210台电气安全不合格商用刨冰机实施退运。加强WTO/TBT-SPS通报信息、境外舆情、消费者投诉举报风险信息采集，采集出口工业品通报及境外舆情信息160条。

撰稿人

马俊毅　李保家　周扬斌　赵晓野　胡卉静　韩　燕

口岸监管

【概况】2022年，厦门海关聚焦“保安全、提效率、促发展”，强化监管、优化服务，推动口岸监管条线工作取得良好成效。毫不放松抓好常态化疫情防控，组织开展、参加各级监控指挥中心连线会商、应急演练65次，持续加强对航空器终末消毒监督、进口冷链非冷链货物采样等监督指导，累计查发并纠正问题788个；开发上线“海关检疫E码通”海港版，进一步完善旅客通关作业场地设置，优化旅检现场健康申报验核类设备应用，提升旅客通关效率。持续强化正面监管，加强全渠道“扫黄打非”工作，查获违禁印刷品及音像制品3.95万件、同比增长13.68倍，1人获评全国“扫黄打非”先进个人。强化安全生产责任落实，开展“口岸危险品综合治理”百日专项行动。全面提升监管效能，创新“中心—现场式”+“一线—专家”的口岸综合查验模式；智能审图算法分类部署全面推开，全国率先开展精神药品和枪支及零部件专项制图，CT设备智能审图准确率提升至98.7%。促进外贸保稳提质，推动4条中欧班列新线路首发，多式联运“一单制”获评2022年度厦门市“十佳”营商环境创新举措；全国首创在“单一窗口”开发“航空物流信息平台”，货站收运作业效率提升90%以上，为企业节省成本近2000万元；打造跨境物流数字监管平台，厦门港集装箱船舶平均在港时间压缩至1.35天，综合效率位列沿海口岸之首，连续4年获评“中国十大海运集装箱口岸营商环境测评”最高等级；打造覆盖海、陆、空的“跨境电商临港经济圈”，支持开通国内首条“丝路海运”电商快线，厦门跨境电商综合试验区在商务部2021年跨境电子商务综合试验区评估中排名第一档。

【安全生产工作】2022年，厦门海关强化安全生产责任落实，安全生产专项整治三年行动顺利收官，“口岸危险品综合治理”百日专项行动取得成效，危险品在港时间压缩53%，查发危险品伪瞒报167票。厦门海关党委专题听取安全生产工作汇报3次，安全生产工作6次列入关区形势分析及工作督查例会议题。制定厦门海关安全生产工作规范，健全完善“1+7”专项工作组机制、安全生产风险隐患信息“吹哨人”预警机制、“四不两直”暗查暗访机制等常态化监督检查机制。全年开展安全生产5次拉网式隐患排查和2次“四不两直”督导检查。推动地方港口部门牵头建设3个冷危专用堆场投入使用，解决厦门口岸危险品货物港区堆存场地不足的隐患。“吹哨人”预警作用发挥良好，主动发现并联合处置装卸及堆存隐患3起。组织危险化学品泄漏、船舶登临检查、机房安全及防汛抢险应急处置等各类演练和实操培训23场，提升一线操作技能和管理水平。

【口岸物流监管】2022年，厦门海关严格规范运输工具监管，开展多轮运输工具系统数据核查，提高企业数据申报规范性。开发应用数字监管平台船舶监管模块，实现登临作业预约、电子检疫通知书、船员健康申明卡电子验核、运输工具检查结果大屏公示等功能。制定操作指引全面推广“安全智能锁+转关自动核销”，适用业务类型从一般贸易扩展至跨境电商。完善转关业务管理机制，推动出口转关自动核销。创新堆场途中监管模式，推进进口“卸船直提”、出口“抵港直装”，全年完成“直装直提”1.32万标箱。支持中欧班列出口货物在监管作业场所组货申报，探索内外贸货物混编运输业务，支持过境货物通过海运方式从东南亚国家及我国台湾地区入境并以铁路运输出境，在龙岩革命老区新设中欧班列铁路监管作业场所，支持新开厦门、泉州、龙岩中欧班列线路4条。全年累计受理进出口货物转关3.24万票、同比下降1.82%；监管进出境运输工具2.45万架/艘次、同比下降1.88%，其中船舶1.64万艘次、同比下降0.09%，航空器0.81万架次、同比下降5.32%；监管中欧班列开行121列、1.25万标箱、7.18万吨，同比分别下降38.27%、35.71%、31.95%。

【货物监管】2022年，厦门海关推进口岸监管综合查验模式改革，根据口岸监管现场实际业务需求编制常见货物检查指引2本，并制发配套作业运行机制；组建专家队伍，更新完善3版检查作业指导书，编发4期典型案例交流，提升一线查验主动查发能力。全年共检查口岸进出口货物报关单7.93万份，其中进口5.2万份、出口2.73万份，查获进出口危险化学品伪瞒报、逃漏检等违规情事60起，违反一个中国原则情事91起，查发红火蚁、墨天牛属、大洋臀纹粉蚧等检疫害虫57批次，查获夹藏走私进口“烟弹”、出口大型烟草专用机械、出口假烟等典型案件。开展滞港固体废物退运专项检查12次，查发非法入境固体废物27起、914.21吨，监管退运

▲2022年9月30日，东渡海关关员对进口食用香精实施查验（王易　摄）

（含2021年查发）非法入境固体废物26批次、1010.09吨。

【快件邮件监管】2022年，厦门海关支持新增厦门—南京、厦门—南宁、厦门—平潭等临时邮路及邮件转关线路。持续推进两类通关改革，进一步推进出口低值快速货物新模式作业。在寄递渠道试运行“选、查、处”分离业务改革，完善监管流程，优化人力资源。支持对台海运快件“南向通道”建设，支持地方政府结合评估优化情况将海运快件监管场所调整至临港区域。优化非贸平台邮件快件跨境电商辅助系统功能，完成身份认证功能改造，实现通过微信小程序开展快件收件人身份认证。全年监管进出口邮件350.57万件、同比下降45.1%；监管进出口快件386.44万票、同比下降21.7%；寄递渠道检出查获涉及安全准入准出情事2540起，其中涉及毒品、麻醉药品、精神药品等229起。

【跨境电商监管】2022年，厦门海关建立跨境电商进口监管长效工作机制，被海关总署纳入跨境电商南部协作区，共同推动协作区内跨境电商业务互帮互助、共同发展，构建跨境电商海关监管区域协作新格局。支持地方政府优化产业布局，优先在临港配套新增元翔、象屿综合保税区和海沧港综合保税区3个跨境电商监管中心。支持地方政府引进多条全货机洲际航线，支持建设跨境电商对台“南向通道”和对非“丝路海运”电商快线，支持对美快船和中欧班列叠加跨境电商。启用跨境电商转关自动核销模式，进一步简化区域流转手续。加强跨境电商海关监管政策宣传贯彻，督促跨境电商零售进口参与企业落实主体责任。开展跨境电商出口货物退货监管，建立高效、安全、快捷的跨境电商出口退货渠道，全年开展跨境电商贸易方式（9610）出口退货4000余件。

【行李物品监管】2022年，厦门海关以旅检口岸航班复航、增班为契机，优化高崎机场、晋江机场、五通码头、石井客运码头等旅客通关作业场地设置，扩大旅检现场申报自助一体机、“先期机检”、“人脸识别”等旅检智能化设备项目应用范围，深化行李物品智能化改革。强化行李物品正面监管，编制重点禁限物品图库，组织开展判图培训，提升现场关员查发意识和审图能力。全年进出境旅检渠道缴获象牙制品38克、仿真枪1把、BB弹近

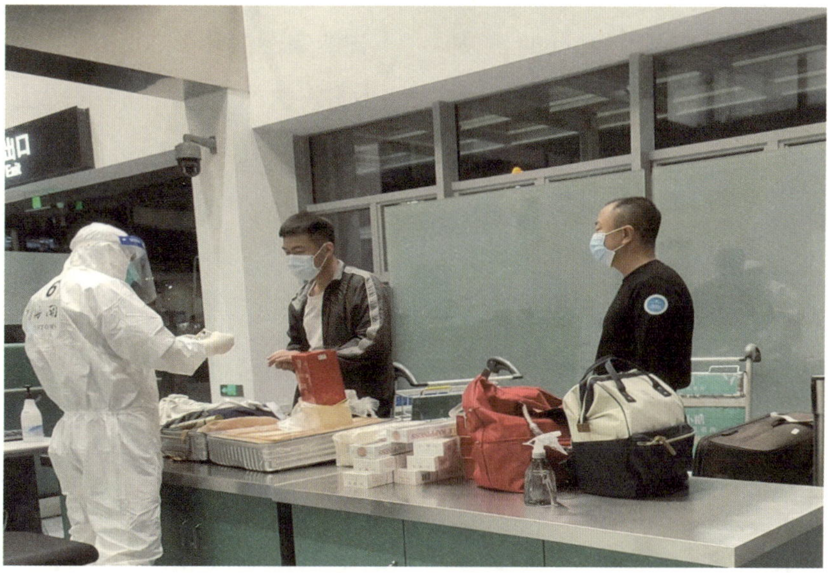

▲2022年11月7日，机场海关关员对入境旅客实施行李查验　（王咏洁摄）

2000枚、管制刀具3把、精神药品190粒。

【对台贸易监管】2022年，受新冠疫情等因素影响，厦门关区仅有石狮石湖、东山铜陵2个对台小额贸易点开展对台小额贸易业务，全年厦门海关监管进口对台小额贸易货物报关单335份、货值1.32亿元，同比分别下降83.63%、57.4%。开展大嶝对台小额商品交易市场分析评估，上线应用海关监管辅助系统支付验证功能，强化交易真实性验证监管，全年监管大嶝对台小额商品交易市场商品324.62吨、2470.74万元。

【市场采购贸易监管】2022年，厦门海关强化市场采购贸易数据监控，重点监测虚报价格风险商品，开展多部门联动综合研判。与福建省商务厅签署进一步推进市场采购贸易监管联动机制合作备忘录，明确海关与地方政府责任分工，督促地方完善综合管理机制。全年监管厦门关区2个市场采购贸易试点市场出口货值746.21亿元，同比增长30.45%，其中石狮服装城出口货值504.41亿元、晋江国际鞋纺城出口货值241.8亿元，同比分别增长33.4%、24.71%。

【场所场地监管】2022年，厦门海关优化东渡、海沧、邮轮码头跨境电商海港配套场所布局，支持邮轮码头食用水生动物、冰鲜水产品指定监管场地申报建设，支持龙岩上杭、泉州惠安、海沧前场中欧班列监管作业场所建设。应用海关总署监管作业场所（场地）管理系统巡查模块开展“双随机”检查1109次。截至年底，厦门关区现有海关监管作业场所77个、集中作业场地7个、指定监管场地28个。其中，2022年新设立海关监管作业场所7个、退出5个，新设立指定监管场地1个。

【智能审图应用】2022年，厦门海关深入推进智能审图应用，在所有具备部署条件的监管查验设备货运监管及CT设备快件、邮件、旅检监管业务领域，全面开展智能审图算法分类部署试点应用，CT设备智能审图总体准确率提升至98.70%，主动查发涵盖安全准入、易燃易爆危险品等问题505起。部署X光机智能审图系统，自主开展CT设备/X光机等设备精神药品、枪支及其配件等专项制图，制得样本近500幅。组织关员209人参加2022年专业能力提升行动“机检作业效能专项提升”项目，经实操培训、基础考核、比武选拔，评出机检作业业务标兵和岗位能手各2人。

【口岸运行监控指挥】2022年，厦门海关参与海关总署业务运行监控应急值守保障365天，参与海关总署指挥中心连线会商36次，组织开展厦门关区二、三级监控指挥中心连线会商29次。保障音视频监控检查设备应用，覆盖厦门关区所有监管作业场所（场地）的联网摄像头全部接入海关总署视频监控平台；全关音视频管理平台注册终端496台。

【口岸监管环节反恐】2022年，厦门海关强化口岸监管环节反恐维稳工作，以“线下演练+线上观摩”的形式开展口岸反恐应急处置联合演练，举办核生化恐怖袭击、砍杀冲撞、劫持等各类型反恐演练35场次，参加演练人员700余人次。开展宣传活动48场次，发放《厦门海关口岸反恐宣传手册》900余册，受宣关员、群众2000余人次。

举办口岸反恐培训 32 场次，参训人员 500 余人次。开展打击“四涉”走私专项行动，查获仿真枪 1 把、弩 3 把、管制刀具 33 把。全年检出 305 起放射性超标情事、同比增长 7.7%，其中退运货物 2 批次，其余均排除风险后予以放行。

【监管装备管理】 2022 年，厦门海关编制 2023—2025 年“监管查验技术设备购建及能力提升项目”专项需求支出计划，做好监管装备购置、监管工作用犬保障、口岸反恐等专项预算执行，监管专项预算执行率 100%。组织调拨 1 台 CT 设备，充分发挥设备效用。

【监管工作犬管理】 2022 年，厦门海关持续强化监管工作用犬养护管理，进一步优化监管工作用犬配置、训用和退出的管理机制，组织专家组开展委托管理监督检查 4 次、实地走访 3 次。截至年底，厦门关区有监管工作用犬 19 只，其中现役犬 15 只、退役犬 4 只。年内，组织对 15 只现役犬开展年度考核，14 只工作犬通过考核，考核优良率 86.67%，未通过犬只经特训后补考合格。受新冠疫情影响，全年监管工作用犬未上岗作业。

撰稿人

戈浩男　吕　露　许斯龙　张　真　段修毅　龚裔蕻
谢　莹　薛舒捷

统计分析

【概况】2022年，厦门海关按照海关总署党委“提升数据‘首报、首发、首用’能力、‘加强、加密、加深’分析研究”要求，推动统计分析工作迈上新台阶。深入学习宣传贯彻党的二十大精神，以党的建设为“第一引领”、数据质量为“第一生命”、成果转化为“第一推动”，发挥“数据+分析”研究优势，依托海关总署相关平台和载体，为青年统计研究干部搭建能力提升平台。制定贯彻落实更加有效发挥统计监督职能作用的具体措施，细化工作任务，推动相关职能部门履行主体责任、协同抓好落实。梳理统计条线20年业务演进情况，形成4个岗位12条政治要求，排查各类问题及风险隐患5个，制定整改措施12条，推进巡视巡察整改集中清查。规范海关业务数据提供审批、发布审查流程，依法依规加强数据对外共享和合作。全年向海关总署及地方报送统计分析文章200余篇次，获省部级以上领导批示22篇次，参与的海关总署宏观课题数量及获批示量居直属海关前列。

【海关统计专项调查调研】2022年，厦门海关深化统计专项调查研究，继续依托外贸出口先导指数样本企业调查（每月1次）、跨境电商全业态统计试点调查（每半年1次）机制，紧贴一线观测厦门关区4地市企业外贸运行走势；按海关总署部署启动厦门关区首次中国海关贸易景气（进口）试点调查，在海关总署“12360海关热线”

▲2022年9月23日，厦门海关统计人员调研企业生产、对外投资及出口状况　（林舜水　摄）

微信公众号、门户网站编发政策解读，灵活运用网络交互、电话调查、实地走访等形式面向企业做好宣讲指导；进一步优化出口调查，更新先导指数调查样本企业库，定期跟踪企业外贸订单、信心预期及经营成本情况，广泛搜集企业诉求，为研判外贸形势提供一手企业资讯。年内开展线上线下调查、调研36次，受调查企业近3000家次，相关调研报告获厦门市领导多次批示。

【数据质量控制】2022年，厦门海关加强统计数据质量控制，维护统计数据真实准确。全年通过计算机参数审核及人工审核报关单记录880万条。落实海关总署防疫物资报关单数据质量审核工作要求，及时调整审核检控参数，加强防疫物资专项数据核查，确保防疫物资报关单数据准确无误。及时开展数据质量日常审核，完成海关总署贸易统计数据年审和自查工作。开展重点和专项数据审核，累计开展专项核查60余批次，下发统计监督26期，发现各类重点申报差错900余条。年内，厦门海关作为统计数据质量控制发布分中心副组长成员单位，每月承担海关快讯和月报数据的对外发布工作，累计挂网发布24期统计信息。

【业务统计指标调整】2022年3月，海关总署对检验检疫业务统计指标进行修订，增设76个基于新一代通关管理系统进境货物检验检疫业务统计项目，共计990个节点指标。厦门海关于4月启用调整后的项目及口径审核报送数据。

【业务统计质量管控】2022年，厦门海关针对业务统计数据质量管控重点加强分类审核。根据统计快报、月报和季报等各类数据报表涉及的统计指标不同、使用范围有别等情况，有所侧重、区别审核：月初快报重点对异常波动的数据迅速开展溯源核查反馈；月中月报侧重对上千项指标数据做全面审核；季度复核侧重对上季度的月报数据进行横向、纵向多角度对比分析查找异常。全年审核统计指标数据9万余条，修正各类差错600多条，实现上报海关总署数据复审零差错，业务统计数据准确完整。

【监测分析研究】2022年，厦门海关围绕国际政治经济形势变动、粮食安全、民生物资保障等中央领导关注、海关总署党委关切、人民群众关心的重点热点问题，发挥进出口数据、海关业务数据和掌握的一线企业生产经营情况开展“数据+研究”。参与海关总署有关国际关系的系列研究；参与农产品进口、出口景气指数编制等多项课题；根据国际国内重大经贸政策变动开展专项调研，完成《规范跨境电商零售进口》《锂电池矿物原料供应风险》等研究文章。参与海关总署课题研究，牵头署级课题研究、调研；参与编发《中国对外贸易指数》月刊12期。强化对台贸易分析研究，密切关注两岸经贸政策变动，长期跟踪我国台湾地区进出口数据，参与海关总署相关课题，全年撰写“两岸贸易”课题分析文章11篇，监控上报我国台湾地区进出口数据11次。围绕地方经济工作重心和经贸政策，撰写与“粮食进口”“对金砖国家贸易”“订单外流”等课题相关的文章，为辅助地方决策提供支撑。

【数据监测与统计监督】2022年，厦门海关推进数据监测和统计监督工作。优化数据监测手段，成立专门小组常态化开展异动数据监测。通过动态整理监测参数、维护查询参数规则、设立专项企业数据库，统筹使用多个统计作业系统数据开展数据挖掘分析；对出口贸易额突增企业、重点商品、全国占比量大的商品及时开展进出口数据监测、分析核查，累计开展常规监测和专项监测15次，形成监测报告、监测表40份。走访地方政府部门开展防控虚假贸易宣传和调研，组织多部门开展涉嫌高报商品的研判分析，对涉嫌虚假贸易企业实施调查稽查、通关布控，推动多领域、跨部门联合管控，防范和惩治统计造假和弄虚作假。

【海关数据分类分级】2022年，海关总署加强维护海关数据安全，严格海关数据管理，制发海关数据分类分级标准规范。厦门海关多次参与海关总署数据管理专项调研，协助研究制定分类分级标准规范，按照要求组织对厦门关区独有数据进行初步分类、分级，完成《厦门关区2022年度重要数据目录》上报工作。

【报关单证档案管理】2022年，厦门海关对超期未理单进行监控和督办，累计复核报关单200余票，及时下发核查处置单20多份，督促报关单证及时理单归档。开展纸质报关单证档案和库房管理实地检查指导，落实报关单证档案管理规定要求。集中审核并组织销毁厦门关区超期纸质报关单证档案1800多册。累计为国家机关和进出口企业查阅出证报关单证5000余票。

【统计数据服务】2022年，厦门海关根据地方政府工作需求，与厦门、泉州、漳州、龙岩4地市商务部门等多家单位签订海关统计数据共享协议和保密协议，高效及时提供统计数据服务，累计向地方政府相关部门提供各类统计数据及报表200多批次。统计分析处不定期向厦门关区各部门单位提供贸易统计数据、业务统计数据、报关单数据查询服务，累计100余批次。

撰稿人

许炯锋　林世真　林舜水　温经纬

企业管理和稽查

【概况】2022年，厦门海关深化企业管理和稽查业务改革创新，落实重大决策部署，保持打击“洋垃圾”走私高压态势，对9家企业一般贸易进口再生塑料归类和价格开展稽查，查发问题作业9起。强化政治保卫和口岸危险品专项治理，开展打击危险品“瞒”的违法行为和“四涉”专项稽查，查发8家企业1.48万份违禁印刷品，获厦门海关集体三等功。强化AEO企业培育认证，参与AEO国际互认合作，“全方位服务扩大厦门市AEO认证企业规模”获评厦门海关“我为群众办实事”优秀项目。强化执法监督，依托“制度+科技”，运用新版稽核查系统和可视化监控平台强化日常监控，“线上+线下”同步开展企业管理、稽核查、属地查检等全业务领域的执法自查自纠和执法检查。推进业务制度“立、改、废”，累计梳理修订企业管理和稽查业务管理文件54份。以稽查改革为契机，建立稽查处置风险合议机制，制定稽查审核重点项目清单，防范改革伴生风险。

▲2022年11月28日，泉州海关关员对申请AEO管理的企业开展实地认证（洪文哲　摄）

【稽查业务】2022年，厦门海关召开稽查改革推进会，全面梳理排查稽查领域风险隐患，制订稽查改革方案，明确6项改革内容和6项配套措施。组建机动稽查力量，建立重大稽查专项行动“专案组”模式，实施跨辖区交叉稽查，对涉检验检疫业务稽查实施集约化管理，推动稽查查发效能持续提升。全年办结稽查作业350起，查发问题总数315起。稽查作业移交缉私部门刑事立案18起，同比增长2.6倍，其中涉及检验检疫业务稽查作业刑事立案。推动稽查成果转化，对全国相关进口数据开展风险分析，并向海关总署上报行业性稽查建议。加强稽查岗位练兵，3人获评海关业务练兵比武“海关系统百强”，获“海关系统团体比武十强赛”三等奖。

【专项稽查行动】2022年，厦门海关深化各类专项稽查行动，深化分行业监管。开展进口越南产欧亚木纹大理石的专项稽查，对涉及的5家高风险企业实施联合查缉行动，涉案货值1165.9万元。开展“金钥2022”涉税专项稽查，重点针对“橡胶木单板、相思木单板低报价格风险”“生鲜黄鳝低报价格风险”“农产品散货境外运输费用漏报风险”等开展稽查。其中，“橡胶木单板、相思木单板低报价格风险”专项行动，移交缉私部门刑事立案，案值合计1.5亿元。

【核查业务】2022年，厦门海关推进核查“属地化+分类管理”，深化核查分类管理，对风险类、管理类指令实施差异化流转方式和作业流程，依托“进系统、标准化”，持续提高核查作业规范性和统一性，采取自查结果认可、采信第三方、跨部门联合执法等，核查管理持续优化。全年办结核查作业数1933起，同比增长9.8%。

【资质管理】2022年，厦门海关累计备案报关企业83家、进出口货物收发货人5402个、食品进口商206个、出口食品原料种植养殖场104个、出口食品生产企业213家。注销报关单位2959家，实现对市场监管部门注销、吊销企业海关备案的常态化管理。截至年底，厦门关区共有备案报关企业507家、进出口货物收发货人6.06万个、食品进口商3084个、出口食品原料种植养殖场651个（其中供港种植场2个）、出口食品生产企业1173家、进口毛燕指定存放加工企业2家。推进企业资质管理业务改革，取消进口肉类收货人、进口化妆品境内收货人备案，压缩出口食品生产企业备案、报关单位备案办理时限至3个工作日。推动“多证合一”“一网注销”改革，全年372家企业通过“多证合一”方式在办理营业执照时同步向海关申请并获得海关注册登记资格，692家企业通过“一网注销”平台办理海关注销手续。帮扶出口食品生产企业拓展国际市场，累计推荐24家次企业对境外注册。帮助28家企业食品顺利输往印度、110家企业水产品输往我国台湾地区。组织1家供港冷冻禽肉加工企业及其配套养殖场完成香港食物卫生环境署检查问卷。截至年底，厦门关区共有537家次出口食品生产企业对境外注册。

【信用管理】2022年，厦门海关强化AEO培育和认证，参与AEO国际互认合作。加强对地方重点外贸企业、“专精特新”企业、革命老区企业，以及与RCEP成员、金砖国家等重点国家或地区贸易往来密切企业的信用培育，对122家企业开展AEO认证培育210次。推进认证作业和认证关员“双随机”，强化作业流程监控与督导，年内共办理企业认证作业36起，18家企业成为AEO，厦门关区AEO企业数量累计105家，同比增长20.7%。牵头“中国海关 AEO 成果展”“第 26/27 届 SAFE 工作组会议与 AEO 有关议题研究和文稿翻译”等专项工作，协助推进与南非海关的 AEO 互认实施工作，开展与白俄罗斯海关互认效益评估。优化企业协调员制度，高级认证企业协调员“一对一”专属服务实现全覆盖，协调办理海关事务疑难问题 100 多家次。优化认证专家库建设，厦门关区 2 人成为海关信用管理高级专家型人才，评定中初级专家型人才 26 人，14 人通过全国海关企业认证人员资质（初级）培训班考核。完善企业差别化管理措施季度跟踪、监控和通报制度，全年调整 27 家企业信用等级，其中 23 家企业调降为失信企业，4 家失信企业予以信用修复。与地方市场监管部门建立定期通报“双失联”企业的工作机制，全年处置 125 家“双失联”企业。助力社会信用体系建设，联合开展诚信宣传活动，共享进出口企业信用信息。年内，对 154 家纳税信用 A 级纳税人实施联合激励措施，对 582 家重大税收违法案件当事人实施联合惩戒。

【涉及检验检疫业务行政处罚】根据海关总署统一部署，自 2022 年 8 月 1 日起涉及检验检疫业务行政处罚职能调整至企业管理和稽查部门。2022 年 9 月，厦门海关成立工作专班，制订职能调整方案，组织全员业务培训，稳步推进案件办理移交，推行线上执法监督，加强检验检疫业务行政处罚规范化建设。全年办结涉检行政处罚案件 317 起，同比增长 71.4%，其中包括 13 起危险货物涉及检验检疫违法案件。

【属地查检】2022 年，厦门海关建立属地查检业务多部门协同配合机制。持续优化资质人员配置方案，组织 128 人次查检业务领域岗位资质培训考核，扩充进出口危险货物及其包装检验监管资质人员至 256 人，建立属地查检人才库，推荐 2 人入选海关总署属地查检人才库。持续规范属地查检派单、随机选人、结果登记、审核等作业。设立进出口鲜活易腐农食产品属地查检绿色通道，对外公布属地查检预约电话，施行优先查检和“5+2”预约查检制度，累计开展相关查检作业 4012 批次，货值 4.67 亿元。创新查检模式，建立出口特殊物品远程视频查检平台，对出口特殊物品实施快速验放。探索开展属地查检与稽核查执法联动，提升监管效能，联合执法查发进出口企业违法违规情事 3 起，涉案金额超 3 亿元。配合做好进口危险化学品检验模式改革试点相关工作，稳步推进进口危险化学品改革试点工作。全年累计清理长期未执行属地查检布控指令 343 单，查发重大危险品伪瞒报案件 11 起，涉案货值 145.91 万元。

撰稿人

马红静　庄智铉　吴传坚　吴余颖

查缉走私

【概况】2022年，厦门海关以统筹发展与安全为主题，深化专业打击、大力防范风险，查缉走私工作取得新成效。全年累计组织开展“忠诚”系列集中收网专项行动11次。刑事立案案值合计65.62亿元；行政立案1867起，案值23.88亿元。厦门关区海关业务部门查发走私犯罪案件131起，占比79.39%，同比上升20个百分点。打私业务绩效、全员打私绩效以及缉私部门刑事执法质量、行政处罚案件指标等，在全国海关系统名列前茅。年内，厦门海关缉私局共21个集体和168人次立功受奖，办案一线占比在85%以上。其中，泉州海关缉私分局缉私二科在全国公安系统英雄模范立功集体表彰大会上被授予“全国优秀公安基层单位”；2个集体和1名个人分别记二等功；20个先进典型代表分别获评“全国缉私部门先进基层党组织”“全国缉私部门优秀共产党员”“全国缉私部门优秀党务工作者”“全国缉私部门先进青年集体”“全国缉私部门优秀青年”“全国海关缉私部门执法示范单位”“全省公安机关猎狐2021专项行动成绩突出个人”“全省公安刑侦系统执法办案能手”“全国公安机关好警嫂”“公安部直属机关最美家庭”“厦门市直机关‘三比三争’实践活动先进党支部”“厦门市直机关‘三比三争’实践活动优秀共产党员”等荣誉。

【打击涉税走私违法犯罪】2022年，厦门海关深入开展“国门利剑2022”联合行动，严厉打击重点商品、重点渠道走私。1月14日，组织“忠诚22-01”打击非设关地海上偷运走私专项行动，封堵疫情海上输入渠道，打掉2个闽南非设关地海上偷运走私团伙，抓获犯罪嫌疑人30名，查扣大批涉嫌走私进境的洋酒、白酒、高档葡萄酒，以及其他杂货等。该系列案件共刑事立案16起（含2起走私小叶紫檀案），其中涉税案件案值共8109.70万元。1月18日，组织开展“忠诚22-02”专项行动，打掉4个走私高档手表团伙，抓获犯罪嫌疑人19名，现场查获涉嫌走私进境的理查德米勒、百达翡丽等高档手表141只。该系列案件刑事立案案值共1.19亿元。9月1日，组织开展“忠诚22-08”专项行动，立案侦办吴某崴等人水客渠道走私香烟进境案，该案涉及走私卷烟案值约5000万元。9月14日、10月10日、11月8日连续组织开展“忠诚22-09”“忠诚22-10”“忠诚22-11”系列打击海上偷运成品油走私专项行动，打掉3个走私团伙，共计抓获犯罪嫌疑人37名，冻结涉案资金1100余万元，查证涉案成品油9.05万吨，案值5.2亿元。

▲2022年1月20日，厦门海关“忠诚22-03”专项行动侦破走私濒危珍稀植物案 （许少华 摄）

【打击非涉税走私违法犯罪】2022年，厦门海关组织开展“国门勇士2022”、公安机关夏季治安打击整治“百日行动”、“飓风肃毒2022”、“蓝天2022”、“护卫2022”、“清风2022”、“雷霆2022”、“网盾”、“反洗钱”9个非涉税打击专项行动。严厉打击象牙等濒危野生动植物及其制品走私，组织“忠诚22-01”“忠诚22-03”“忠诚22-04”等专项行动，立案侦办走私濒危野生动植物及其制品刑事案件，涉及小叶紫檀、印度野牛角、名贵仙人球等。其中查获海上偷运走私小叶紫檀进境案，共查证走私小叶紫檀2.94吨；侦破走私野牛角进境案，现场查扣印度野牛角50根（68.89千克）；侦破走私仙人球进境案，查获濒危仙人球294株。遏制涉枪涉毒等违禁品走私势头，把打击涉枪走私犯罪作为安保维稳重中之重，分析研判近百条涉枪线索，组织开展“忠诚22-06”缉枪专项行动，立案侦办涉枪走私刑事案件，抓获嫌疑人22人，查获疑似枪支212支。开展涉毒线索研判，立案侦办邮递渠道走私进境违禁药品案件，查获咖啡因、羟基丁酸等各种毒品共计8千克。组织核查走私淫秽物品线索，刑事立案，查获淫秽书籍400册。2021年立案侦办的李某茹走私淫秽物品案，查获淫秽出版物1.19万册，被福建省扫黄打非办列为2021年度十大典型案例。严厉打击禁限类货物、物品走私，立案侦办禁限类货物、物品走私案件，案值合计1.01亿元，涉及白银、烟草专用机械设备、假烟等。7月26日，在海关总署缉私局统一部署下，开展“忠诚22-07”打击以虚假贸易方式走私出口白银专项行动，抓获犯罪嫌疑人16名，冻结银行账户资金200余万元，查获涉案白银制品约550千克。共查证以逃避白银出口许可证管理方式走私出口白银108.92吨，案值5.54亿元。

【打击走私关联犯罪】2022年，厦门海关查获蔡某某涉嫌洗钱案。该案系“忠诚20-04”专案中自侦发现，经查，蔡某某协助走私分子转账、取现走私成品油油款约1.24亿元。最终经厦门市中级人民法院判决，蔡某某因洗钱罪被判处有期徒刑三年三个月，并处罚金60万元。

【**智慧缉私**】2022年，厦门海关加快打击成品油走私智能化应用平台建设，推动接入海关总署缉私局大数据资源池和福建省公安大数据平台，拓宽外源数据赋能实战。10月，设计研发的“小概率事件模型在打击成品油走私中的应用”获公安部“智慧公安我先行——基层技术革新大赛”二等奖，实现缉私系统新突破。注重司法鉴定中心能力建设，为案件侦破提供专业支撑；承担“行政执法办案应用与财务通用子平台互联互通及电子支付功能业务测试”工作；参与案管系统二期开发建设，持续完善系统新功能，实现案管与新行政办案平台证据对接，做好案管与公安网刑事平台跨网传输运维；“缉私公证送达和支付应用”实现“零接触”电子送达法律文书740份，线上缴交罚没款及保证金386起，安全、便捷优势凸显，持续优化营商环境；主动融入公安信息一体化建设，协调引入省级核心警务智能应用平台，数据赋能实战水平再上新台阶；接入看守所远程提讯系统，解决疫情期间缉私办案审讯难、入所难问题。发挥境外追逃分中心基础作用，按照“一人一档”要求对全国缉私部门外逃人员建立信息资料库；克服疫情防控困难，加强国际执法合作，协助相关缉私局在缅甸抓获2名境外逃犯。

【**打击走私国际（地区）执法合作**】2022年，厦门海关缉私局按照海关总署缉私局的决策部署，持续参与“和平女神”“大地女神”“湄龙”“雷电2022”“雷霆2022”“黄金狙击2022”等各项国际联合行动，共同打击濒危动植物及其制品、固体废物、枪支和毒品走私犯罪。5月12日，参加2022金砖国家海关执法合作视频研讨会，介绍金砖国家海关执法合作平台概况。7月份处置澳大利亚走私案刑事司法协查1起。8月8日，参加国际（地区）执法合作线上培训班，交流近年典型案件战术战法。9月21日，参加国际（地区）执法合作专题视频研讨会，交流技战法。10月上旬，参加内地与香港海关线上研讨会，探讨加强交流合作。

【**缉私法制建设**】2022年，厦门海关出台落实刑事法制“两统一”（案件统一审核、统一出口对接）机制有关问题的补充规定，对“两统一”实施细则进行补充完善，进一步规范分案、并案程序。创设“法制沙龙”平台，紧扣执法热点难点和执法质量考评问题展开现场交流互动，年内举办“法制沙龙”5期。全面收集整理各层面执法问题清单，并走访地方检法单位开展调研，形成近3年刑事执法问题分析报告并开展针对性执法培训，推动问题整改，提升刑事执法质量。在走私罪关联犯罪和缉私部门管辖的新罪名案件侦办过程中提供法制支持，年内侦办涉及洗钱罪、骗取国家退税罪、逃避商检罪等案件。组织骨干力量完成海关总署缉私局交办的对逃避商检罪立案标准和构成要件研究课题，为新增管辖案件的办理提供理论支持。参加海关总署缉私局主办的洗钱犯罪法律适用问题经验交流汇报。与法院建立案件执行专线联络机制，解决个别案件私货漏判等问题。4月18日，设立福建省首家海关缉私部门与检察机关“侦查监督与协作配合办公室”，畅通检察机关提前介入渠道。配合检察机关探索企业合规不诉，服务“六稳”“六保”。开展行政法制人员资格审查，严把案件质量关。强化行政应诉工作，为厦门关区缉私部门复议、诉讼案件提供支持。年内，联合厦门市公安局共同侦办的何某某倒卖、走私文物案入选全国文物犯罪信息中心的全国打击文物犯罪精选案例（2012 年至 2022 年）。

【综合治理】2022 年，厦门海关参与“平安建设”综治工作，及时向福建省、关区所辖 4 市打私办通报案件情况和风险提示。聚焦痛点堵点，顺畅与省市打私办的沟通渠道，进一步健全协作机制，深化与地方公安、税务、人民银行、海洋渔业、外汇管理等职能部门协作联动。践行新时代“枫桥经验”，探索形成“泉州 370”“国门枫桥”品牌，丰富反走私综合治理实践。联合福建省税务局、福建省公安厅等签订常态化打击虚开骗税违法犯罪合作备忘录；联合中国人民银行厦门市中心支行、厦门市公安局等印发打击治理洗钱违法犯罪三年行动计划；与泉州市海洋与渔业局等联合印发加强涉渔船舶审批修造检验监管工作方案。启用远程提讯系统，制定隔离人员送押转运工作流程，应对疫情防控“看守所远程视频提审”和“嫌犯过渡看押与收监”两大难题。全年开展“6·26”国际禁毒日、“12·4”国家宪法日等反走私主题宣传活动 13 次，中央、地方等主流媒体刊播厦门关区打私新闻信息 167 篇次。配合地方政府开展渔民宣传教育，筑牢海上疫情防控输入屏障。在漳州市诏安县建立的“反走私宣传教育基地”，系福建省首家专为反走私而设的教育基地。

撰稿人

张　莹

科技发展

【概况】2022年，厦门海关推进智慧海关建设，推动厦门“数字监管”项目建设逐步落地，第二代先期机检监管锁及其配套设施在空港投入试运行；疫情防控科技支撑坚强有力，新冠病毒采样机器人、“内部疫情防控信息化”功能模块不断完善，完成承办的海关总署署级项目所有功能开发上线。完成厦门关区网络安全保障、对外接入局域网规范化改造等工作。开发上线厦门海关实验室综合管理系统，厦门关区法检项目自检率99.91%；全年厦门关区实验室新获CMA（检验检测机构资质认定标志）检测能力491项、累计19223项，新获CNAS认可检测能力1880项、累计18778项。推荐报送海关总署科研项目5项、获立项1项，推荐报送福建省科技项目9项、获立项1项；4项海关总署科研项目、2项福建省科技项目、5项关级科研项目通过验收；主持科研项目获海关科技成果二级成果1项、福建省科技进步奖三等奖1项、厦门市科技进步奖二等奖1项，参与科研项目获省部级科技奖3项；获国家专利授权27项，其中发明专利授权13项；在国家核心期刊发表论文25篇，其中厦门海关人员为第一作者的12篇。

2022年，厦门海关以科技人员跟班作业为抓手，开展调查研究和基层服务，全年收集关级问题60个并全部解决，报送海关总署署级问题6个。健全科技领域风险防控机制，“海关重点项目和财物管理以权谋私”专项整治工作信息化建设领域梳理出重点项目29个，发现问题3个；实验室建设领域梳理出重点项目184个，发现问题5个；发现问题已完成整改并建立长效机制。推动科技领域安全生产工作，开展实验室、机房多批次安全检查并组织应急演练，全年发现涉及实验室安全方面的问题54个、机房安全方面的问题37个并推动整改。

【实验室建设】2022年，厦门海关制定实验室“十四五”建设规划、三级实验室安全责任体系制度、实验室仪器设备绩效考核实施细则，撤销已停止开展业务的4个海关常规实验室；加强智慧实验室建设，上线厦门海关实验室综合管理系统，在海关总署实验室管理系统开发实验室检测时长统计查询报表，实现自定义统计日期、检测机构、检测周期时限等，通过核查检测时长等措施压缩实验室检测时长；开展仪器设备绩效考核和实验室闲置设备调剂，共调剂仪器设备4台。截至年底，厦门关区共有国家检测重点实验室14个、区域实验室14个、常规实验室7个。

【信息化建设】2022年，厦门海关持续提升信息化、数字化建设水平，提高信息化项目资源配置效率和应用效益。海关总署署级信息化建设方面，完成海关总署交办的1个署级项目开发及验收工作；参与海关总署快件通关管理系统应用试点，做好快件本地接口、CT智能审图分类算法的更新调试、分拣线对接等工作，为厦门关区非贸业务的快速增长提供科技支撑；推进海关总署署级项目“出入境预防接种疫苗追溯平台联网项目（一期）”厦门版建设，协调完成系统开发及业务联调；完成海关总署交办的海关统一门户卫生检疫管理岗位桌面需求调研工作，其中涉及署、关级系统9个，梳理10个相关业务岗位的桌面及消息中心建设需求。关级信息化建设方面，完成“缉私公证送达和支付应用项目”接入海关总署微信小程序公共支撑平台（系全国海关首个接入该平台的直属海关微信小程序），并完成项目验收工作；完成非贸业务管理子系统（厦门海关）优化，实现自动下达指令、自动评估、自动预警式人机协同的智慧运行机制，提升非贸业务智能管控水平。

【疫情防控信息化支撑】2022年，厦门海关持续做好疫情防控信息化支撑工作。智能装备方面，持续优化新冠病毒采样机器人功能，根据海关总署关于进口冷链食品新冠病毒核酸采样检测最新作业规范和布控指令要求，将每个样本采样点位由5个点减少为3个，调整后每柜采样作业时长由20分钟减为15分钟；配套研发的“冷链查验场摄录系统改造工程”入选2022年厦门海关第三批“我为群众办实事”优秀项目，并取得软件著作权。信息化系统方面，上线署级分布卫生处置应用本地版，并实现与厦门海关卫生检疫一体机、“海关检疫E码通”的系统对接；上线“海关检疫E码通”海港版，实现码头登临、船员流调、采样、实验室检测等多个业务节点全流程、电子化作业数据交互，建立船员一人一档全链条健康电子台账，提升水运口岸疫情防控电子化、智能化水平；健全“内部疫情防控信息化”App功能，新增人员动态App模块，实现人员居家隔离、风险人员排查、核酸检测和健康监测等疫情常态化防控工作移动化；推广使用“福建省大规模核酸检测信息系统”，规范“应检尽检”送检流程，提高实验室检测效率；根据疫情防控形势要求，做好远程办公的硬件准备、安全规划和相关系统测试。

【推动厦门“数字监管”项目应用落地】2022年年初，厦门海关在“数字监管”平台规划基础上，联合地方政府启动“厦门数字口岸平台”项目建设。该项目经厦门国际贸易“单一窗口”建设工作领导小组会议审议通过，立项并纳入“2022年度福建省数字经济重点项目”。经过近一年努力，“数字监管”项目相关模块应用逐步落地。其中，“智能云分流”模块于3月9日在东渡港区上线，集装箱在进入码头闸口时，拖车司机即按照海关查验指令将待查货柜直接分流至指定区域，实现提前申报货物的快速分流，解决查验货物进场后二次吊柜的问题，每个待查验集装箱节省场内流转时间约3小时；“分单拆箱放行”模块于4月28日在东渡海关上线，实现提前报关、抵港放行的分单货物拆箱后，海关电子放行信息第一时间自动推送至企业，解决此前分单货物需企业逐票人工确认的问题，每票分单货物提离仓库时间平均压缩6小时以上，企业应用提前申报模式的意愿大幅上升；“查验时间指派”模块于5月3日在东渡海关上线，实现查验吊柜免预约模式，在场货物查验信息生成后，系统自动通知码头吊柜，免去企业预约吊柜环节，并支持冷链商品查验免预约自动排序，快速开展核酸检测，该模式为每批货物压缩查验前准备时间约8小时；“船舶监管”模块于7月11日在东渡海关首试，并推广至海沧海关、漳州海关，实现船舶补充信息报送、船舶登临检查预约、作业信息公示、进出境船员线上健康申报、船舶进出境检疫证书签发、分析报送等，不再依靠微信、人工登记等旧方式，作业效率提升；“危险品作业监控”模块于8月5日在东渡海关首试，后推广至海沧海关、机场海关，实现危险品在港全流程可视化监控预警，危险品申报、检查、物流和作业的内外部数据的动态整合，全流程监控和动态催报催提，压缩危险品在港时长40%。

【第二代先期机检监管锁升级改造项目完成】2022年，厦门海关完成第二代先期机检监管锁及其配套设施升级改造，并于11月18日在厦门机场海关投入使用。该项目在原有通关模式基础上，通过与航空公司信息系统互联互通，依托信息化技术和海关智能监管锁、自动上锁机等智能设备，实现布控行李自动上锁、人箱绑定、全程跟踪、掌上监管、电子围栏、自动报警等功能，建立区域感知、非侵入式、顺势监管的旅检现场作业机制，提升旅检作业整体效能。

【信息化运维保障】2022年，厦门海关加快国产化基础软硬件部署，建设以云计算平台为核心的基础支撑环境，完成包含服务器、交换机及云平台软件的软硬件设备到货及上架安装工作，推动海关新一代基础设施云平台以延伸模式在厦门关区落地；开展虚拟化云平台建设，推进关级政务项目改造。启用新版运行管理平台，做好数据迁移、流程配置等工作，并对核心配置模型进行数据排查，提高运行管理水平。

▲2022年11月16日，机场海关关员对先期机检自动上锁机进行调试（张志刚　摄）

开展信息中心机房视频监控系统扩容改造，实现视频监控全覆盖。做好视频监控、视频会议、音视频单兵等系统和监控指挥中心的全天候保障，全年保障海关总署及厦门关区视频会议379场，金砖国家海关署长视频会议、金砖国家双边及多边会议16场；维护保障上传海关总署视频监控探头、音视频单兵、指挥中心大屏等设备运行。

【海关科技安全管理】2022年，厦门海关制订工作方案，组织专业技术力量，做好网络安全日常监控、自查整改、应急演练、值班值守工作，参加公安部网络安全攻防实战演习，确保厦门关区网络及信息系统安全稳定运行。全年开展3轮应用系统账号授权清理工作。通过非执法领域管理联动平台规范入网安全审批、介质申请及管理、人员岗位调整时原岗位系统权限注销工作。组织排查防范化解信息系统运行失常、失控、失效风险，建立相关台账。部署国产终端杀毒软件，开展数据异地备份测试等工作。建成高质量、高可用、更安全的对外接入网络，提升外部边界的安全可控性。开展以“网络安全为人民、网络安全靠人民”为主题的网络安全宣传周活动；组织做好网络安全专业能力提升行动培训考核工作。

撰稿人

马凌云

第六篇

政务及后勤保障

政务管理

【概况】2022 年，厦门海关弘扬“马上就办，真抓实干”工作作风，践行“五个坚持”要求，努力提升办文、办会、办事和服务发展、服务决策、服务落实工作水平，围绕关区重点工作目标和任务，推动政务管理各项工作取得新成绩。发挥办公室“司令部”“参谋部”作用，提高以文辅政水平，政策研究、信息报送、新闻宣传、机要档案、外事管理等工作亮点频现。持续推进精文减会，发往隶属单位公文、基层报送报表大幅压减。互联网信息报送和被采编数量均在全国海关名列前茅。成功承办金砖国家海关能力建设战略研讨会，协助海关总署举办多双边会议 20 场。完成厦门海关首部年鉴编纂工作。政务公开和 12360 热线服务效能持续提升，厦门海关获评 2021 年度厦门市绩效考核和综治考核“双优秀”。

【厦门海关 2022 年工作会议及全面从严治党工作会议】2022 年 1 月 26 日，召开 2022 年厦门海关工作会议、厦门海关全面从严治党工作会议，关党委书记、关长郑巨刚代表关党委总结回顾 2021 年关区工作情况，分析关区工作面临的形势，明确 2022 年工作总体思路。在厦门海关 2022 年全面从严治党工作会议上，郑巨刚部署 62 项工作任务；关党委委员、纪检组组长白松对关区年度纪检工作作具体安排。因新冠疫情防控工作要求，会议以厦门海关大楼设主会场和厦门海关大楼外单位设视频分会场形式举行。关党委委员，一级巡视员、副巡视员套转的二级巡视员，总工程师、总检验师，各单位各部门主要负责人，隶属海关、事业单位班子成员、办公室主任、人事政工科科长、群众代表参加会议。

【督查督办】2022 年，厦门海关将学习贯彻习近平总书记重要讲话重要指示批示精神作为关区形势分析及工作督查例会“第一议题”，制定强化贯彻落实习近平总书记重要指示批示精神的制度，实行专账管理、专人负责，确保中央重大决策部署落实到位。全年召开督查例会 12 次，建立“督查+评估+问效”闭环机制，督办重要事项 144 项，推进完成年度重点任务 118 项、年中重点任务 144 项，高质量落实口岸疫情防控、打击“洋垃圾”、象牙等濒危物种及其制品走私和安全生产等重点工作任务。

【应急值守】2022 年，厦门海关加强午间、夜间和节假日等非工作时段的值班，及时应对处理各种事项。设专人、专用电话同海关总署总值班室和福建省、厦门市两办值班室通讯联系畅通以便及时报告处理突发事件。年内，厦门海关通过政务信息系统向海关总署报送值班信息474条，其中疫情检出类信息447条、其他类信息27条，被海关总署采用10条。值班工作情况被海关总署相关载体采用9篇次。组织开展关区值班岗位培训5次，明确参加值班人员应知应会事项；经常性对关区各隶属海关单位值班工作进行无预警全覆盖电话检查。

【政策研究】2022年，厦门海关政策研究工作注重理论和实践相结合，全年编发政研参考28期，承担并完成海关总署署级课题研究任务14项，其中牵头3项、参与11项。组织开展关级课题研究12项。持续强化调查研究，聚焦海关总署党委部署开展“6+2”重点课题研究，向海关总署报送调研报告5篇，研究成果获署领导批示8篇次。

【信息编发与报送】2022年，厦门海关聚焦关区中心工作，开展信息编发与报送。全年编发厦门海关今日信息快报250期。政务信息被海关总署相关载体采用159篇，被上级国家部门采用16篇。厦门海关办公室被国务院办公厅评为2022年度全国信息工作先进单位（全国海关仅两家单位获此荣誉）。

【新闻宣传】2022年，厦门海关编发新闻3466篇。其中，630篇被《人民日报》《人民日报（海外版）》《经济日报》《光明日报》等报纸媒体采用，176篇被中央电视台、东南电视台、厦门电视台等电视媒体采用，82篇被“海关发布”微信公众号、微博采用，115篇被“中国海关”学习强国号采用。协助海关总署办公厅举办“解开‘鱼米花果之乡’的出口‘密码’”署级在线访谈，访问量达256万人次，网友现场提问170个，现场答复74个。拍摄的《我们的2021》《我的“爸爸”》《新春赛诗过大年》《闯关记之物里藏“花”》《让阅读融入海关生活》《山海微光》《那一抹红》7部微视频，被中国海关互联网“海关影像”栏目采用。

【机要保密】2022年，厦门海关优化精简文件提高公文办理质效措施，对部门发文设上限、下指标，执行情况实施“红绿区”动态跟踪管理，达到海关总署办公厅“发文数量只降不增”的要求。明

▲2022年7月15日，厦门海关协助海关总署办公厅举办“解开‘鱼米花果之乡’的出口‘密码’”署级在线访谈　（刘雨龙　摄）

确各类公文格式字数篇幅要求，提升公文质量与办文效率，保持上报海关总署公文“零差错”。落实海关总署保密委和地方保密部门工作部署，开展保密自查自评和保密宣传教育，夯实保密基础，坚守保密底线，拍摄的微视频《保密故事大家讲》入围中央保密办、国家保密局评选的保密宣传教育作品展映。试点开展保密安全隶属海关互查专项行动，覆盖所有隶属海关单位。

【档案管理及开发利用】2022年，厦门海关共接收各类文件资料1.02万份，经分类整理，纳入归档的文件1904件，归入资料503件；整理编辑发文汇编33卷。厦门海关档案室接收并整理关区财务档案723卷、基建档案170卷。及时收集厦门关区有关新冠疫情防控中各类工作预案、合作备忘录、会议纪要、工作简报、声像资料等抗疫专题档案1048件。接待用户到厦门海关档案室调阅利用纸质档案97人次、585卷次。以“喜迎二十大·档案颂辉煌”为主题，开展第15个国际档案日系列活动。派员参加福建省档案系统首届数字工匠技能大赛，获得厦门赛区第三名。完成13个立档单位档案工作的自查、互查及抽查整改工作。

【建议提案办理与信访工作】2022年，厦门海关做好建议提案办理答复工作，共办理福建省人大代表建议2件、福建省政协提案5件、厦门市政协提案7件，按时办复率、反馈满意率均为100%。按照海关总署要求，深入排查突出问题，建立重点信访事项台账。用好“关长接待日”“关企直通车”等，不断完善网上受理信访制度，畅通拓宽网上意见征集渠道和咨询渠道。制订信访突发事件应急预案，为及时、稳妥处理信访突发事件提供制度保障。开展信访突发事件桌面推演，持续做好重大敏感节点风险防范工作。

【政务公开】2022年，厦门海关以“以公开为常态，不公开为例外”，持续提高政务公开质量、力度和效能。梳理行政规范性文件，及时清理失效规范性文件，现行有效行政规范性文件68件。首次运用视频解读政策形式，围绕公众关注热点，在厦门关区范围内转载、发布政策解读239篇。按规定要求，通过厦门海关门户网站主动公开行政规范性文件1件；发布人大建议、政协提案办理情况2件，政府采购、公务员考录信息77件；开展网上调查7次，增设个人邮递物品申报、进出口收发货人备案2个场景式服务。畅通申请公开渠道，回应民众关切。加强对各隶属单位政务公开指导，规范答复文书，加强合法性审查，涉及政务公开的事实调查、征询、补正、延期、答复、邮寄、归档等各项环节全程存档，流转有痕。全年办理政府信息公开申请39件，均在法定期限内答复。做好“厦门海关12360”微信公众号、“厦门海关发布”微博等政务新媒体信息更新，发布政策解读、便民服务信息341条。

【外事管理】2022年，厦门海关发挥金砖国家海关合作中方联络点作用，协助海关总署国际合作司成功举办线上金砖国家海关署长会、工作组会、执法合作研讨会、能力建设战略研讨会等金砖“中国年”海关系列主场外交活动，深化与金砖国家海关在“智能化”建设、行政互助、能力提升、执法合作4个

▲2022年6月7日，在金砖国家海关署长会上，厦门海关就金砖国家海关加强能力建设议题进行发言　（刘雨龙　摄）

领域的共建，海关合作成果被写入《金砖国家领导人第十四次会晤北京宣言》并被列入金砖“中国年”十大亮点。协助海关总署国际合作司将“智能化”合作确定为金砖“中国年”海关合作的全年主题，“三智”表述被原文纳入《金砖海关战略与能力建设共识文件》，“三智”理念与金砖海关合作机制实现对接。受海关总署国际合作司与全国海关教育培训中心委托，承办中国海关首届“国际传播力建设”培训班，参与海关总署全球疫情和经贸形势分析。

【年鉴工作】2021年，海关总署党委明确把编纂海关年鉴作为加强海关史研究的一项重要基础性工作。同年11月，厦门海关党委部署落实全国海关年鉴编纂工作要求，启动《厦门海关年鉴（2022）》编纂工作，成立年鉴编纂委员会，由关长任主任委员，其他关领导任副主任委员，下设年鉴编辑部，研究制订工作方案。2022年，年鉴编辑部抽调人员集中工作，统筹实施年鉴组稿、撰稿、统稿、编辑、审稿、报送出版等，全关各部门单位均指定专人负责落实。编辑部密切与海关总署关史办沟通交流，拟定篇目大纲、任务分工、进度要求，建立编纂通报、台账及内部管理制度3项，组织关区培训、参与海

▲2021年11月，厦门海关启动年鉴编纂工作。图为《厦门海关年鉴（2022）》　（吴建华　摄）

关总署培训及研讨等共5次，编发工作简报23期，选取7个部门单位率先提供“样本稿”，实行初审、复审、终审定稿制度，通过创新交叉审稿、集中审稿、专家审稿、唱校审核等，累计组织审稿20余轮次，有效保障文稿质量。《厦门海关年鉴（2022）》属厦门海关首部年鉴，设有11个类目、41个分目、417个条目，配图照167幅，字数超32万字，首印400册。因首次编纂，特设“前言”，简要介绍中华人民共和国成立后厦门海关发展历史，主体全面客观记载2021年厦门海关大、新、特、要之事，收录重要文献和统计资料。

【海关学会工作】2022年，厦门海关学会围绕关党委年度重点工作部署，推进关区群众性政策理论研究。年内，关党委领导均有署名文章并被中国海关学会广州分会列入“2022年度海关领导干部论文”，全关处级领导干部共撰写论文45篇。学会重视发挥会刊《学会论坛》平台作用，全年收到会员投稿论文190篇，总计约115万字；组织编审出版《学会论坛》电子刊物6期，共刊登论文118篇，约70万字。学会与办公室联合编发厦门海关政研参考28期；厦门海关有8篇论文被中国海关学会会刊刊用，2篇历史研究文章被选入中国海关学会、海关总署关史办主编的《红色海关记忆——人物篇》，3篇文章入选上海法学会与上海海关学院合办的“海关法论坛”文集，泉州海关课题组承担海关总署关史办立项的《唐宋元明时期市舶制度演变史研究》圆满结题。厦门海关6篇文章在中国海关学会广州分会年度“综合类征文”评比中获奖。学会牵头组织从166篇年度征文中评出一等奖8篇、二等奖12篇、三等奖15篇；同时，综合各基层学会组织工作表现，评选出泉州海关、海沧海关等9个部门单位的学会组织为“2022年度厦门关区优秀学会基层组织”。

撰稿人

兰　洁　朱文尧　朱钊钊　刘毅敏　李欣霖　吴建华
张琼瑜　陈　睿　林　烨　卓耀谦　罗　钰

财务管理

【概况】2022年，厦门海关财务保障工作坚持系统观念，加强全面统筹，集中有限财力优先保民生、重点保运转、精准保发展，严格落实预算执行、绩效管理及评审结果与预算安排挂钩制度，为新时代海关工作发展、深入推进“更有效率海关”建设贡献财务力量。年内，创新预算绩效管理，完成厦门关区整体支出绩效评价试点工作；组织开展养老保险缴费清算，实现在编职工养老保险全面参保；厦门关区11家单位获得国家机关事务管理局等4部委评定的节约型机关。推进事业单位所属国有企业改革，理顺事业单位在用固定资产产权关系，持续优化事业单位经营业绩绩效考核。推进涉案财物库存清理，组织开展房产资产等安全检查。配合国家审计，开展“海关重点项目和财物管理以权谋私”专项整治工作，强化问题整改与长效机制建设，财务管理规范化水平进一步提升。

【预决算管理】2022年，厦门海关启用预算管理一体化系统，编制2023年“一上”“二上”预算，并做好预算执行模块上线准备工作。向财政部、海关总署、地方政府报告反映资金需求，完成养老保险缴费清算，保障民生运转和疫情防控等重点工作。加强预算执行，一般性支出同比下降3%，相关经验做法分别在海关总署预算执行督导会和中央驻厦单位预算监管培训班上交流。

【预算绩效管理】2022年，厦门海关制定委托第三方机构开展绩效评价工作规范，评审项目196个，修订项目支出核心指标体系。年中对厦门关区各部门开展绩效目标推进程度和预算执行进度“双监控”，对168个项目全部开

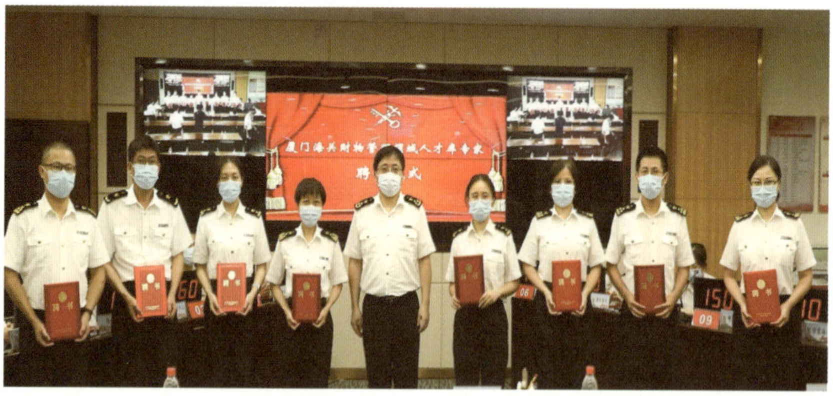

▲2022年9月28日，厦门海关预决算技能比武颁奖　（刘雨龙　摄）

展项目绩效自评，平均得分97.52分，自评100分项目超过68%。完成东渡海关、海沧海关单位整体支出绩效评价，建立业务类型相近隶属海关的共性绩效指标范本。对2个重点项目进行绩效评价，将评价结果和2023年预算安排挂钩，推动预算和预算绩效管理进一步融合。

【事业财务管理】2022年，厦门海关持续规范关区进出口环节涉企收费，部署开展违规“乱收费”专项核查，推动目录清单动态管理，禁止擅自提高收费标准和新增未公示收费项目。加强对厦门关区事业单位监管，强化企事业单位主体责任和出资人职责，优化事业单位经营业绩绩效考核，激励合法经营创收。落实海关总署国企改革三年行动方案以及培训疗养机构改革等工作要求，清理注销关数易1家公司。厦门关区所属一级企业首次纳入国有资本经营预算实施范围。

【节约型机关创建】2022年，厦门海关强化责任担当，有序开展节能改造，多渠道多方式宣传节约型机关创建行动和工作成效，引导干部职工进一步养成绿色办公行为习惯，推动节约型机关创建工作向纵深发展。10月，国家机关事务管理局等4部委下发通知，厦门海关含本级在内的11家会计独立核算单位获评节约型机关，完成节约型机关创建目标。

【资产装备管理】2022年，厦门海关落实常态化疫情防控工作要求，统筹调度关区防疫物资，加强物资动态管理和质量验收，做好临期物资预警提示，避免物资积压过期。开展资产清查，夯实资产管理基础。

【涉案财物管理】2022年，厦门海关涉案财物管理工作突出“强基提效”，研究修订厦门关区涉案财物实施细则，完善仓储管理，健全处置机制，优化放弃类航空煤油处置流程，强化安全管理责任。持续推进涉案财物库存清理，首次异地委托合肥海关、南宁海关先行销毁查扣的茯苓1000余吨；主动走访联系地方主管部门推动濒危物种、文物等涉案财物移交，向福建省国土资源档案馆移交鹦鹉螺类化石等53件，向福建省汀江源国家自然保护区管理局移交罚没的濒危动植物及其制品2648件，向厦门市海洋发展局移交砗磲等罚没的濒危动植物及其制品457件，向三明市的永安市、明溪县博物馆移交海关罚没文物19件。

【财务职能监督】2022年，厦门海关配合完成国家审计并落实整改责任。由财务处牵头开展“海关重点项目和财物管理以权谋私”专项整治工作，对工程建设和疫情防控保障等重点项目以及其他财物管理问题进行风险排查，经多轮筛查确定工程建设和疫情防控保障两类重点项目共计272个，修订印发涉案财物管理实施细则、基本建设管理实施细则、基本建设财务管理实施细则等制度规定，明确“绿色通道”采购有关事项及明确修缮项目全流程具体要求，统一采购工程造价咨询服务单位，强化问题整改与长效机制建设。完成预决算管理项目专业能力提升行动，组织预决算管理技能比武，建立财物管理领域专家人才库。建立落实财政部监管局授权支付规范机制，下发财务职能监督告知单10份，推进内控和资金支付监控有机结合。全年，机关财务本级审核用款及采购申请599份，审核合同102份，审核各项资金支出2547批次。

撰稿人

朱　明　李　荔　余蓓佳　张毅伟　周晓明　赵静娴

督察内审

【概况】2022年，厦门海关配合国家审计，组织开展2022年督察审计自查工作，及时建立“上下联动”接审工作机制和“及时互通”内部信息通报机制，做好国家审计协调保障、审计需求反馈和问题取证，推动审计问题即知即改、立行立改。发挥督审监督职能作用，完成海关总署署级专项审计（调研）10个、署级督察自查及企业问卷调查3个、参与署级专题评估2个，完成关级经济责任审计4个、专项督察4个、内控分析项目2个、执法评估项目3个，牵头完成厦门关区季度疫情防控安全防护现场督导。夯实督审业务基础工作，牵头开展署级审计核查指南（稽核查领域）和督察指南（支持外贸促稳提质措施落实情况部分）修编，协助海关总署督察内审司固化和完善“云擎”指标，组织“内控示范科室”创设，开展“关区内控机制建设”专业能力提升行动，修订完善内控专项管理制度2项，组建督审数据工作组，自主构建执法评估指标数据模型逾200个，构建重大决策部署及日常监控监督模型31个，督审监督数据分析、整合、处置能力实现新的提升。有关经验在全国海关督察内审工作会议上交流。

【配合国家审计】2022年，厦门海关主动配合审计署审计工作。3月24日，全国海关召开持续推进审计问题整改工作视频会，厦门海关第一时间将自查整改作为前期迎审工作的重中之重，制订督

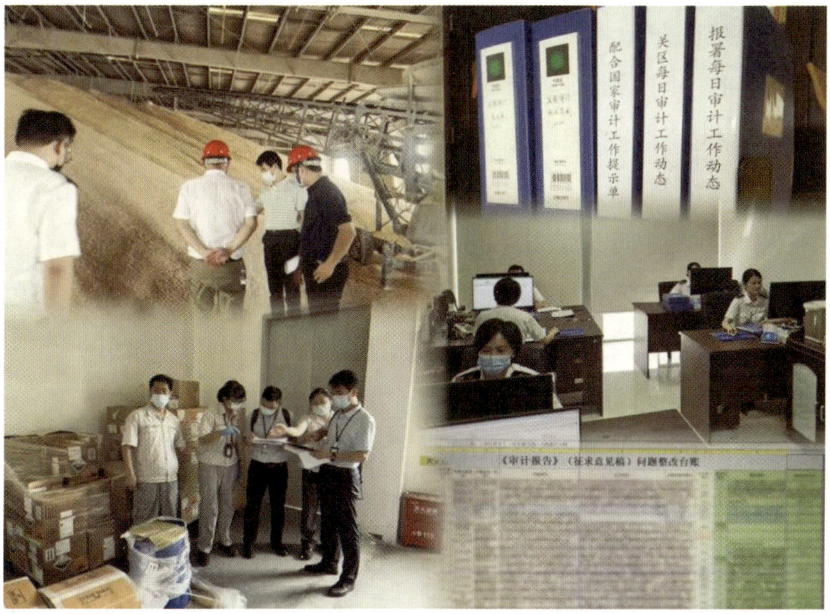

▲2022年6—7月，审计署武汉特派办派出审计组对厦门海关2021年以来履行监管职责和税收征管等情况开展现场审计　（黄基毅　摄）

察审计自查整改工作实施方案，建立以职能联动现场的自查动态更新机制，明确厦门关区12个业务领域603个自查要点，推动自查自纠，为接受现场审计奠定基础。5月30日，审计署驻武汉特派办向厦门海关下达《审计通知书》，于6月7日派出审计组进驻，对厦门海关2021年以来履行监管职责和税收征管等情况开展审计；7月31日，审计组结束现场审计工作并制发《审计报告征求意见稿》。厦门海关召开迎接国家审计工作动员会，组建接审工作团队，建立"上下联动"的接审工作机制和内部信息通报机制全力配合现场审计。其间累计反馈审计需求104批、问题取证105份，编发审计动态等各类信息232份，并及时向海关总署上报情况；第一时间组织相关部门单位研究审定《审计报告征求意见稿》反馈意见，建立审计发现问题整改台账，对国家审计查出问题即知即改、立行立改。

【审计监督】2022年，厦门海关按照海关总署党委关于贯彻落实习近平总书记对审计工作的重要指示批示精神、防范化解重大风险的部署要求，组织完成"大金额差错报关单""贸易管制措施落实情况4项专题""涉台表述规范性情况"等6个署级专项审计调研、四个季度海关事业单位所属企业脱钩和转让产权专项审计，排查重点问题25个、提出对策建议27条，推动党中央、国务院重大决策部署，以及海关总署党委工作部署等各项措施落地见效。协助海关总署完成内部审计核查重点操作指南修编工作，牵头组织大连、南宁等直属海关督审、稽查业务骨干组建远程集中工作小组，编订稽核查审计核查重点22个、检查要点43个。继续深化审计监督全覆盖，根据年度经济责任审计计划，完成处级领导干部任中经济责任审计1个、离任经济责任审计3个，发现问题33个、提出建议10条，推动监督关口前移。贯彻新修订的《中华人民共和国审计法》和海关总署党委相关文件要求，推进海关内部审计查出问题整改的宣传教育，建立健全厦门关区审计整改长效机制，巩固整改任务清单、挂账销号、动态跟踪管理等制度机制，组织开展审计整改"回头看"，指导督促基层单位通过审计整改构建自我纠错、自我完善的工作机制。

【督察监督】2022年，厦门海关聚焦党中央国务院重大决策部署、海关总署党委工作安排以及国家审计关注的重点开展督察，提升督察工作的敏感度和时效性。坚持问题导向、效果导向，创新实施"数据式""联入式"远程督察，由点及面、上下联动、查深查透，实现全覆盖"三级督察"。编撰海关总署2022年度重大政策措施落实情况督察重点和指南（支持外贸促稳提质措施落实情况部分），梳理编制核查重点56个。组织开展厦门海关口岸检查作业规范情况及厦门海关支持外贸促稳提质措施落实情况署级跟踪督察自查，发现问题15个，通过自查报告向海关总署相关司局提出工作建议6条。组织开展"国门绿盾2022"行动落实、进出口食品安全"四个最严"要求落实、监管场所运行管理及监管设备应用管理、进境客运航空器终末消毒监督工作执行情况等关级督察，发现问题18个、提出工作建议12条。督审处牵头开展厦门关区周期性疫情防控安全防护现场督导4次，发现问题90个、提出建议86条；做好疫情防控安全防护视频监督检查“一周一通报”工作；指导推动隶属海关单位自行开展督察项目40个，组织督促隶属海关单位每月开展1次疫情防控安全防护自查；向职能部门发送督察发现问题工作提示2次。

【内控建设】2022年，厦门海关以“防风险、控权力、提效率”为内控工作目标导向，推动各部门单位进一步增强内控主责意识。完善内控管理制度体系，制定厦门关区内控节点管理办法和海关内部控制与监督子系统监控核查处置操作规范。推进“内控示范科室”创设，结合业务条线及岗位特点，确定首批创设培育对象6个，成立专家团队开展上门指导4次、座谈研讨1次、“一对一”远程指导16次，帮助培育对象结合科室职责梳理业务环节38个，推出内控工作手册、交叉审核机制、物资设备示范库等特色内控措施20项。加强厦门关区内控人才储备，开展专题培训4次，组织完

▲2022年11月23日，厦门海关督审处在东渡海关开展内控调研及“内控示范科室”创设现场指导 （许威宇 摄）

成专业能力提升行动“内控机制建设”项目基础阶段、督查考核、提升阶段和技能比武等各阶段工作。主动查找内控薄弱环节，围绕非法进境固体废物监管全链条管理情况，从推动海关总署明确查验异常后续处置职责、优化工作流程、完善作业系统等方面提出意见和建议4条；对2021年督察审计发现问题进行剖析，向海关总署提交3方面内控节点更新建议。持续提升内控前置审核复核工作质量，协助海关总署开展内控前置审核复核，提出意见建议44条；对厦门关区1项改革措施及16项制度规范开展内控前置审核，提出复核意见52条，职能部门采纳42条，采纳率80.8%。内控平台应用绩效实现新提升，全年厦门关区应用该平台制发监控核查联系单1232份，处置异常数据2.18万条，上报专项成果204项，被该平台信息服务网站采用应用成果66条、系统内风险参考12条。

【执法评估】2022年，厦门海关执法评估聚焦贸易便利化、新兴贸易业态、RCEP等重大决策部署和重要业务领域，梳理重点评估专题清单近50个。参与署级RCEP落地成效专题评估、跨境贸易便利化工作成效专题评估，完成关级跨境电商进口、口岸检查工作、RCEP进口放行时间等专题评估。其中署级RCEP

落地成效专题评估获署领导批示，关级评估发现并推动整改问题12个。依托大数据建模开展客观量化分析，构建执法评估指标数据模型超过200个，协助海关总署督察内审司固化和完善“云擎”指标14个，对重点领域业务概况、特点、趋势、全国对比情况及存在的风险进行全景数据展示，服务领导决策。深入地方政府部门和海关业务现场开展实地或书面调研10余次，对300多家企业开展问卷调查，针对堵点难点问题结合数据分析提出建议12条。强化上下联动、左右协同，实现海关总署、厦门海关两级专题评估“互为补充、成果共享”，与督察审计监督发现问题和数据共享共析、联动处置，督审监督合力进一步增强。

撰稿人

赵　蔚

离退休干部工作

【概况】2022年，厦门海关主动践行“积极老龄观、健康老龄化”理念，不断增强离退休干部工作的时代性、针对性、有效性，用心用情、精心精细精准做好离退休干部工作。强化离退休干部党的建设，举办主题党课联讲，理论读本“送学上门”，厦门关区17个离退休党支部完成换届选举，衔接开展新任党建工作骨干辅导；宣传“光荣在党50年”老党员事迹，厦门海关2位百岁老人红色故事被《中国国门时报》等媒体报道。提升为老服务管理质效，常态化慰问高龄、空巢老同志，老党员居家养老服务不间断，落实老年人疫苗接种任务；优化荣誉退休制度，健全困难帮扶制度，协调解决老同志“急难愁盼”问题。凝心聚力发挥离退休干部正能量，组织重阳健步行、“政治生日”等活动；夯实阵地建设，深化共建协作，丰富文化娱乐生活，引导激发老同志爱党爱国爱关情怀。截至年底，厦门关区离退休干部、职工939人（含泉州、漳州、东山、龙岩等隶属海关178人）。其中，离休干部3人，行政退休人员869人（厅级57人、二级巡视员25人、处级500人、科级及以下221人、职工66人）；事业退休人员67人。厦门海关离退办获“全省老干部工作先进集体”、离退休第二党支部获评福建省委离退休干部工作委员会“示范党支部”荣誉称号。

【离退休干部政治建设】2022年，厦门海关离退休干部党组织引导老同志全面学习领会党的二十大精神，弘扬伟大建党精神，常态化推动党史学习教育落实见效。离退休干部机关党委、各离退休党支部开展警示教育活动，组织观看警示宣传片、刊发箴言警句，开展专项整治问卷、离退休人员兼（任）职排查等工作，意识形态、纪律教育等同步谋划、同轨推进，引导离退休人员严守政治纪律和政治规矩。厦门关区17个离退休干部党支部完成换届选举，改选、增选42人，衔接新任骨干专题辅导、廉政警示教育等活动5场次，凝练“红衫合唱”“近邻微信”支部工作法，引领提升离退休党组织凝聚力。推荐26名银发专家纳入海关总署银发人才库，运用“智慧银海”“党建e家”等信息化平台，普及推广网络党建教育和线上交纳党费等。整理“光荣在党50年”老党员红色事迹，承办海关总署“全国海关百岁老人”系列宣传。

结合属地特点进一步深化荣誉退休制度，泉州、漳州、东山、龙岩等海关结合实际举办形式多样的荣退仪式，征集“青老传承结对”等优化建议15条。

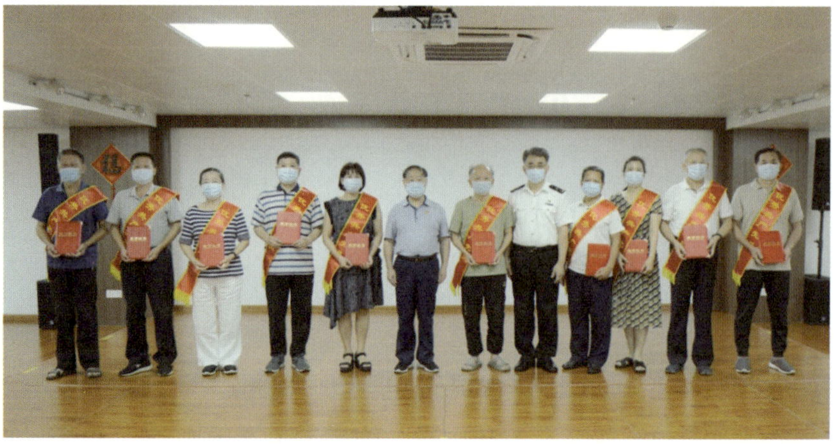

▲2022年7月27日，厦门海关召开离退休干部机关党委“两优一先”表彰会议 （刘雨龙 摄）

【离退休干部作用发挥】2022年，厦门海关以凝聚正能量为抓手，引导“银发力量”凝心聚力、发挥作用。组织“与特区共成长”主题党日活动，组织老干部舞蹈队参加翔安区“智慧杯”广场舞大赛。开展离退休干部“运动展风采、笑颜迎新春”趣味运动会、“佳联传福、挥毫送春”社区志愿、“喜迎新春、青老送春联”上门服务等新春系列活动，组织老干部艺术团参加迎新春专场文艺活动。厦门海关金钥匙学雷锋志愿服务队银发分队参与城市路段清扫、疫苗接种宣传等志愿服务活动。离退休干部办公室与厦门市纪委监委离退休干部工作处结对共建，组织学习交流手机摄影技巧，举办“转角遇见美”摄影采风活动。围绕“建言二十大”“我看中国特色社会主义新时代”主题开展调研，采取电子问卷、书画摄影、主题座谈等形式征集老同志书面感想68条、建议意见106条。在厦门市老年大学海关分校基础上，依托老干部活动中心教学资源，开设声乐、舞蹈、八段锦等课程，开展中医养生和老年心理健康讲座。召开离退休干部机关党委“两优一先”表彰会议，表彰离退休优秀共产党员、优秀党务工作者及先进党支部，组织老干部艺术团开展文艺汇演，礼赞先进典型；开展“送学上门”，为年龄较大、行动不便的离退休老党员送去理论读本。开展2022年度“最美老干部”评选表彰，选送老干部艺术团舞蹈节目参加海关总署“舞动精彩旋律、共享幸福生活”艺术舞蹈云展演。

【离退休干部服务管理】2022年，厦门海关精心做好为老服务、精细实施规范管理、精准掌握信息需求，进一步深化“积极老龄观、健康老龄化”的海关实践。全年持续做好离休干部“一人一策”，不折不扣落实“两项待遇”（政治待遇、生活待遇）。拓展居家养老服务项目，建立居家养老信息互通渠道。健全离退休微信群“党委、支部、小组”三级管理机制，严格规范离退休人员网络行为，引导老同志当好海关“宣传员”和家庭“教导员”，传播海关好声音。做优做强老干部活动中心，聘请专业老师授课，增设电子“智能书吧”、老年心理沙龙等。“七一”前夕，看望慰问老党员、生活困难党员、老干部210人次，开展50年党龄老党员专题访谈，为“光荣在党 50 年”老党员颁授纪念章。“八一”建军节期间，走访慰问复转退老军人 230 人次。召开离退休干部工作领导小组会议，优化领导小组协调机制，推进情况通报、涉老经费保障、荣誉退休、困难帮扶等制度建设。开展国庆、重阳“两节”系列活动，看望30余名离休、百岁、孤寡、困难老同志，组织“喜迎二十大、银发心向党”重阳节健步行活动，开展“四风”问题、酒驾醉驾等警示教育，组织老年活动场所安全演练。举办离退休党支部新任书记、委员培训班，拓展离退休干部服务管理平台应用培训，组织海关离退休人员违规投资企业及在企业兼（任）职全面排查。年内，离退休干部办公室累计征集老同志专项整治电子问卷820余份，组织老同志参加党风党纪教育活动1200余人次，看望慰问生病老同志 74 人次，协助办理 15 名去世老同志丧葬事宜。

▲2022 年 9 月 28 日，厦门海关组织离退休干部开展“喜迎二十大、银发心向党”重阳健步行活动 （黄翔 摄）

撰稿人

黄 翔

第七篇

隶属海关

泉州海关

【概况】泉州海关是厦门海关副厅级隶属海关。截至2022年年底，内设正处级机构6个，包括办公室（党委办公室）、综合业务一处、综合业务二处、监管业务处、企业管理处、人事政工处（党委组织宣传部）；下设正处级办事处6个，包括驻泉港办事处、驻刺桐办事处、驻安溪办事处、驻晋江办事处、驻石狮办事处、驻南安办事处；另设事业单位1个，为综合技术服务中心。实有行政编制人员296人、事业编制人员61人。辖区范围为泉州市。

2022年，泉州海关以习近平新时代中国特色社会主义思想为指导，围绕学习宣传贯彻党的二十大精神这条主线，高效统筹疫情防控和促外贸稳增长，深入推进“更有效率海关”建设，奋力打造厦门关区全面工作排头兵。全年监管进出口货运量4677.3万吨，同比下降1.5%；进出口货值2526.21亿元，同比增长34.84%；税收入库177.09亿元，同比增长69.8%；进出口报关单17万份，同比增长12.6%；监管进出境运输工具2562艘（架）次，同比下降26.8%；共签发各类原产地证书4.6万份、签证金额约188亿元，同比分别下降5.1%、增长2.1%；监管泉州对金门供水765万吨。参与泉州市绩效考评和平安单位创建，蝉联“双优秀”。

【基层党建】2022年，泉州海关以党的政治建设为统领，落实“第一议题”制度，学习贯彻习近平总书记重要讲话重要指示批示精神，推动党史学习教育常态化长效化，开展“学查改”专项工作和政治机关专项教育活动，夯实基层党建基础。开展“党的二十大精神点亮基层”学习宣传贯彻活动，泉州海关党委班子领学促学，带头讲主题党课7场，深入基层宣讲21次，各级党组织开展专题学习研讨236场次，开展“建功新时代、献礼二十大”创先争优活动，举办“非凡十年·‘关’辉岁月——泉州海关整合升格十周年图片展”，营造氛围，实现党的二十大精神在基层学出热潮、深入人心、落在实效。推进“我为群众办实事”实践活动，其中“开辟综保区跨境零售出口‘新航道’——创新推动泉州综保区跨境电商9610出口试点落地”项目获评厦门海关第三批“我为群众办实事”实践活动四佳项目；关、处领导3人带头走进口岸封管区，组建326人的专班志愿服务队，落实解决疫情防控一线集中封闭管理专班人员工作生活困难等关心关爱措施，激励抗疫一线人员担当奉献；开展基层党建“双提升”行动，推进支部建设标准化规范化，增强党组织凝聚力、号召力。以党建带动精神文明建设，志愿服务队获评泉州市2021年度创建全国文明城市“优秀志愿服务组织”。

泉州海关党委全面落实主体责任清单，按照“四责协同”要求，加强对各处室“一把手”和领导班子监督。落实中央八项规定及其实施细则精神，推进纪律作风系列专项教育整顿，持续开展“一月一学法”宣讲、廉政警示教育月活动，结合泉州传统文化组织现场学习感悟等方式做深做细廉政教育，加强新时代海关廉洁文化建设；支持配合国家审计工作，做好巡视巡察整改“回头看”，统筹推进“海关重点项目和财物管理以权谋私”专项整治等工作，发挥内控“免疫系统”作用，推动用好监督执纪“四种形态”特别是“第一种形态”，保持全天候、全领域严的主基调不动摇，将“一体严”“贯通严”“自觉严”的清廉海关建设要求纵深推进到基层一线。

【税收征管】2022年，泉州海关落实海关总署、厦门海关综合治税电视电话会议精神，调整完善辖区综合治税工作机制，统筹通关便利和依法征管，全面提升综合治税工作成效。全年税收入库177.09亿元，同比增长69.8%，创历史新高。其中，关税3.75亿元，同比增长3.1%；进口环节税173.34亿元，同比增长72.2%。严格落实中央各项减税降费措施和税收政策，持续推广税款担保改革、汇总征税、关税保证保险、预裁定等便利化征管举措，利用相关税收政策助企纾困，累计办理减免税款2.6亿元。其中，办理征免税证明966份，审批减免税款1.2亿元；自贸协定项下商品享惠进口约25亿元，减免税款超1.4亿元。通过签发自贸协定优惠原产地证书3.3万份，货值约140亿元。上报的白茶税政调整建议获国家相关政策主管部门采纳。

【指导企业抢抓RCEP实施机遇】2022年，针对RCEP相继对13方生效、各成员之间按协定规定立即降税、履行服务投资开放承诺等情况，泉州海关成立“RCEP攻坚队”，通过线上及线下方式开展RCEP原产地规则和关税减让等惠企政策宣讲和培训，“一对一”为企业设计享惠方案，并提供“智能审核”+“自助打印”+“免费邮寄”等便利签证政务服务，促进企业用足用好RCEP政策红利。全年签发RCEP原产地证书3365份，签证货值约12.76亿元，签证主要产品为雨伞、鞋靴零件、塑料制品等。其中，扶持泉州市某供应链有限公司成为福建省首家经核准出口商，并签发福建省首份RCEP原产地声明。全年指导企业适用RCEP协定税率进口货物52批、货值近1.5亿元，减让税款近100万元，主要包括压缩机、高吸水性树脂、催化剂等货物。

【卫生检疫】2022年，泉州海关制修订新冠疫情口岸常态化防控工作方案等15项，建立口岸传染病疫情风险监测与风险评估工作机制，落实入境人员“三查三排一转运”“7个100%”防控要求。全年开展防控培训21次、应急处置演练17次，新增获得运输工具登临检查卫生资质8

人，该资质总人数达到154人；优化泉州、泉港2个专班工作机制，共完成84人次、27轮水运专班工作，及时解决海关总署“百名科长百日督查”以及3轮次“关长走进口岸封管区”发现的问题；推动口岸核心能力建设，完成辖区5个海港、1个机场、1个保健中心自查评估，有序推进泉州晋江国际机场、石井泉金客运航班复航准备。全年检疫监管进出境运输工具2008艘（架）次，同比减少28.57%；监测进出境体检人员7252人次，同比减少0.8%，检出传染病63例，居厦门关区前列。强化口岸公共卫生监督，防范疫情多点叠加风险，检出鼠类汉坦病毒合并钩端螺旋体阳性1例，并入选海关总署2022年全国口岸病媒生物监测典型案例。应对泉州本土疫情，确保“队伍安全”“口岸海关业务不停摆”。

【动植物检疫】2022年，泉州海关持续推进外来物种口岸防控、“国门绿盾2022”“跨境电商寄递‘异宠’综合治理”等重点工作和专项行动，筑牢口岸进出境动植物检验检疫防线。全年检验检疫进出境动植物及其产品9381批，同比减少17.23%。其中，出口9244批，同比减少16.14%；进口137批，同比减少55.95%。辖区主要进境动植物及其产品为大豆、盐渍牛皮、棕榈仁粕等，主要出境动植物及其产品为竹木草制品、种苗花卉、芦柑、观赏鱼饲料、豆粕等。全年截获检疫性有害生物174种次，同比减少38.3%；非贸渠道截获外来物种22种次，同比增长69.23%。完成1家进境植物繁殖材料临时隔离检疫圃备案、首家出境食用水生动物中转场注册登记。

▲2022年11月11日，泉州海关疫情防控专班关员在斗尾港区登轮开展入境船舶检疫查验 （范英帅 摄）

【进出口食品监管】2022年，泉州海关落实“四个最严”要求，深化“国门守护”行动，加强进出口食品安全监管，确保进出口食品质量安全。全年检验监管进出口食品化妆品2.93万批，同比增长17.67%。其中，出口2.83万批，同比增长18.45%；进口964批，同比减少1.33%。主要进口食品为水产品、食用油、酒类、茶叶类；主要出口食品为水产品、糖果类、茶叶、蜜饯制品。严格执行食品准入管理制度，参与海关总署进出口食品安全局疫情防控源头管控相关专项工作，对境外水产品企业开展视频检查及评估境外企业整改材料52家次，核查处置境外通报不合格10批次，约谈企业6家次。

【进出口危险化学品监管】2022年，泉州海关严格执行危险化学品检验双人持证上岗，规范工作指引现场作业，开展“口岸危险品综合治理”百日专项行动，强化联防联控，提升应急处置能力，确保危险品监管安全。全年监管进出口危险化学品2541.01万吨，同比减少7.63%。主要包括原油、成品油和液体化工品等。深化防“滞”、查“瞒”，全年查获进口夹藏危险化学品和危险货物22.52吨，完成出口危险货物包装性能鉴定、使用鉴定187批，检出进出口危险化学品及其包装不合格13批。全年通过厦门海关危险货物及其包装检验人员资质考试21人。在驻泉港办事处建成全国海关系统首个散装气体和液体危险化学品取样与安全防护实操培训基地。推动福建口岸首次出口新能源材料碳酸二甲酯（DMC）、甲基叔丁基醚（MTBE），泉州海关辖区首次出口苯乙烯、液态二氧化碳，监管巴布亚新几内亚原油首次登陆福建口岸。

【保障游艇首次“自航离境”】2022年，泉州海关提前对“自航离境”监管业务进行全流程的梳理研究，加强申报要素、监管要求等方面指导，严格检疫查验。6月8日，监管由2名外籍驾驶员驾驶“双体玻纤帆船”型游艇驶离泉州围头湾港区石井作业区出口泰国，完成辖区首次游艇“自航离境”监管业务。全年监管以“自航离境”方式出口游艇3艘，帮助企业有效克服疫情以及国际海运运费大幅上涨所带来的困难。

【快邮件监管】2022年，泉州海关推行寄递渠道“选查处”分离改革，优化业务流程，6月1日起统一由驻晋江办事处承担石狮国际快件中心快件审单职责，实现辖区集约化审单，并加强物流监控力度，提升现场查缉能力。全年监管进境非邮政快件299.62万件，同比减少23.94%，主要进境货物为食品保健品、奶粉、化妆品护肤品、服装鞋帽等。共查获“简快”程序案件28起、濒危物种案件4起、涉检安全准入情事213起，查获管制刀具23把、非法出版物116件。监管“e邮宝”出境邮件76.35万件，与2021年持平，主要物品为鞋靴、纺织服装及配件、小配饰、包袋、玩具及游戏用品、口罩等，出口至全球100多个国家（地区）。

▲2022年6月8日，泉州海关驻南安办事处关员对泉州造游艇首次“自航离境”检疫查验　（张宗辉　摄）

【市场采购贸易试点监管】2022年，泉州海关助推外贸企业通过石狮服装城、晋江国际鞋纺城两大国家级市场采购贸易试点开拓国际市场，密切与地方政府配合协作，加强对市场采购贸易规范化引导，加大对涉嫌虚假贸易突出商品的打击力度，促进市场采购贸易有序健康发展。全年监管两个市场采购贸易试点出口货物12.66万票，货值746.21亿元，同比分别增长22.46%、30.45%。出口商品涉及日用百货、建材、塑料橡胶、机器机械、鞋、纺织服装等13个大类，出口到东南亚、中东等160多个国家（地区）。其中，石狮服装城出口8.65万票、504.41亿元，同比分别增长26.44%、33.4%；晋江国际鞋纺城出口4.01万票、241.8亿元，同比分别增长14.67%、24.71%。对石狮服装城市场采购出口预包装食品试点按照“风险可控、源头可溯、责任可究”管理原则，构建地方政府负总责、企业负主体责任、海关及市场监管部门负监管责任的“多方共治”监管体系，开辟出预包装食品出口新通道，成为泉州稳外贸的新亮点。全年监管出口预包装食品2539批、3.85亿元，主要包括糖果、巧克力、糕点饼干类等18类低风险预包装食品，输往菲律宾、泰国、越南、缅甸等11个国家（地区）。

▲2022年3月25日，泉州海关关员在晋江陆地港对市场采购出口布匹进行查验作业　（罗俊毅　摄）

【通关时间压缩】2022年，泉州海关持续推进“提前申报”“两步申报”“两段准入”“先放后检”等业务改革，开展跨境贸易便利化专项行动，改革推行进口货物“船边直提”和出口货物“抵港直装”新模式，优化工作流程，解决进口石材通关时效的堵点难点问题，通关效率进一步提高。全年辖区进、出口提前申报率分别为49.47%和52.51%，同比分别提升3.25和3.13个百分点，“两步申报”应用率35.95%，同比提升2.12个百分点。以“两段准入”方式监管进口货物214票、货重2438.36万吨、货值1205.08亿元，同比分别增长8.88%、19.88%、71.72%。全年进、出口整体通关时间分别为10.35小时、1.01小时，同比分别压缩36.66%、16.53%。

【推动口岸开放】2022年，泉州海关落实口岸开放验收工作指引要求，首次编制辖区年度口岸开放工作计划，加快推进口岸查验基础设施建设，推动口岸高水平开放。指导推动泉州湾港区锦尚作业区于2月16日通过泉州市市级验收，9月1日通过省级验收；助推9月15日泉州港开通首条“石湖—符拉迪沃斯托克”外贸集装箱航线，打造高效便捷的泉州出口国际物流新通道。

【保障中欧班列（泉州—莫斯科）开通】2022年，泉州海关密切与货运企业、铁路及口岸部门沟通，开辟绿色通道，采取提前申报、转关无纸化等措施，保障1月18日中欧班列（泉州—莫斯科）从漳泉肖铁路泉州东站首发运行，成为福建省继厦门、武夷山之后第3个开通中欧班列线路的城市。全年监管班列14趟，共计1388个标箱，货重7495.77吨，货值1.78亿元，主要货物为泉州及周边地区的婴儿纸尿裤、背包、鞋服、玩具、健身车、铝制易拉盖等日用产品。泉州海关“保障中欧班列开通运营，‘泉州制造’出口再添新通道”项目在2022泉州经济年会年度峰会上，获评“2022年泉州市优化营商环境‘最具获得感’十大举措”。

【泉州综合保税区监管】2022年，泉州海关以《中华人民共和国海关综合保税区管理办法》颁布实施为契机，加大政策研究及应用转化，加强重大决策落实和业务创新，有序保障泉州综合保税区运行与发展。全年监管泉州综合保税区一、二线合计进出口96.21亿元，同比增长61.4%，其中一线进出口84.25亿元，同比增长1.1倍。采取“一企一策”，协调市场监管部门为区内1家酒类分装企业首办生产许可证，成功培育泉州综保区内首家AEO高级认证企业。

▲2022年1月18日，泉州海关驻晋江办事处关员在晋江陆地港为首趟中欧班列（泉州—莫斯科）施加海关封志　（黄忠族　摄）

【围头港区“两仓”启用】2022年，泉州海关指导企业提前制定围头港区公共保税仓库和出口监管仓库（简称“两仓”）开展围网卡口、视频监控、计算机联网等设施建设，完善运营企业管理制度，推动“两仓”于9月1日启用。“两仓”为某不锈钢生产商进出口卷钢、焦炭等大宗商品提供全球供应链服务，减少企业资金周转压力和物流成本，促进围头港口经济做大做强。全年累计监管进出仓货物冷轧不锈钢钢卷4.38万吨、进出仓货值5.98亿元。其中，出库转内销货物重量2.1万吨，内销征税金额3730.4万元。

【企业管理和稽查工作】2022年，泉州海关持续推进以信息化为依托的“放管服”改革，优化企业备案流程，不断降低企业制度性交易成本，营造良好口岸营商环境。全年新增备案报关单位851家，累计1.77万家；新增出口食品生产企业34家，累计249家；出口食品原料种植场累计94家（蔬菜基地26家、茶叶基地68家），养殖场1家；累计备案食品、化妆品进口商328家，进口肉类产品收货人14个，对外注册企业73家次。加大AEO信用培育工作力度，新增高级认证企业1家，获高级认证企业累计20家。加快稽查业务改革，夯实稽查指令“周监控、月督办”，强化自主分析和“专案组”工作模式，不断优化稽查综合治理水平。全年办结稽查作业73起、核查作业347起、主动披露29起，企业因主动披露享受免予或减轻行政处罚15起；查发稽查改革以来厦门关区首起逃避商检刑事案件。

【查缉走私】 2022年，泉州海关完善全员打私“1343工作法”，开展“国门利剑”“断链刨根”“清邮”等专项行动以及“龙腾”“蓝网”等知识产权保护行动，深化“打、防、管、控”一体化反走私综合治理。全年刑事立案案值12.9亿元；行政立案288起，案值2.5亿元。严厉打击整治“水客”走私，摧毁3个自“线下”漂移至“线上”

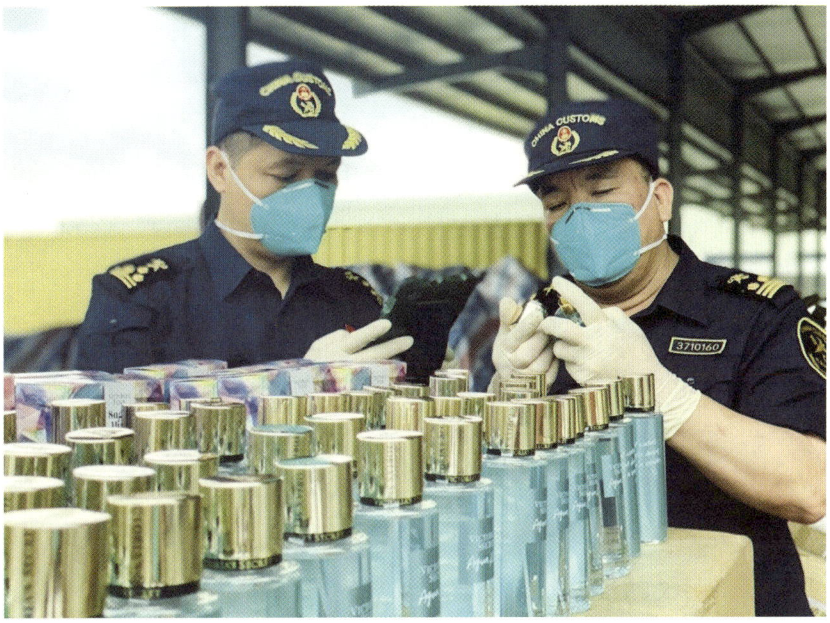

▲2022年12月6日，泉州海关在晋江陆地港出口渠道查获近4万瓶“易燃”香水，为近年来最大一起危险化学品香水夹藏案件　（罗俊毅　摄）

的“水客”团伙，抓获嫌疑人7名；快件监管现场查获精神管制类咖啡因胶囊48起、安非拉酮5起、象牙等濒危动植物及其制品4起、非法出版物25批。查扣涉嫌侵权货物43.16万件。

【队伍建设】 2022年，泉州海关调整优化4个职能处室和驻晋江办事处职责，进一步优化机构设置。跨处室调整干部，持续优化辖区人力资源配置。1人获评海关总署2021年度“百名优秀执法一线科长”。建立疫情防控专班光荣榜，大力宣传疫情防控中涌现的先进典型，有1人记个人三等功、2个集体共29人获集体嘉奖、22人被通报表扬。开展“建功新时代、献礼二十大”创先争优活动，评选泉州海关“十佳青年关员”“十佳职级干部”“五佳示范品牌”，激发干事创业热情。强化教育培训，组织273人次参加厦门关区22个项目能力提升行动，全年新增各类资质人员119人。发挥业务专家示范引领作用，泉州海关“刘李雄专业团队工作室”成为全国海关首个“散装气体和液体危险化学品取样与安全防护实操培训基地”，并获评厦门市职工技术创新工作室；泉州海关“陈焕斌专业团队工作室”揭牌成立。全年累计10人次获评个人三等功。

【信息宣传及学会政研质效提升】2022年，泉州海关强化责任效率意识，发挥信息宣传在服务决策、履行职能、提升效率、监测预警等方面的重要作用。累计13条政务信息被海关总署信息载体采用，信息综合得分列厦门关区一类隶属海关第一名。泉州海关被海关总署授予互联网信息先进单位，获评2022年度泉州市政府系统信息工作先进单位。全年宣传稿件被《经济日报》《中国国门时报》《福建日报》等报纸媒体采用212篇，被中央电视台、东南卫视等电视媒体采用36条，被海关总署“海关发布”微信公众号、微博采用8篇，被“中国海关”学习强国号采用52篇。学会工作和群众性政策研究有序开展，首次牵头完成署级课题《唐宋元明时期市舶制度演变史研究》，完成厦门海关关级课题2项；各类研究成果被海关总署相关载体采用2篇，被厦门海关相关载体采用23篇次，获评厦门海关2022年度征文一等奖2篇、二等奖3篇、三等奖1篇；政策研究指标得分位列厦门关区首位，泉州海关及泉州海关学会中心组获评中国海关学会广州分会优秀基层海关学会小组单位、厦门海关征文组织推动先进单位。

【实验室建设】2022年，泉州海关综合技术服务中心持续加强实验室建设，实验室综合检测能力进一步提高。3月，所属保健分中心医学实验室检出泉州本土疫情阳性病例。5月，所属石油化工检测实验室被纳入厦门海关“十四五”建设规划“重点建设实验室”范围。5月，该中心及其所属5个实验室通过中国合格评定国家认可委员会（CNAS）评审组现场评审，检测能力覆盖生物、化学、医学3大认可领域，涉及食品、棉花、纺织品、鞋材和鞋类产品、原油、化工品、血清、鼠等79类产品，新增项目424项，实验室认可检测能力达2278个项目。7月，所属食品检测分中心实验室通过2022年福建省农业农村厅农产品质量安全检查机构现场检查。全年共完成检测（疫）业务2.35万单、项目17.5万个，完成新冠病毒核酸检测19.2万人次；检出肝炎、艾滋病等传染病63例；截获检疫性有害生物175种次，检出厦门关区首例检疫性有害生物长芒苋；捕获病媒生物3大类10种1867只，其中1只鼠类合并检出Ⅱ型汉坦病毒核酸阳性及致病性钩端螺旋体核酸阳性，系厦门关区首次检出。全年获得授权发明和实用新型专利16项，通过泉州市科技项目验收2项。

撰稿人

许文龙　许文思　杨　琳　吴宇洋　吴丽绵　吴鸿温
余慈阳　张焕之　陈自猷　周晶莹　柯珊蓉　柳文山
郭晋翔　黄忠族　康振金　梁文玉

厦门机场海关

【概况】厦门机场海关（简称“机场海关”），是厦门海关正处级隶属海关。截至2022年年底，内设科室18个，包括办公室（党委办公室）、人事政工科（党委组织宣传部）、综合保障科、运行监控科、法律事务科、口岸监督科、统计科、综合业务科、查验一科、查验二科、物流监管科、值机监控科、旅检一科、旅检二科、旅检三科、网格运行管理科、航维保税科、跨境电商监管科。实有行政编制人员225人。主要负责厦门高崎国际机场各类海关管理工作。

2022年，机场海关落实“疫情要防住、经济要稳住、发展要安全”重要要求，因时因势做好各项抗疫工作，筑牢国门安全防线；全力优化口岸营商环境，助力经济复苏；强化安全防护，打造“海丝”空港枢纽。全年监管进出境航班8060架次，进出口货运量18.9万吨、货值984.6亿元，跨境电商出口货物2445.87万票，进出境维修飞机385架次。全年平均进、出口整体通关时间压缩成效明显，通关时效位列全国十大空港口岸第一位。受理卫生许可99家次，开展卫生监督864家次。年内，航维保税科被福建省总工会授予“五一先锋号”荣誉称号。

【基层党建】2022年，机场海关学习宣传贯彻党的二十大精神，强化党建引领，深化全面从严治党，巩固“全国先进基层党组织”荣誉成果。以推行并持续完善“3+1”党建工作制为抓手，坚持“第一议题”制度，打造“第一课堂”，注重理论联系实际，党委班子、党员干部、业务专家等多次深入企业，开展党的二十大精神和海关法宣讲，广泛听取服务对象意见，及时回应诉求。开展丰富多彩的“三会一课”、主题党日活动，推出“三句半”“快板”等形式的文艺党课，组织“每季百题”读考，成立“青年宣讲队”，筹建党建实训点——“先导能力工作室”，拓展“天问工作室”“国门生物安全展厅”作为党建业务培训考核基地。推进政治机关专项教育活动和“学查改”专项工作，开展“海关重点项目和财物管理以权谋私”专项整治，打造家园文化，弘扬文明家风。

【空港进出境检验检疫】2022年，机场海关推进口岸“人、物、环境”同防和“多病同防”。在货运监管渠道，开展进口非冷链食品及普通货物、空载集装器核酸采样及预防性消毒工作。全年对234票非冷链食品、1961票进口非冷链普通货物及530个空集装器进行采样，采集样品3.04万个，均为阴性，同时完成530个空集装器及1961票商品的预防性消毒工作。在旅检渠道，面对航班不断增加带来的监管压力，迎难而上，科学筹划，完成新冠病毒感染转段前各项监管任务。严防新冠病毒的同时做好猴痘、登革热等其他传染病检疫排查，防止疫情叠加风险，年内在入境旅客中检出艾滋病阳性1例。

【空港口岸卫生监督】2022年，机场海关制订年度卫生监督、食品抽检和口岸病媒监测计划，分析研判“外来生物随维修航空器入境”等空港卫生监管议题。全年受理卫生许可99家次，其中初次申请45家次、延续19家次、变更15家次、注销20家次。对43家餐饮企业、93家食品销售单位、58家公共场所单位开展卫生监督864家次、1728人次；完成对2家航食配餐企业617万份航食的监管。开展食品抽检90样次，对供水车、候机楼饮水点抽样送检180样次。开展微小气候空气质量监测12次；开展病媒生物监测75次，捕获鼠11只、成蚊120只、伊蚊6只。实施交通工具入境废弃物卫生监督2495架次、569吨。妥善处置38起禽鸟类随维修航空器入境情事，1起入境维修航空器发现47只蟑螂情事。

【空港航空器监管】2022年，机场海关规范进出境航空器备案、航班申报、登临派单录入、物料监管、航空器终末消毒监督等工作；优化航空器登临检查与申报备案等业务流程，加强值班，确保各项业务运行平稳顺畅；与航空公司配合落实疫情防控措施；加强对来自新冠疫情高风险国家（地区）、非洲猪瘟疫区、沙漠蝗疫区的航空器卫生消毒监督。全年组织监管各类进出境航班8060架次，登临检查2846架次。登临检出旅客健康异常等卫生学问题5架次、病媒生物1架次，共实施航空器终末消毒监督871架次，监督不合格1架次，确保航空器消毒工作规范有效，防范疫情疫病随航空器传入。纠正航空公司申报各类失误、差错情事40多起。

【科技赋能通关全流程】2022年，机场海关响应“三智”倡议，建设智慧海关。优化“航空物流公共信息平台”功能，整合空港口岸物流信息，降低企业运营成本；建立危险品监控应用系统，大幅度减少海关和进出口企业人力资源投入，进一步提升危险品监管成效；优化“海关检疫E码通”功能，创新研发智慧验核工作台，进行入境通关流程再造；完成旅检现场第二代先期机检监管锁及其配套设施升级改造，实现目标托运行李自动上锁及全程无感跟踪功能；开发“数字驾驶舱”智慧数据上报系统，通过后台定时抽取辅助系统数据并进行汇总，形成数据结果表，实现以往6张统计报表的“一键生成”，大幅度提高数据报送效率。从货管到旅检，全方位加速智能化改造，提升工作效率。

【维护国门安全行动】2022年，机场海关按照厦门海关部署要求开展“国门利剑2022”联合行动，推进“龙腾行动2022”　“蓝网行动2022”“净网行动2022”等知识产权保护专项行动。全年在空港货运渠道，查获《濒危野生动植物种国际贸易公约》附录 II 的保护物种——奥氏黄檀无证进口 1 批及拟沉香木货证不符 1 批，进境检疫性有害生物 4 种 5 批次，不合格进口旧机电产品 2 批次等。在旅检渠道，重点加强敏感商品的把关力度，查获象牙制品和红珊瑚等濒危物种及其制品、郁金香种子、国家管制二类精神药品等。查获侵犯知识产权情事 670 批次。全年累计移交缉私普通程序案件 90 起，办理“简快”程序案件 54 起，办理涉检案件 54 起。

【全力保障发展安全】2022 年，机场海关按照海关总署和厦门海关的部署要求开展“口岸危险品综合治理”百日专项行动。针对危险品“滞”的问题与“瞒”的隐患，设立危险品口岸通关专门窗口、危险化学品申报资料预审岗、建立舱单溯源机制、建立安全生产“吹哨人”机制。同时，机场海关设立“安全监督员”队伍，通过视频监控、现场巡查、突击检查等方式，查找安全风险隐患，坚持“日通报”，要求立行立改，持续跟踪问效，切实加强一线关员的应急处置能力；强化各类实操演练，全年开展应对职业暴露、核生化泄露、暴力冲关等事件应急演练 20 次。

【开创维修飞机保税租赁先例】2022 年，机场海关主动牵头联系杭州海关所属钱江海关、天津海关所属东疆保税区海关共同制订“厦门报关、天津入账、杭州落地”方案，开展客改货 B757 飞机联合监管，开创维修飞机保税租赁的国内先例，实现货机从飞机改装、保税租赁、航班入境到通关投运的“两点一线”对接。该业务创新模式帮助企业节省从“厦门—境外”“境外—杭州”航段的航油、地面服务、综合保税区入区等各项费用。

【燕窝进口搭上“快车道”】2022 年，机场海关助力燕窝进口高效通关，实施燕窝生产物资优先通关和查验排班，口岸通关时间压缩超过 60%；组织相关人员参加动植物检疫岗位资质认定考试，缓解燕窝查验资质人员紧缺状况；采取燕窝进口现场快速检测等举措助推厦门空港口岸成为国内重要的燕窝进口口岸。截至年底，机场海关监管进口燕窝 10.9 亿元，同比增长 17%，占全国燕窝进口值的 24.9%，厦门机场口岸已成为全国最大的燕窝进口口岸。

【助力跨境电商业务发展】2022 年，机场海关有效利用 CT、智能审图等智能监管设备，提升监管效能；支持元翔跨境电商监管中心快速投

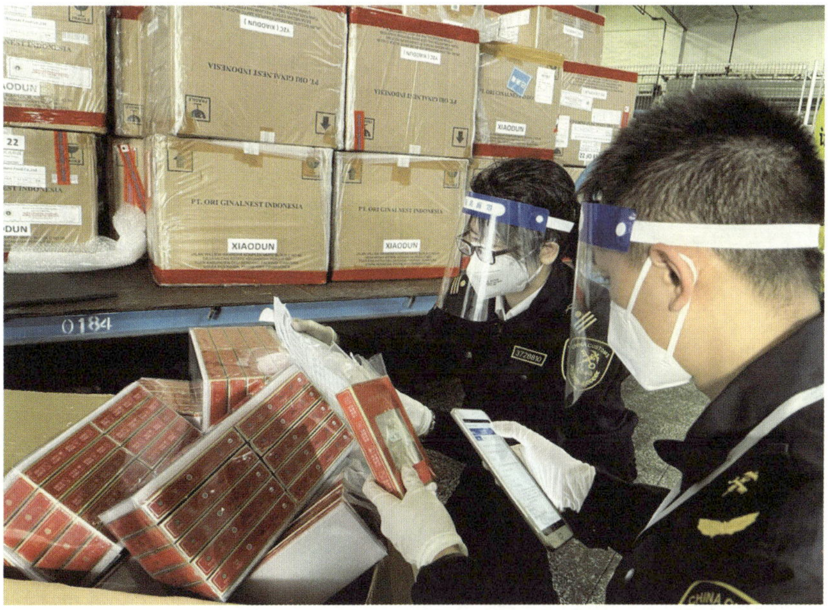

▲2022 年 12 月 27 日，机场海关关员对进口燕窝进行查验　（许可　摄）

入运作，并以此提升厦门空港口岸对跨境电商企业的吸引力；拓宽跨境电商物流运输渠道，首次运用“陆空”“空空”跨直属关区转关拓展跨境电商出口物流渠道，理顺厦门作为“二转”中转地的监管流程。全年监管跨境电商出口货物2445.87万票，同比增长9.4倍，助力厦门空港成为厦门关区跨境电商出口清单数最多的口岸。

▲2022年10月18日，机场海关关员监管空运转空运的跨境电商出口商品（陈鸣耿　摄）

【推动航空维修产业高质量发展】 2022年，机场海关主动作为，助力高质量发展，尽力解决航空维修企业经营发展中遇到的实际问题。指导、监管福建省内首票采用区外保税维修模式开展进境整机维修的飞机，确保飞机在进境和完成维修后第一时间进场和离场，大幅提高维修企业机库的周转使用率；允许维修企业通过海关特殊监管区域流转区外保税维修货物、进一步优化“进境货物坏损件直通送修”监管创新举措，为企业节约运输等成本；强化废弃航油及航空维修拆解件监管，梳理、规范、优化相关流程，自贸试验区航空维修生态环境保护案例入选2022年生态环境部《自由贸易试验区加强生态环境保护推动高质量发展案例汇编》。全年监管进出境维修飞机385架次，同比增长13.9%；保税仓库入出库航材3663吨，同比增长25.96%；区外航空保税维修进出口货值401.67亿元，同比增长32.57倍；加工贸易实际进出口值3.48亿元，同比增长1.11倍；监管销毁废弃航材8.13万件，监管废弃航油1065.63吨。

▲2022年9月1日，机场海关关员对维修飞机进行实地监管　（谢臻　摄）

【优化空港口岸营商环境】 2022年，机场海关加强通关政策宣传，召开报关例会10次，靠前指导企业用好税收优惠政策，减少企业负担并切实提升空港口岸整体报关质量；通过“快验客”关企微信群和临空物流链平台，实现关企实时互动，为“鲜、活、急”货物开辟绿色通道。全年平均进口整体通关时间为14.78小时，同比压缩20.84%，平均出口通关时间为0.18小时，同比压缩18.18%，通关时效列全国十大空港口岸第一位。

【机组出入境专用通道启用】 2022年，厦门机场开辟高崎机场国际（地区）机组专用通道。该通道服务于国际（地区）航班机组人员出入境，避免机组人员与旅客混流，设置出境、入境两条通道，共有卫生检疫区、行李查验区、后勤保障区等7大功能区。2月18日，机场海关入驻开展卫生检疫和行李物品监管工作，截至年底，累计监管出入境机组人员6.42万人次。

【疫情防控与通关监管】 2022年，机场海关持续优化网格化管理，做好防控新冠疫情与通关监管工作。对标“四零”（零输入、关员零感染、操作零失误、通关零延误），完善“即时提醒+当日问题清单+每周专家组监控分析通告”安全防护机制，强化“三个杜绝”（杜绝感染事故、杜绝流程差错、杜绝单人作业规范重复失误），建立机场海关内部增援机制和培训考核上岗机制，统筹配置好“三支梯队”（关区一线、预备、应急3个人员梯队），建立口岸应急处置“吹哨人”机制，应对航班恢复增长；开展一线人员家访、谈心，建立健康台账，升级“能量驿站”，从细处体现关怀。

撰稿人

李　文　邱乐杰

厦门邮轮港海关

【概况】厦门邮轮港海关（简称“邮轮海关”），是厦门海关正处级隶属海关。截至2022年年底，内设科室8个，包括办公室（党委办公室）、人事政工科（党委组织宣传部）、法律事务科、综合业务科、口岸监督科、运行监控科、邮轮旅检科、查验科；下设副处级办事处1个，为驻五通办事处（简称“五通办”）。实有行政编制人员108人。主要负责厦门国际邮轮中心码头、五通客运码头和同益码头的海关管理工作。

2022年，邮轮海关围绕迎接党的二十大和学习宣传贯彻党的二十大精神主线，落实“疫情要防住、经济要稳住、发展要安全”重要要求，争当厦门海关“更有效率海关”建设的排头兵，推动各项工作稳中有进。推动地方政府、相关单位共同打造“智慧港口”，为新航站楼配套设施设备提出建设性设计要求。全年共监管进出口货物6331票、同比增长22.27%，其中进口货物1640票、同比下降21.87%，出口货物4691票、同比增长52.35%；税收入库1.21亿元、同比增长9.03%；监管进出境船舶942艘次、同比增长47.88%；实际监管（含转关）进出口集装箱2.75万标箱、同比增长25.33%。

【基层党建】2022年，邮轮海关将深入学习宣传贯彻党的二十大精神作为首要政治任务，全年开展党委委员“政治课堂”宣讲9次，党委理论学习中心组专题学习17次，围绕海关总署党委和厦门海关党委工作部署挖掘调研主题13个。践行“三实”文化建设，其中“刘志鸿劳模创新工作室”获厦门市总工会考评通过，邮轮旅检科党支部品牌“邮轮护航人”被评为厦门关区党建示范品牌，4个党支部获评厦门海关“四强”党支部，2个党支部获评“先进基层党组织”，共计32人次获各级表彰奖励。强化政治机关建设强基提质，举办“七一”党建专题交流展示会，提炼战“疫”一队临时党支部“1477”工作法，提升党建工作质量。

【巡视巡察】2022年，邮轮海关强化政治机关建设，结合“学查改”开展巡视、巡察整改情况全面排查。对照巡视厦门海关、巡察邮轮海关和“回头看”相关情况及整改任务分工，围绕“巡视巡察整改集中清查自查自纠和监督检查重点”全面排查，开展“排风险、补短板、明目标、提质效”和“再学习、再对标、再落实”专项工作，排查政治风险5个、其他风险隐患40余个。

【党风廉政建设】2022年，邮轮海关落实主体责任，推进党风廉政建设重点工作。紧抓学习教育，统筹政治教育、纪法教育、警示教育，深化以案促改，集中学习11次、专题研讨5次；全员覆盖、广泛开展谈心谈话130余人次，对8人次运用“第一种形态”；与派驻纪检组同频共振、同向发力，联合开展内务规范检查、“四德”宣讲、廉政访谈等各类活动20余次，组织全员参加政治理论与纪法教育综合测试，组织参观廉政警示教育现场教学5场次。

【队伍管理】2022年，邮轮海关细化干部管理，提升干部人事工作成效。狠抓新关员培养，一人一案制订培养计划，周报、月评、季考相结合强化培训成果检验；发挥职级干部作用，“应进尽进”参与专班任务，“人尽其才”参与重点工作；激励队伍创先争优，开展关心慰问一线干部职工12批次、70余人次，宣传抗疫一线典型事迹8人次，组织创作纪实文学《奋战在疫情防控一线的那些日子》，深化文明单位及巾帼文明岗、青年文明号建设，查验科获评厦门市“五一先锋号”。在教育培训方面，建设“邮轮讲习所”培训课堂和旅检业务、货检业务、口岸监督业务教学实训点，全年组织328人次参加40期次线上线下培训；动员干部职工参加岗位必备资质考试，22人次通过各类资质考试。组织开展“强基提质全员普测”等应知应会测试4场次；92人参加121项次专业能力提升行动，发表教育专刊2篇，3人获得厦门海关个人嘉奖等奖励。

【法治建设】2022年，邮轮海关围绕海关中心工作推进法治宣传教育，启动普法巡回微课堂，在廉政警示教育月、“8·8”海关法治宣传日、“12·4”国家宪法日等时间节点，累计开设普法微课堂6次。完善政策解读机制，先后向厦门国际邮轮母港集团有限公司、厦门闽台轮渡有限公司及进出口企业等开展海关监管场所相关规定、国境卫生检疫法、规范申报、危险品货物申报等法律法规政策宣讲43次。

【风险管理】2022年，邮轮海关落实总体国家安全观，强化正面监管。夯实制度基础，制定机动查验和复查复验实施细则，全年开展复查复验14次；制定进口货物人工出闸及放行操作指引，加强进出境货物的实际监管，规范货物通关流程，防止违禁品利用人工出闸渠道走私风险；开展“国门利剑2022”行动，成立风险研判小组，负责对

▲2022年10月13日，邮轮海关关员在口岸反恐应急演练排练现场进行防护服穿脱培训　（傅鹭杰　摄）

辖区口岸内进出口商品进行风险分析，对各打击重点进行定期研判；筑牢口岸监管环节反恐防线，组织业务骨干参与反恐培训，承办厦门海关口岸反恐应急处置联合演练，提升现场一线人员的反恐工作专业水平和应急处置能力；与港口管理局、和平码头、厦门外代合作，在厦门自贸试验区建立“邮轮自用危险化学品在港常态化供应模式”，促进危险品供船业务更加规范、便捷。

▲2022年10月16日，邮轮海关关员监管15名外籍落水船员入境 （戴昱 摄）

【税收征管】2022年，邮轮海关加强税收监控分析，强化税收风险意识，落实国家税收优惠政策和促进外贸保稳提质相关举措，全年税收入库1.21亿元，同比增长9.03%；注重征管工作质量，自查纠正27起申报不规范情事；优化担保工作业务，采取一份担保同时办理多项税款担保业务，安排专人专岗指导企业采用海关统一保函办理担保，全年办理担保业务217票，其中通过保函办理的149票。

【卫生检疫】2022年，邮轮海关落实海关总署“四严”（工作要严格、流程要严密、作风要严谨、关员要严管）、“四零”（零感染、零接触、零风险、零事故）要求，坚持“外防输入、内防反弹”，将“人、物、环境”同防要求融入细化到日常工作各环节。邮轮海关战“疫”一队共组织7轮次186人次参加空港入境人员检疫专班，监管出入境航班2039架次。对进境船舶、进境冷链食品开展18批次水运、冷链专班作业；监管进出境船舶942艘次，开展船舶登临检查62艘次，对223名下船船员进行采样检测，开展紧急救援4次，为18名船员搭建绿色救助通道。结合口岸业务实际，模拟现场各类突发紧急情况，开展17场次实战演练，完善应急预案，提高应急能力。加强口岸病媒监测，捕获携带汉坦病毒和钩端螺旋体老鼠。

【动植物检疫】2022年，邮轮海关落实海关总署、厦门海关部署，开展动植物检疫工作，筑牢国门生物安全防线。按照“一个展示厅、一个查验现场、一个交流研讨室、一个初筛工作室、一个专业协作组、一套能力提升机制”要求，建成进境水果检疫能力提升平台，参与建设厦门海关国门生物安全展厅。全年监管进出口动植物及其产品1118票、9007.47吨，包括冰鲜大黄鱼、冰鲜白马头鱼（野生海捕）、冰鲜鮸鱼、毛叶枣、鲜芒果、茶籽等。

【食品检验检疫】2022年，邮轮海关贯彻落实“四个最严”要求，加强食品安全把关。查获不合格进出口食品22批次；监管供船食品、饮用水169批次、2.76万吨。强化进口食品在华注册编号和标签等要素的审核，防止出现缺失、冒用、伪造等行为，查获进口食品标签不合格情事11起、进口食品在华注册编号不符情事9起、进口食品安全卫生不合格情事1起。在3批次进口空箱查获申报不实，夹带少量豌豆种子、土壤和木块等情事。

【承办“食品安全宣传周”海关总署主题日活动】2022年9月15日，厦门海关食安处、卫检处联合邮轮海关、集同海关承办“食品安全宣传周”海关总署主题日口岸现场活动，地点设置在厦门海上世界展厅和国际邮轮中心码头旅客大厅。借助食品安全宣传展板、特色进口食品展区、口岸食品快速检测技术演示介绍、VR沉浸式交通工具食品卫生监督培训演示互动及进出口食品管理咨询台等多种形式，增进消费者对进口食品安全、口岸食品安全相关法律法规、监管制度、食品安全基本常识的了解，活动获得良好社会反响。

【商品检验】2022年，邮轮海关灵活运用即决式布控查验、顺势查验等举措，对查验指令外风险度较高的商品开展查验，严防违禁品走私风险。共查验进出口货物560票，其中发现异常83票。

【监管业务】2022年，邮轮海关落实海关总署促进外贸保稳提质10条措施及厦门关区16条具体贯彻措施，细化推进41项措施落地。坚持“人、物、环境”同防，做好入境船舶登临检疫，守牢“外防输入”国门关口，全年监管进出境船舶942艘次，同比增长47.88%，针对长期靠泊邮轮临时船员换班、转内贸船员样本采集等特殊作业需求，个性化制订“一船一方案”，监管服务“鼓浪屿”号与“憧憬”号邮轮上下船员144批次824人次，保障在船人员落地就医、体检和接种疫苗30批次115人次，协助处置积压免税品挽回停航部分损失。通过“一事一议”模式监管供船危险品2批次。

强化正面监管措施，严格履行查验职责。全年监管进出口1.28万标箱，同比增长46.33%，其中进出境快件5666标箱，同比增长2.75倍。首次在进出境货运渠道查获濒危野生动植物制品。4月14日，在同益码头货运现

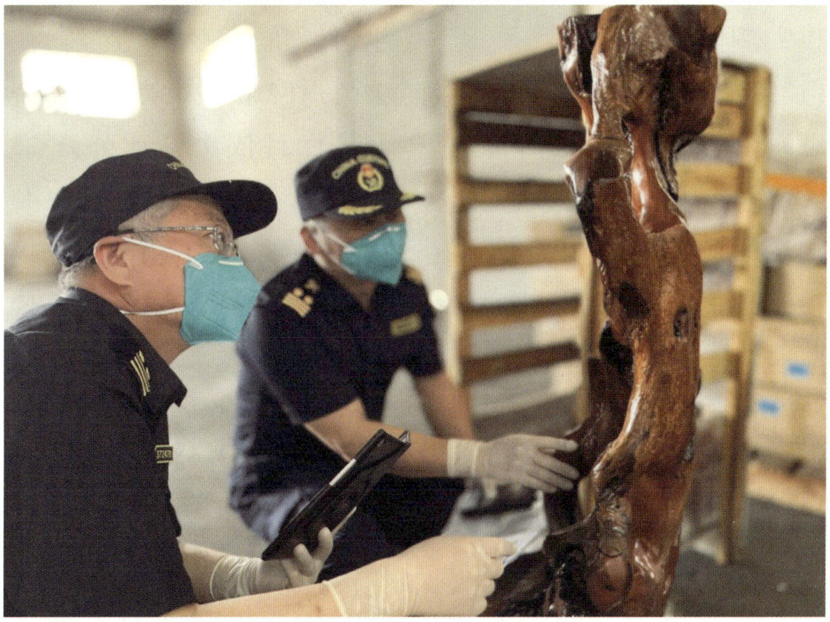

▲2022年4月14日，邮轮海关查获伪报品名违规出口濒危植物制品　（郭荔洲　摄）

场查获出口豆科黄檀属斜叶黄檀木制品，重67.40千克，属《濒危野生动植物种国际贸易公约》附录Ⅱ濒危管制物种。完成首票过境运输无纸化申报审核。支持厦门市多式联运“一单制”试点改革，参与的“创新多式联运一单制 降低企业融资成本”工作举措获评2022年度厦门市“十佳”营商环境创新举措。

【海关统计】2022年，邮轮海关加强统计分析服务决策，共参与7个课题研究并形成统计分析研究报告，其中获省部级以上领导批示1篇。全年报送12篇统计预警分析文章，其中11篇被厦门海关相关载体采用。

【通关便利化】2022年，邮轮海关深化落实海关总署促进外贸保稳提质工作要求，强化通关时间监控分析，尤其是对重点进出口商品的变化监控，月均进口整体通关时间为17.40小时、出口整体通关时间为0.77小时，建立进出口主要报关企业电话调研和分析机制，满足企业多元化通关需求，对70余家进出口企业开展调研，并帮助首次申报的企业梳理通关环节，引导企业提高规范申报率和提前申报率，提升通关效能。落实“即约即验”和“5+2”预约查验，设立“鲜活易腐农食产品绿色通道”“保稳提质一站式窗口”，提供“随到随验”监管服务。

【查缉走私】2022年，邮轮海关开展“国门利剑2022”行动，加强关警互动、深化全员打私。全年纠正单货不符情事39起，办理“简快”程序案件3件。邮轮海关战“疫”一队支援机场海关在旅检渠道查获近年来旅客未申报携带入境最高单件价值手表情事，估值600万元。

【政务管理】2022年，邮轮海关增强海关政府信息公开的主动性和实效性，在厦门海关门户网站“双随机、一公开”栏目依法主动公开35次。开展政策宣传解读43次，帮助企业了解海关政策享受政策红利。完善政务公开工作机制，制订政务公开标准化规范化工作实施方案、基层政务公开目录，督促各科室依法开展政务公开工作，制定“关长接待日”工作制度，开展信访工作。推进“立改废”工作，修订完善各项制度规范20份，制度规范的准确性、指导性和可执行性进一步提升。

【财务及后勤保障】2022年，邮轮海关发挥科技监督优势，推进采购和开支审批信息化，配合完成“海关重点项目和财物管理以权谋私”专项整治工作专家组检查，未发现原则性差错与内部控制失效情况。编制业务岗位的流程图和内部控制手册，建立查验业务现场“专业技术设备示范库”、旅检业务现场“防疫物资示范库”，构建监督体系，强化业务过程控制。

【督察内审】2022年，邮轮海关协调配合督察审计和迎接审计工作。6月7日至7月31日国家审计对厦门海关开展常态化全覆盖审计期间，邮轮海关共反馈自查项目16个，提供需求材料9份；10月17日至20日，厦门海关审计组对邮轮海关主要负责人任中履行经济责任情况进行审计。截至年底，邮轮海关全部完成整改，并落实3项审计建议。

【助推指定监管场地通过海关总署验收】2022年年初，海关总署批复同意厦门海关位于厦门国际邮轮中心码头的进境冰鲜水产品、进境食用水生动物两个指定监管场地设立，邮轮海关对接各口岸单位部门，开展现场指导19次，提出建设整改意见71项，助推两个指定监管场地建设。7月中旬，两个指定监管场地通过厦门海关验收组的预验收。12月30日，进境食用水生动物指定监管场地通过海关总署验收。

【口岸安全生产】2022年，邮轮海关从严从实做好安全生产管理，建立安全生产三级监督机制与风险隐患“吹哨人”预警机制，全年开展安全生产检查15次，发现安全生产隐患36项，推进35项问题整改完成；实行控制节点清单化管理，就12个业务领域关键业务环节析出51项关键内控节点，明确自查方式和自查频率；促进厦门市口岸办、厦门港口管理局等9个口岸单位建立联防联控机制，加强船舶自用危险品、五通口岸长期停靠船舶安全管理，开展港口安全、口岸反恐应急处置等综合演练。

▲2022年8月15日，邮轮海关对靠泊过夜的“东山25”货轮进行船边巡查（戴昱　摄）

撰稿人

陈　瀚

东山海关

【概况】东山海关，是厦门海关正处级隶属海关。截至2022年年底，内设科室7个，包括办公室（党委办公室）、人事政工科（党委组织宣传部）、法律事务科、综合业务科、稽查科、查验科、产品监管科；事业单位1个，为东山海关综合技术服务中心。实有行政编制人员47人、事业编制人员12人。辖区范围包括漳州市的东山县、云霄县、诏安县、常山开发区。

2022年，东山海关落实“疫情要防住、经济要稳住、发展要安全”重要要求，不断朝着建设“更有效率海关”砥砺奋进。全力优化口岸营商环境，落实促进外贸保稳提质海关总署十条措施、厦门海关十六条措施；开通漳州核电“关键部件和设备进口绿色通道”，精准施策扶持福建省重点项目推进。全年监管进出境船舶305艘次，同比下降45.51%；监管出口水产品货值198.7亿元，同比增长2.25%；签发检验检疫证书1.32万份，同比增长12.82%；签发各类优惠原产地证书5434份、93.5亿元，同比分别增长29.33%、23.32%。

【基层党建】2022年，东山海关在全面学习、全面把握、全面落实上下功夫，推动党的二十大精神在基层走深走实。组织观看党的二十大开幕会盛况，落实“第一议题”制度，采取“晨会+夜校”学习模式，开展党委理论学习中心组学习63次。细化实施方案，通过关警联学、支部共建、知识测试、撰写心得等方式将学习不断引向深入。邀请福建谷文昌干部学院教授全面解读党的二十大报告。举办“强国复兴有我”书画笔会。更新初心堂、展示厅等宣传阵地，运用电子设备滚动播放“党的二十大金句”，在政务网设立专栏，营造浓厚氛围。统筹推进政治机关专项教育活动和“学查改”专项工作，扎实开展“海关重点项目和财物管理以权谋私”专项整治工作。完善内控机制建设，探索“内控督导建在科上”。

深化“强基提质工程”，制定党建工作量化表，实行工作提醒和台账互查，完成党总支和所属6个党支部换届选举或改选工作。综合业务科党支部“四叶草”品牌获评厦门海关党建培育品牌，查验科党支部获评厦门海关先进基层党组织，办公室法律事务科联合党支部和稽查科党支部获评厦门海关“四强”党支部，“养殖场换证难题不再难　水产企业发展再升级”项目入选厦门海关第二批“我为群众办实事”十优项目。

发挥党建引领作用，获得国家机关事务管理局等4部委评定的节约型机关，建成厦门海关进出口水产品监管实训室，“蝶关枫桥”法治调解室被列为厦门关区践行新时代“枫桥经验”示范点。

【纪检监察】2022年，东山海关配合厦门海关党委第四派驻纪检组开展各项监督工作。召开全面从严治党暨党风廉政建设和反腐败工作联席会议2次，参与党建台账检查2次。关党委联合派驻纪检组开展日常廉政谈话和科级领导干部任前廉政谈话。根据纪检组制发的监督提示单、监督建议书、整改督办单等，东山海关及时开展问题整改并做好答复。开展工作督查、视频回放、跟班作业，筑牢疫情防控防线，以电话探班、家访等方式关心关爱封闭管理专班人员。加大对反宣品进境查验力度，强化政治保卫，防范意识形态领域风险。对东山海关综合技术服务中心开展财物专项检查，推动完善实验室耗材招投标采购和管理制度。严格落实中央八项规定及其实施细则精神，落实过紧日子、制止餐饮浪费等要求，抵制享乐主义、奢靡之风。

【党风廉政建设】2022年，东山海关弘扬“求实、扎实、朴实”的海关文化，狠抓“政治安全、业务安全、队伍安全”，以实际行动强化干部职工的底线思维，推进党风廉政建设和反腐败工作。开展2轮警示教育月活动，先后到谷文昌廉政主题馆、铜陵孙氏大厝、前楼孙氏家风家训馆和百善公园开展沉浸式学习，以纯正家风涵养清朗党风政风；关党委书记和派驻纪检组组长分别上廉政专题党课，组织全员观看警示教育片，开展“忠诚与清廉——我和我的海关”和“廉政大家谈”主题研讨，报送“清风国门”廉洁文化创意作品，1幅作品获得海关总署书法类三等奖，深化“三不腐”一体推进。持续加强准军事化队伍建设，到海防部队某连开展“八一”走访慰问活动，深化内涵学军；开展队列训练，培塑令行禁止意识；开展内务规范检查通报26期，在世界杯期间加强班前酒精测试，不定期开展无预警督查。通过全方位“政治体检”，引导全体干部职工明纪法、知敬畏、守底线，推动党风廉政建设走深走实。

【队伍管理】2022年，东山海

▲2022年4月27日，东山海关关员前往谷文昌纪念馆参观学习 （沈于蓝摄）

关修订科级机构职责，进一步明确各科级机构职责分工。修订试行干部平时考核正负向考核实施细则，探索岗位资质管理激励与约束机制，激励干部担当作为。结合年度考核、平时考核、立功受奖等情况，对干部进行综合考量，切实提高干部队伍管理效能。综合队伍特点、专业特长、能力水平和工作需要等方面因素，完善处级职级干部工作职责，细化各类处级职级干部的使用方向。按要求对执法一线科长建立实绩档案，做到一人一档，年内建立执法一线科长工作实绩（三单对账）季度申报表16份，动态掌握执法一线科长政治表现、专业素养、业务水平等情况。加强关心关爱，常态化开展生日面等暖心工程，严格落实谈心谈话制度，党委委员共开展谈心谈话95人次，及时发现解决苗头性、倾向性问题，营造浓厚干事创业氛围。

【教育培训】2022年，东山海关深入开展专业能力提升行动，各业务项目报名66人次，其中20人参加多个项目，26人次参加实操考核，通过率100%。2人获评厦门海关业务标兵，首次获评优秀组织单位。2022年度培训计划备案26期，实际执行26期，计划执行率100%，其中开展政治能力培训4期；业务能力“新冠疫情防控线下培训”15期、其他专题培训5期；执法能力“生物安全专题法规培训”2期。建成厦门海关首个进出口水产品监管实训室，切实加强业务人员实践锻炼、专业训练，推动专业人员更专业、非专业人员准专业。

【全国文明单位创建】2022年，东山海关落实“党建带创建、创建促党建”工作机制，将文明创建与基层党建、业务工作有机结合，动态上传创建材料，制作活动简讯模板，累计上传创建材料362份。强化社会主义核心价值观、道德模范等氛围营造，制作各支部品牌创建展板，选树先进典型4人，落实制度上墙和政务公开，深化窗口文明建设践行服务承诺。落实垃圾分类和光盘行动，建设无烟海关，定期维护文体设施，完善志愿服务驿站、无障碍设施、节约用水用电、灭火器等相关标识。支持地方创建文明城市，组织“木麻黄志愿服务队”开展疫情防控、创城督导、文明交通、文明旅游、卫生整治等志愿服务。在2022年6月全国文明单位届中考评中，位列漳州市19个培育对象第三位。

【法治文化建设】2022年，东山海关持续擦亮“蜡笔小红”普法品牌，与福建省司法厅“蒲小法”品牌联合推出漫画普法作品。以宪法、民法典、动植检法等为主题推出4篇漫画普法作品，并以校园共建为契机，采取视频连线形式为东山县铜陵中心小学学生开展国门生物安全普法。持续开展送法进码头、进社区、进企业等宣传活动，累计宣传17次，现场发放办事指南、普法宣传册等材料250册，发放漫画普法纪念布袋280个，推动普法内容与群众需求有效对接。发挥隶属海关一线执法主体作用，探索新时代“枫桥经验”实践的东山样本，挂牌“践行‘枫桥经验’示范点”。通过构建业务疑难解决机制，加强部门联动和多元协调，努力实现矛盾就地化解，从源头上减少行政纠纷产生。同时，加强对基层执法人员的培训，对现场执法纠纷处置中的法律适用、执法沟通技巧等进行授课，提升关员应对化解行政纠纷的能力。

【水产业发展帮扶】2022 年，东山海关深化水产业从原料到加工再到成品出口全链条帮扶，支持远洋渔业捕捞和当地养殖业，促进水产业稳健发展。扶持优质种质资源进口，全年监管进境亲虾 6 批次；针对鲜活水产品“鲜、活、急”特点，设立属地查检绿色通道，采取提前申报、24 小时预约查验及船边验放、随检随放等便利化措施，试行“边申报边查验”、邻近日期批次集中查验模式等创新监管举措，保障鲜活水生动物稳定供港 1300 余批次；实施“惠企助稳”系列行动，通过一对一调研走访、风险警示通报会、“关企直通车”等形式，收集水产企业诉求，解读高风险国家通报机制、国外技术标准及检测标准差异等，进一步提高水产企业质量管控水平。全年监管出口水产品 198.7 亿元，同比增长 2.25%。

【优化营商环境】2022 年，东山海关成立专班助力地方外向型经济发展。主动配合地方政府规划，支持东山港码

▲2022 年 7 月 20 日，东山海关关员在出口食品生产企业查验出口蟹肉罐头（李子涵 摄）

头提质扩容、升级改造。专班服务福建省重点项目“富佳宝食品产业园”，指导企业成功出口首批产品。首次对厦门大学进口研究级生物显微镜开展减免税设备异地监管，保障漳江口红树林湿地生态系统野外科学观测研究

▲2022 年 1 月 6 日，东山海关关员签发该关首份 RCEP 原产地证书（陈杰虹 摄）

进度。推动企业信用管理改革落地见效，培育通过福建省水产行业首家海关 AEO 高级认证企业。主动探索监管创新，出口鲜活易腐农产品“边申报边查验”做法被厦门海关列入福建自贸试验区海关监管创新举措候选项目。研究疫情背景下对水产行业的帮扶举措，“点对点”帮扶 60 余家企业做好国外技术性贸易措施调整应对工作，关注境外国家或地区检验检疫证单要求变化情况，有效避免输缅蜜饯、输韩水产品等货物通关受阻。指导首家高级认证水产企业开展海关知识产权保护注册备案；开展水产企业 RCEP 专项帮扶 37 家次，协助企业找准“最惠证书”，相关工作被《闽南日报》头版刊登；持续压缩通关时间，全年进口整体通关时间 2.54 小时，出口整体通关时间 0.48 小时，同比分别压缩 13.24%、46.12%。

【食品安全监管】2022 年，东山海关落实“四个最严”要求，推动食品安全两项制度（《中华人民共和国进出口食品安全管理办法》《中华人民共和国进口食品境外生产企业注册管理规定》）落地实施，查获首批未获注册进口食品情事。推进复查复验及带班科长实货复核制度化，查发伪瞒报进境活鱼、含未获准入成分食品情事，提升现场执法效能。全年累计查获不合格进口食品 43 批次，退运不合格食品 27 批次。多次从进口石斑鱼中检出土霉素超标、禁用药孔雀石绿和结晶紫等问题，为海关总署暂停台湾地区石斑鱼输入大陆提供决策参考。

【中菲“两国双园”项目服务】2022 年，东山海关助力中菲“两国双园”项目稳步推进，参加实地调研，统筹东山港区港兴码头提质扩容以及城垵作业区对外开放建设规划，提出合并海关指定监管场地申请事项、制订东山港区进境高风险动植物及其产品集约化监管方案等建议。落实“活牛进口”方案，为诏安县进口活牛隔离检疫场规划提供选址、项目用水、用电及病死牛处置等规划指导，并提供准入、申报规范以及进口流程等政策咨询。

【支持漳州核电项目建设】2022 年，东山海关落实海关总署保稳提质各项措施，开通“关键部件和设备进口绿色通道”，服务战略新兴产业以及大型项目重点产业扩大原材料、生产设备及其零部件进口，持续支持福建省重点项目漳州核电项目建设，多次开展进口设备减免税政策宣传贯彻、目的地检验检疫调查研究，以及进口成套设备申报、税则归类的指导工作。全年监管该项目设备及其零部件进口 1.2 亿元，针对企业需求指导其运用减免税、租赁贸易进口政策，减少进口环节成本近 300 万元。

【全员打私】2022 年，东山海关成立全员打私行动领导小组，将打私工作纳入整体工作一体谋划、推进、落实，构建“打防管控”反走私立体防线。通过月度例会、形势分析会对打私工作开展情况进行督办跟踪，压紧压实主体责任。制订打私行动方案，打防并举、内外协同，构筑事前、事中、事后全链条防控体系，织密立体防控网络，形成“源头控、口岸防、国内查、后续打”的有机整体。全年，东山海关移交刑事立案占东山海关缉私分局刑事立案数的 52.94%，办结“简快”程序案件 13 件。

【进出口水产品监管实训室筹建】 2022年，东山海关立足于辖区业务特色，筹建厦门海关进出口水产品监管实训室。将水生动物查验、水产品查验和水产企业监管作为重点教学内容，通过图文、多媒体教学及动手实操，解读进出口水产品监管作业流程。共收集整理作业指导书、规范性文件63份，整理、拍摄专业图片200余张，拍摄教学视频15个，编写试题3套，设置实操场景3个，为厦门关区水产监管培训提供教学支撑和业务实训场所。

▲2022年12月15日，东山海关完成厦门海关进出口水产品监管实训室建设（许帆　摄）

【东山海关综合技术服务中心】 东山海关综合技术服务中心是科级事业单位，事业编制人员12名，内设综合业务部和后勤管理部，主要承担出入境商品实验室检测鉴定、动植物实验室检验检疫、传染病监测、政府购买服务和社会委托业务检验鉴定、后勤保障服务等工作。该中心共有仪器设备260台/套，龙潭办公区实验室面积约为2770平方米，其中实验用房约1520平方米、微生物检测用房450平方米，在诏安县、云霄县分别设立业务受理点。

该中心具备国家认监委资质认定、中国合格评定委员会认可和农业农村部农产品质量安全检测机构等资质。资质认定技术能力范围包括食品、水产品、乳与乳制品、饮用水、化妆品等共31大类产品的微生物、药物残留、重金属残留、毒素、添加剂、营养成分等领域检测。

2022年，该中心检测1.09万批、8.68万个项目，同比分别持平、下降5.45%。其中东山海关执法委托700批、9929个项目，同比分别增长7.19%、7.59%。检出不合格样品12个，其中在台湾输大陆石斑鱼中检出隐性结晶紫，被海关总署动植物检疫司采用并发出警示通报；商业委托9217批、6.86万个项目，同比分别增长8.05%、下降1.15%；漳州市市场监督管理局食品安全抽检业务980批、8227个项目，同比分别下降40.96%、37.62%，检出不合格样品18个，为海关行政执法技术保障和地方支柱产业经济发展技术服务发挥应有的作用。

撰稿人

方成俊　许　帆　张清坤　陈杰虹　陈紫微　温　蕾

翔安海关

【概况】翔安海关，是厦门海关正处级隶属海关。截至2022年年底，内设科室9个，包括办公室（党委办公室）、人事政工科（党委组织宣传部）、法律事务科、综合业务科、加工贸易监管科、物流监管科、核查科、大嶝监管科、查验科。实有行政编制人员66人。主要承担厦门市翔安区内各项海关业务，并管辖全国首个对台小额商品交易市场——大嶝对台小额商品交易市场、福建省首个运营的保税物流中心——火炬（翔安）保税物流中心（B型）和翔安、同安两区唯一的现代化物流码头——刘五店南部港区海翔码头。

2022年，翔安海关围绕海关总署党委和厦门海关党委工作部署，把学习宣传贯彻党的二十大精神转化为厦门关区“更有效率海关”建设的具体行动。全年受理报关单7.72万份、监管进出口货值139.26亿元、税收入库21.33亿元，同比分别下降53.97%、下降34.69%和增长58.38%。

【学习宣传贯彻党的二十大精神】2022年，翔安海关发挥头雁效应，领导干部带头学原文、悟原理，撰写心得体会，开展主题宣讲，引导全体关员把思想和行动统一到党的二十大精神上来。10月，掀起学习宣传贯彻党的二十大精神热潮，组织“晨读暮诵”、全员应知应会测试、知识竞赛、青春分享会、寄语表初心、观看《领航》专题片、专家理论辅导、到厦门思明深田社区政治生活馆实地体验式学习等活动，更新充实办事大厅、初心堂等宣传展板，运用党建微信群开展“微学习”“微分享”“微讨论”“微测试”，营造浓厚学习氛围。

【基层党建】2022年，翔安海关党委班子贯彻“第一议题”制度，全年组织理论中心组（扩大）学习12次，研究制订年度全面从严治党工作计划并持续抓好落实。通过季度党建“拉练”，督促各党支部落实“三会一课”、组织生活会等组织生活制度，推动党的二十大精神学习和党史学习教育常态化长效化。6月，开展迎“七一”系列活动，组织党员群众参加翔安区“喜迎二十大　热血践初心”无偿献血活动，累计献血2600毫升；组织集中观看新华社系列报道《足迹》，开展新时代全民阅读活动。7月1日，组织新党员入党宣誓和老党员重温入党誓词，集中收看习近平总书记在香港回归祖国25周年大会上发表的重要讲话。完成3个党支部的换届选举、2个党支部的书记补选，2个党支部获评厦门海关“四强”党支部、1个党支部获评厦门海关先进基层党组织。

【专项整治】2022年，翔安海关根据厦门海关专项整治工作安排，将“海关重点项目和财物管理以权谋私”专项整治与专项教育相结合，成立由党委书记任组长的领导小组，组织财物管理相关岗位20人参加个人违规事项申报并认真撰写个人剖析材料。在办公区和作业现场设置举报箱，张贴公示海报，并通过发放外部调查问卷、企业调研、现场座谈等方式广泛征求外部意见，公开接受监督，对工程建设、信息化建设、实验室建设、装备购建、疫情防控保障5方面重点项目进行自查整改。针对发现的问题，及时完善管理制度，采购审批、验收等环节把控进一步加强。

【党风廉政建设】2022年，翔安海关通过经常性廉政党课、观看警示教育片、纪法教育测试、实地参观等，筑牢队伍拒腐防变的思想防线。聚焦“关键少数”和重点岗位，把纪律和规矩挺在前面，推动队伍“一体严”“贯通严”“自觉严”。紧盯“四风”问题易发高发的节假日重要时间节点，发布廉政、纪法、杜绝酒驾醉驾短信提醒。联合厦门海关党委第五派驻纪检组开展“云家访”，向关员家属发放廉政倡议书，将监督覆盖到“八小时之外”。运用海关内部控制与监督子系统、内控节点控制等工具，整改审计发现问题，防范各类风险，一体推进“三不腐”，系统施治、标本兼治。

【新冠疫情防控】2022年，翔安海关发现并妥善处置入境船舶检出的新冠病毒阳性事宜。1月31日，在对某散货轮入境检疫时发现外籍船员感染变异病毒；2月1日，完成信息更新及终报报送工作，并配合地方联防联控机制完成船员下船就医工作。3月11日，验放200万人份、货值1200万元输港防疫物资，支援香港抗疫工作。3月14日，举行口岸新冠疫情突发事件职业暴露应急处置演练，进一步规范口岸新冠疫情防控个人防护工作，强化疫情防控一线现场应急处置能力。3月21日，联合厦门海关党委第五派驻纪检组开展疫情防控警示教育，收集编发地方政府通报的疫情防控违纪违法典型案件，形成关员严守疫情防控各项法规制度和纪律要求的政治自觉、思想自觉和行动自觉。4月8日，为疫情防控一线人员开展安全防护案例教学。8月本土疫情期间，再次启动驻扎办公，严肃AB班期间纪律要求，加强非工作渠道安全防护，统筹抓好疫情防控与居家办公管理。

【综合治税】2022年，翔安海关全年税收入库21.33亿元，同比增长58.38%。向厦门海关提交税政调研报告6篇，其中2项降税税政建议被列入海关总署议题。1月1日，“碳化硅外延生产设备用石墨配件（金属含量≤5ppm）”降税建议，被国家相关政策主管部门采用。4月29日，为某项目进口设备办理分期纳税手续，是厦门关区“十四五”以来办理的首个分期纳税项目。

【监管业务】2022年6月16日，翔安海关使用的大嶝市场海关监管辅助系统支付验证功能上线测试成功。该功能实现商户运用辅助系统开展销售登记的同时可扫码收款，并将支付结果同步传输海关后台自动比对，强化海关对交易真实性的验证监管，同时省略原有商户拍照上传收银小票的环节。此举有助于大幅压缩交易时间，帮助各小微商行提高效率，改善顾客体验，推动大嶝市场保稳提质。7 月 28 日，翔安海关支持刘五店南部港区海翔码头通过厦门海关口岸核心能力达标建设考核自评。

【优化口岸营商环境】 2022 年，翔安海关结合实际出台 11 条促外贸稳增长举措，推出 11 项跨境贸易便利化专项行动工作措施，提升企业“提前申报”“两步申报”比例，保持进出口货物整体通关时间优于厦门关区平均水平。1 月 29 日，天马通关服务保障工作专班项目获评厦门海关第二批“我为群众办实事”优秀项目。6 月 7 日至 7 月 12 日，对 25 家企业开展 2022 年技术性贸易措施影响的统计调查，牵头开展新加坡国别调查，指导企业应对国外技术性贸易壁垒。全年为出口企业签发 RCEP 原产地证书 245 份，助力企业凭借 RCEP 原产地证书享受关税减免超 600 万元。

▲2022 年 2 月 24 日，翔安海关关员对天马进口设备进行查验（祝婕女　摄）

【企业管理】 2022 年，翔安海关开展企业信用培育工作，厦门天马微电子有限公司成为厦门关区入选海关总署首批 AEO 互认观摩企业名录库的 2 家企业之一。6 月 2 日，厦门海关稽查处、翔安海关联合举办海关政策专家辅导会，围绕 AEO 政策、特许权使用费主动披露及稽查政策等方面做详细介绍，重点回答高级认证企业标准等问题，辖区 45 家企业相关负责人到场参会。截至年底，实有备案企业 1920 家，同比增长 8.54%，存量 AEO 企业 9 家。

【加工贸易保税监管】 2022 年，翔安海关支持加工贸易转型升级，提高备案及核销效率，为加贸企业压缩备案上千项，大幅减少企业备案数据量，截至年底，加工贸易备案量占厦门关区 30%。11 月 30 日，首家试点的“以企业集团为单元的加工贸易监管模式”继在全国推广后，入围首届厦门依法治理示范案例。12 月 2 日，完成对福建省唯一区外寄售维修保税仓库地址变更验收。

【保税物流中心】 2022 年，翔安海关监管厦门火炬（翔安）保税物流中心进出口货物 14.19 万吨、货值 543.44 亿元，进出区载货车辆 4.24 万车次。5 月 20 日，完成火炬（翔安）保税物流中心物流账册切换工作，由原可累计类型切换为不可累计类型后，既规范区内物流企业的进出区申报行为，同时也降低保税货物仓储期限超期风险。10 月 28 日，厦门海关会同财

▲2022年11月16日，翔安海关关员在保税物流中心核对货物信息（祝婕女　摄）

政、税务、外汇管理等成立联合验收组，完成对厦门火炬（翔安）保税物流中心（B型）变更面积的验收。

【动植物检疫】2022年，翔安海关共对4批次、25种入境种鱼实施隔离检疫。6月1日，对进境观赏鱼隔离场进行现场考核，这是SN/T 2523-2021《进境水生动物指定隔离检疫场建设规范》实施后，厦门关区内首次对进境水生动物指定隔离检疫场实施考核。助力厦门市翔安区特色农产品稳固国际市场，深入基地开展胡萝卜出口采收前质量安全监测2次，赴工厂开展现场核查6次。2021年冬至2022年春产季，监管出口保鲜胡萝卜4.6万吨，出口保鲜胡萝卜自2010年起连续13年无国外通报事件发生。

【查缉走私】2022年，翔安海关开展“国门利剑2022”行动，严厉打击大嶝市场伪报贸易方式走私，不断强化分析研判，提高发现线索水平，全年移交刑事案件立案4起。通过加大对通关、加贸、核查等领域案件的查发力度，全年办结“简快”程序案件18起，移交一般程序案件立案5起。

【安全生产】2022年，翔安海关按照安全生产工作要求，开展包括监管场所库区检查、办公楼安全检查、重点用户安全排查、防汛检查、厨房安全检查等10余次，对检查发现的问题及时整改。6月21日，翔安海关关领导带队开展安全生产大检查。12月29日，制订岁末年初安全生产重大隐患专项整治和督导检查方案，采用“资料审查、视频检查、实地检查”相结合的方式，开展“四不两直”安全风险隐患集中排查。截至年底，翔安海关自查发现的9个方面13个安全生产风险隐患全部整改完成。

【政务管理】2022年，翔安海

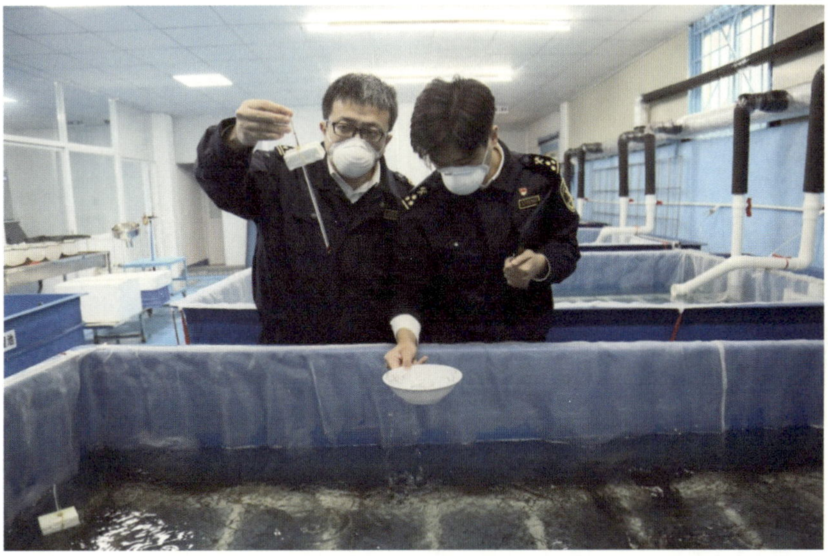

▲2022年1月17日，翔安海关关员到进境鱼隔离场进行监管（刘祥威　摄）

关精文减会，加强宣传，多项工作亮点获海关总署“海关发布”和“学习强国”报道，参与撰写的统计分析研究报告获省部级以上领导批示4篇。开展保密自查自评和保密宣传教育，夯实保密基础，坚守保密底线。及时做好业务档案销毁、文件立卷归档和移交接收工作，及时收集新冠疫情防控中各类工作预案、合作备忘录、会议纪要、工作简报、声像资料等抗疫专题档案。

【文明创建】2022年，翔安海关深化“党建+文明创建”探索，开展走访帮扶困难户、无偿献血、志愿服务等活动，增强基层党支部活力，提高省级文明单位创建水平。综合业务科连续四届获评省级“青年文明号”。

【普法宣传】2022年，翔安海关落实海关法治建设工作要点，围绕国门生物安全、知识产权、民法典、国际禁毒日、国家宪法日等主题开展普法宣传教育。结合普法责任清单，面向社会公众、进出口企业和内部工作人员举办政策宣讲、培训9场次，参加普法教育人员逾500人次，发放普法宣传资料近300册，相关媒体宣传5篇次。

【财务及后勤管理】2022年，翔安海关规范落实预算申报执行，严格落实过紧日子要求，执行厉行节约13项措施，提高采购资金效益，推进节约型机关建设。关心关爱疫情防控期间驻扎人员的身心健康，强化疫情防控物资储备管理，落实水运专班防控物资需求做好物资储备。

撰稿人

祝婕女

厦门邮局海关

【概况】厦门邮局海关（简称“邮局海关”），是厦门海关正处级隶属海关。截至2022年年底，邮局海关内设科室12个，包括办公室（党委办公室）、人事政工科（党委组织宣传部）、综合保障科、邮快件审像科、法律事务科、口岸监督科、统计科、综合业务科、邮递物品监管科、跨境电商监管科、快件监管科、物流监管科。实有行政编制人员103人。主要负责厦门国际邮件互换局、厦门进出境快件监管中心、厦门海运快件及跨境电商监管中心的海关监管工作。

2022年，邮局海关落实“疫情要防住、经济要稳住、发展要安全”重要要求，突出建设“更有效率海关”，统筹口岸疫情防控和促进外贸稳增长，统筹发展和安全，持续提升业务规范管理，严守国门，创新服务。全年监管进出境邮件404.6万件，同比减少42.46%；审结货物报关单24.22万票，同比减少6.14%；监管快件（A、B、C类）83.63万票，同比减少15.33%；监管印刷品音像制品80.73万件，同比减少5.31%。税收入库6.96亿元，同比减少29.13%；检出动植物有害生物8种次，卫生检疫不合格210批、同比增长1.69倍，商品检验不合格9批、涉及6种商品，食品检疫不合格1批、涉及1种商品；查扣各类非法出版物819件，查获疑似枪支配件3批次。全年查发移送海关缉私局案件88起，自行立案并办结24起；查处涉嫌侵权货物及物品269批次、2363件；查获濒危动植物及其制品409批次；查获精神药品157批次。深化营商环境建设，2022年整体通关时间较2021年度有明显压缩。

年内，邮局海关共有3个集体、37人次获得各级荣誉称号。1人被中央台办、国台办授予对台工作荣誉纪念章；1人作为中国海关代表之一参加世界海关组织非侵入式查验技术专家组视频会议；“E路邮法”法治工作室获评厦门海关运用新时代“枫桥经验”示范点；邮局海关创建模范机关先进单位宣传片在厦门卫视播出。

【基层党建】2022年，邮局海关守牢意识形态阵地，加强海关网络意识形态工作，协助厦门海关党委提升完善厦门海关政治保卫成果展厅功能。深入开展基层党建“双提升”行动，细化19项措施推动党史学习教育常态化长效化。跨境电商监管科党支部获评2022年度厦门海关先进基层党组织；3个党支部获评厦门海关“四强”党支部；“五心聚力，国门‘邮’我”“快先锋”2个品牌获评2021年度厦门海关示范（培育）品牌，5人获评厦门海关优秀共产党员、优秀党务工作者，1人获厦门市委宣传部理论宣讲比赛第二名，3个集体和37人立功受奖。组织124人次参加17个专业能力提升行动项目，60人次获进出口危险货物及其包装检验监管、植物检疫现场查验等各类资质。

年内，邮局海关持续夯实管党治党基础，召开班子述职会，加强对“一把手”和领导班子监督，开展支部书记述责述廉述党建，全方位压紧压实责任。深化政治机关专项教育活动和“学查改”专项工作，配合国家审计相关事项；落实海关总署巡视中长期整改，组织完善制度10项；做好巡察“回头看”，落实6项措施，完成整改；细化形成防范化解“7+21”项重大、系统性风险工作要求69条举措；推进“口岸危险品综合治理”百日专项行动；开展“海关重点项目和财物管理以权谋私”专项整治，梳理财务电子凭证、纸质资料1700余份，上报重点项目6个；推进新时代海关廉洁文化建设，开展2轮廉政警示教育月活动；依托厦门海关非贸业务一体化智能管理平台、“风云”工作室，每月开展风险研判；外出执法廉政监督抽查回访11次，继续面向社会聘请特约监督员8名。

【深化改革服务发展】 2022年，邮局海关围绕服务发展优化营商环境。开展“六稳”“六保”专项调研，形成纾困解难措施32条，帮助企业解决难点问题18个。开通47家电商企业简化申报业务，出口货物提前申报测试成功，突破空运出口转关货物不可提前申报的限制；持续推进“一航班、一对策”，空运进口分拨货物从机场海关流转至邮局海关，由原来的18小时压缩至6小时；解决部分跨境电商企业报关单无法汇总申报问题，增设“保稳提质一站式专窗”；优化RCEP框架内快件通关保障，符合条件的6小时内完成通关。

年内，邮局海关全力保障产业链供应链稳定。促进对台海运快件业务平稳发展，助力“厦门—平潭—台北”对台海运、“厦门—南宁—曼谷”出口转关临时邮路开通，解决企业反映的物流运输不畅、出口运能严重不足等问题。协助厦门自贸片区物流企业破解技术难题，支持大型物流企业进驻。保障物流通道畅通，协调解决海关总署新一代通关管理系统切换

▲2022年11月4日，邮局海关关员到航材维修企业一线调研（朱斌　摄）

后进口陆运转关D类货物无法申报的问题。陆运转关业务恢复运行，解决太古飞机等企业的燃眉之急。

年内，邮局海关围绕高水平开放，深化改革创新。推进智慧海关建设，集中审图监管新模式改革成效深化。推进货运渠道、寄递渠道“两类通关”改革，累计审放出口低值货物报关单近2万票；推动进口低值快速货物系统的征税、电子支付等相关功能年内上线运行。参与撰写的文章《厦门海关保障口岸物流链畅通促进外贸保稳提质》被海关总署采用。深化便民改革，邮件渠道首次实现“财关库银”模式缴纳税款，实现税款及时入库；完善与申报人联系机制，全年累计接听热线咨询电话7903人次，受理海关12360热线及市长专线转办件279件，均及时反馈并妥善处置。

【新冠疫情防控】2022年，邮局海关围绕疫情变化，全方位、全员防控精准严实。严格执行海关总署、厦门海关落实新冠疫情口岸防控技术方案及国务院新冠疫情防控“二十条”与“新十条”优化措施，及时调整相关配套方案并落细落实。严格开展口岸环节进口非冷链物品新冠病毒核酸监测，全年共完成采送9730个样品。做实做细内部疫情防控，更新修订工作指南，组织开展桌面推演。主动策划落实“四早”（早发现、早报告、早隔离、早治疗），强化驻扎备勤，党员领导干部带头驻扎，91人次主动报名，组成备勤队伍应对本土疫情。邮局海关疫情防控指挥部加强领导，统筹协调，注重防控提醒，落实关心关爱，保障防护用品到位，全年落实“应检尽检”7987人次。3名党员干部支援厦门关区抗疫专班，自2020年以来累计支援共15人次。

【“国门利剑2022”行动】2022年，邮局海关着眼发挥国门一线缉枪缉毒、扫黄打非堵源截流作用的“国门利剑2022”行动，成立领导小组，强化专项督导。全年查获有害印刷品音像制品、固体废物、象牙、毒品等走私案件。在“6·26”国际禁毒日、“12·4”国家宪法日等普法宣传时间节点，关警联合开展线上普法“云展播小课堂”、线下禁毒宣传进校园、“送政策上门”等宣传活动。梳理历年精神药品案件重点涉案人群，关警联合走访厦门市台商协会、厦门市仙岳医院开展禁毒专项普法宣传。与东渡海关缉私分局联合撰写筑牢打击寄递渠道毒品走私国门防线文章，被厦门海关全员打私工作专报刊发。

【“跨境电商寄递‘异宠’综合治理”专项行动】2022年10月，邮局海关成立“跨境电商寄递‘异宠’综合治理”专项行动领导小组，制订行动方案，推进落实细化各项措施。全年累计截获橘背叉角锹形虫、卡纳立细身赤锹形虫、海格力斯长戟大兜虫、中华大锹甲4批次8只“异宠”，涵盖成虫和末龄幼虫，及时上报简报、信息为上级优化措施决策提供参考。

【“国门绿盾2022”行动】“国门绿盾2022”行动是2022年在全国海关开展的，以“严防动植物疫情疫病传入和外来物种入侵”为主题的专项行动。2022年3月，邮局海关结合实际制订行动方案，以风险管控、严厉打击、联合防控为基本原则，构建多维参与协同分工的防控机制、查验现场与实验室信息共享机制，推进落实政策学习、后续处置、全员打私、宣传教育措施。全年累计截获动植物及其产品162批，检出有害生物9种13种次，其中检疫性有害生物咖啡果小蠹、瓜类果斑病菌2种6种次；开展外来物种防控，非贸渠道截获外来入侵物种占厦门关区非贸渠道截获的34.28%，涉及重要外来物种截获3批次；成立境外疫情信息监测组，21篇信息被海关总署采用；依法销毁查获的动植物及其产品118批次78.34千克。

【智能审图】2022年，邮局海关继续推动CT机智能审图系统与非贸业务一体化监管平台联动结合，推进机检指令和查验结果双向传输。建立并丰富重点敏感商品查获图像库，在全国海关首次开展精神药品专项集中制图；推进关区非贸渠道频繁查获的违禁品图像收集和专项制图工作，提升智能审图报警精准度。探索“智能审图+”作用，运用邮件、快件、跨境电商联动分析，不断扩大智能审图算法优化样本库范围；参与撰写智能审图署级课题，作为中国海关代表之一参加世界海关组织第九次非侵入式查验技术专家组视频会议。年内，通过智能审图查获“异宠”甲虫、管制类刀具、劳力士手表等。

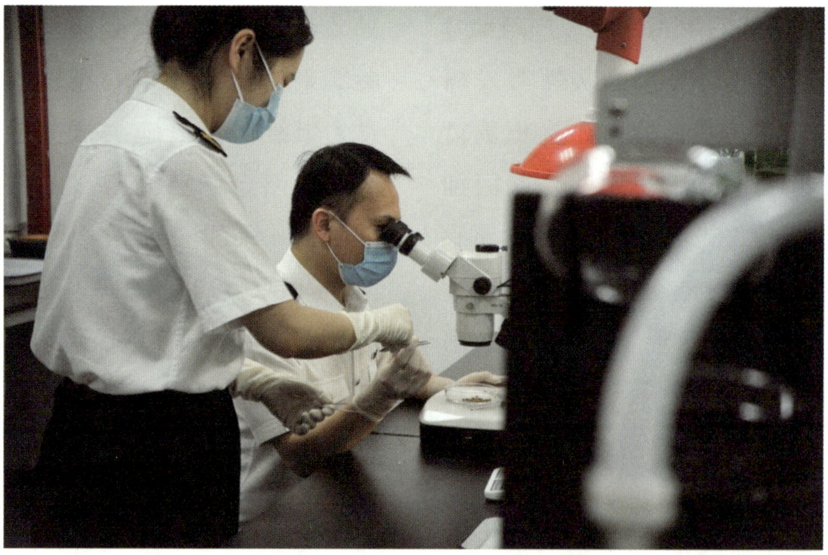

▲2022年11月15日，邮局海关关员在国门生物安全实验室进行植物籽实初筛实验　（何峰　摄）

【海关统计】2022年，邮局海关强化统计监督，审核报关单记录58.66万条。常规核查和专项核查相结合，强化统计监督职能，编制统计监督信息3期。实行海关数据分类分级、年度数据安全检查，及时销毁超期报关单证，严格落实保密要求。关注厦门关区铁矿砂、天然气等大宗商品进口变化，关注锂电池、手机、汽车等特色商品出口，撰写分析文章16篇，均被厦门海关统计监测预警分析报告采用。强化统计分析服务决策，共参与9个课题研究并形成统计分析研究报告，其中获省部级以上领导批示7篇次。

【“厦门海关外来物种防控能力提升平台”建成】2022年1月，邮局海关按照厦门海关动植物检疫能力提升平台建设实施方案，启动“厦门海关外来物种防控能力提升平台”建设工作，于2022年国际生物多样性日（5月22日）启用。该平台由一套能力提升机制、一个查验现场、一个初筛实验室、一个展示厅、一个交流研讨室、一个专业协作组“六个一”组成，以“管用、实用”的原则，采取“分层次+现场实训”的方式，形成更有效率的专业能力提升体系。年内，初筛实验室人员多次筛出带虫孔的生咖啡豆，经培养鉴定均为检疫性有害生物咖啡果小蠹。外来物种防控展厅是厦门海关国门生物安全展厅的分展厅，分为“前言”“外来入侵物种介绍”“海关工作介绍”“截获成果展示区”“‘火眼金睛’互动区”“结束语”6个部分，展示全国71种外来入侵物种的图文、标本，涵盖涉及邮局海关截获的20个科47个属的物种；设置模拟海关机检工作现场，采用X光机检视图和实物图翻面对比、图文展板和实物标本等方式，让参观者沉浸式体验外来物种口岸防控相关场景。全年观展人员500余人次，不断提升公众国门生物安全意识。

▲2022年6月23日，邮局海关关员监管“厦门—平潭”对台海运临时邮路首批邮件发运　（邹璐　摄）

【支持对台海运快件业务高质量发展】 2022年，邮局海关强化对台海运快件监管，推动海峡两岸融合发展。深入企业开展专题调研13家次，推出多项举措优化监管服务：与厦门市商务局、口岸办举办联席会议，合力推动海运快件“南向通道”（以厦门直航高雄港集装箱班轮为代表、经金门中转为补充的“南向通道”，相对应于以福州马尾、平潭直航台北港以及厦门直航基隆港并陆路转运台北为代表的“北向通道”），通过宣讲海关总署、厦门海关政策并分析形势和回应企业诉求，力促运营效能再提升；整合通关资源，推动海关监管场所、跨境电商产业园、厦门进出境快件中心等配套基础建设，助力提升港口竞争力；设立疫情防控物资进口通关绿色通道，严格执行中央、海关总署加强出口防控物资监管要求，及时宣传指导企业严把质量关，确保实现通关“零延时”；优化“6·18”“双十一”“双十二”等快件业务高峰通关服务，主动靠前完善应急预案，保障个人寄递民生物品、保健品、食品等快速通关；应用非贸一体化智能管理平台和CT智能审图，当天查验当天处置，细化流程操作，建立提前预警机制，提升通关效率。全年监管对台海运快件集装箱3940个标箱，同比增长49.58%。

【查获濒危物种猪笼草属植物】 2022年5月6日，邮局海关对一批自台湾地区进境

▲2022 年 5 月 6 日，邮局海关关员查获猪笼草属植物　（陈璐　摄）

包裹查验时，发现一个申报为“围巾”的包裹内藏有 22 株绿色鲜活植物。5 月 19 日，厦门海关技术中心鉴定该批植物系猪笼草属，属于《濒危野生动植物种国际贸易公约》附录Ⅱ的物种。此为厦门海关自 2019 年以来首次截获猪笼草属植物。

撰稿人

吕慧瑶　刘　铭　刘鹭鹭　李彩云　吴志平　张怡敏
陈东姣　陈　蓉　郑雨茹　徐雯莹　高钰洁　蔡　斌

高崎海关

【概况】 高崎海关，是厦门海关正处级隶属海关。截至2022年年底，内设科室13个，包括办公室（党委办公室）、人事政工科（党委组织宣传科）、综合保障科、法律事务科、综合业务科、加工贸易监管科、关税科、机动查验科、集中审像科、现场业务科、企业认证科、核查科、机动稽查科，其中机动稽查科为年内新增设立。实有行政编制人员98人。负责厦门岛内（不含自由贸易试验区厦门片区）属地纳税人管理、税费征管等监管通关业务，加工贸易和保税监管业务，企业资质管理业务，企业注册信息核对及相关核查业务；负责厦门行政区内减免税业务、企业认证业务；负责厦门关区公自用物品审核业务，机检查验图像的集中审核业务，机动查验、复查复验业务，重大稽查、机动稽查业务。

2022年，高崎海关围绕迎接党的二十大和学习宣传贯彻党的二十大精神主线，落实“疫情要防住、经济要稳住、发展要安全”重要要求，践行“三实”海关文化，以建设“更有效率海关”为目标，推动各项工作有序开展。全年税收入库19.7亿元，其中内销征税19.39亿元、占厦门关区的54.07%；共出具征免税确认通知书1.35万份，涉及进出口额112.37亿元，减免税款3.58亿元，分别占厦门关区的92.09%、78.86%和64.68%；开展机动查验69票；审核机检图像2.21万幅，开展非侵入式机检查验报关单1.91万票；承办稽查指令62起，开展贸易调查15起；接收并完成管理类核查指令105起、风险类核查指令18起；办理报关单位备案1309家、同比增长11.6%，变更1212家，注销967家；对25家企业开展信用培育，其中AEO认证培育15家；开展认证作业16起，通过高级认证企业10家。

【学习宣传贯彻党的二十大精神】 2022年，高崎海关以点带线、以线促面，推动学习宣传贯彻党的二十大精神走深走实。多“点”发力，举办高崎海关党的二十大精神专题学习班；党委书记带头上专题党课。“线”上延伸，采用支部书记带头学、共建支部联合学、联系业务深入学等方式，署级党建品牌支部书记带头录制学习党的二十大视频、担任厦门海关理论宣讲“轻骑兵”，相关发言被“中国海关传媒”微信公众号采用，并刊登在“学习强国”平台上。全“面”推动，及时充实更新“初心堂”等党建活动阵地，举办“晨读一刻”“学习二十大周周测”等活动，联合派驻纪检组开展“深入学习二十大 强国复兴有我”交流会，分享学习心得体会。

【基层党建】2022年，高崎海关深化党建“强基提质工程”，推动基层党建“双提升”。深化支部党建品牌建设，通过支部品牌上墙展示，推动各支部党建齐头并进。9个支部均有各自的品牌、标识及内涵，其中加工贸易监管科党支部通过全国海关党建示范品牌复评；综合业务科党支部获评厦门关区党建示范品牌并获评厦门市直机关“先进党支部”；企业认证科党支部获评厦门关区先进基层党支部；办公室、人事政工法律科室党支部获评厦门海关“四强”党支部。强化支部政治功能，定期对各支部“三会一课”、主题党日、组织生活会、民主评议党员、品牌创建、谈心谈话、队伍思想动态分析等具体工作开展检查并点评，规范支部建设。推进“我为群众办实事”实践活动，发挥基层党组织的战斗堡垒和党员的先锋模范作用，在解决企业群众“急难愁盼”问题上持续用力，不断提升企业群众的获得感。各党支部共计开展26项“我为群众办实事”项目，其中“全方位服务扩大厦门市AEO认证企业规模”项目获评厦门海关优秀项目。

【巡视巡察】2022年，高崎海关把巡视整改作为一项政治任务持续研究推进，举一反三。深化内控机制建设，发挥海关内部控制与监督子系统监督功能，持续巩固巡视巡察整改成果。建立督察审计自查整改领导小组，边查边改、立行立改，截至年底，完成全部整改。

【党风廉政建设】2022年，高崎海关深入开展对党忠诚教育、理想信念教育，举办宪法诵读、重温入党誓词、“忠诚与清廉——我和我的海关”交流分享等活动。深入开展党性党风党纪教育、警示教育，关党委书记和厦门海关党委第七派驻纪检组负责人分别讲授廉政专题党课和廉政警示教育课；组织观看警示教育片、线上旁听庭审、参观廉政警示教育室等，以案为鉴、警钟长鸣。加强新时代海关廉洁文化建设，开展“清风国门——传承好家风”交流分享会、“心中有敬畏，笔下有清风”廉政语录书法比赛；组织参观厦门市廉洁文化展、五美社区家风馆、江夏堂家规家训馆等，以好家风促进好作风，涵养好党风政风。

【队伍管理】2022年，高崎海关强化内务规范管理，组织全员开展队列训练和队列考核；每月进行无预警内务规范检查并公布“红旗榜”；落实饮酒报备制度。发挥家庭第一防线阵地作用，持续开展谈心谈话，探索形成分级家访制；搭建海关、干部职工及家庭“三位一体”沟通桥梁，净化关员社交圈、生活圈、朋友圈。全年开展线上线下家访120次。设立心理服务站，提供心理减压服务28人次；尝试与社区合办暑假3岁至12岁儿童“托班”，解决干部职工幼龄儿童假期无人看管问题。下发《沐浴书香润泽幸福——高崎海关新时代全民阅读倡议书》，倡导家庭共读、亲子“悦”读，打造书香家庭。推进省级文明单位创建工作，上报的“高崎海关推动优质资源共享，共建文明实践阵地”获评2022年度厦门市文明城市创新案例。

【法治建设】2022年，高崎海关学习宣传贯彻习近平法治思想，进一步强化纪法意识。宣传党内法规和国家监察法等相关法律法规，开展党内法规电子版本梳理、旁听线上庭审、法律顾问专题授课等活动。组织业务政策现场咨询，发放有关宪法的宣传手册，在企业微信群推送海关政策解读等。宣传服务“一带一路”高质量发展、优化口岸营商环境、严厉打击走私和口岸疫情防控等相关法律法规，营造良好的海关外部执法环境。全年举办各类对内对外政策解读宣传贯彻活动和培训13场次，开展解答政策法律咨询5场次，发布普法外宣1篇次，普法对象400余人次。

制定年度普法重点工作和普法责任清单30项。坚持问题和效果导向，在各项海关执法活动和处理各类行政争议过程中开展“说理式”执法和“嵌入式”普法，推行“一案一普法”，把执法过程变成鲜活生动的普法公开课，引导帮助企业自觉守法。

打造“高·法”法治文化品牌，完善品牌标识；关员撰写的法治理论文章被厦门海关学会刊物采用，普法通讯《在“三式”普法中提升实效》被《中国国门时报》采用；建设普法堂和法治图书角等，面向广大关员和社会公众宣讲政策、发布新闻，有形呈现海关法治文化。

【“国门利剑2022”行动】2022年，高崎海关健全打私工作机制，提升打私整体效能。查获进口“洋垃圾”案件11起，同比增长1.2倍，涉及369.7吨。查发采用伪报品名、夹藏等手法的危险品违法情事18起，涉及空调制冷剂、渗透剂、铅酸蓄电池和油漆等。查获属于《濒危野生动植物种国际贸易公约》附录II的香洋椿木制品出口案件2起。查获4起涉嫌海上偷运走私肉制品及食品进境案，抓获犯罪嫌疑人4名，刑事立案案值约300万元。

【智能审图】2022年，高崎海关以科技创新提升监管效能，推进智能审图发展。根据厦门关区实际业务需求，以提高智能审图算法部署现场适用性、降低误报率为目标，开展智能审图算法分类部署试点工作，探索开展先期机检，释放集中审像效能。标图数据每日上传海关总署信息化平台，为智能审图深度学习提供大量样本。深入推进机检作业效能专项工作，建设厦门关区监管查验设备机检作业实训教学点，推进机检审像专家队伍建设，优化完善现场查验环节与审图环节的监管协作，口岸监管

▲2022年9月23日，高崎海关关员对出口塑料箱进行机动查验（陈青城　摄）

能力进一步强化。

【属地纳税人管理】2022 年，高崎海关服务“六稳”“六保”，参与税收政策调研，其中半导体行业外延生产设备用石墨配件新增进口暂税建议被列入全国重点行业调研，该建议与另一项高崎海关报送的取消防反射薄膜生成液进口消费税的建议，均被海关总署关税征管司采纳。全年累计报送税政调研建议 4 篇。通过每周审核数据、创新风险研判，定期对错误数据较多的企业及报关行以政策宣讲、业务培训、对话约谈等方式进行指导，及时处置相关问题，引导企业规范申报。全年审核规范申报本地数据 5.63 万条，处置错误数据 896 条；审核规范申报异地数据 18.14 万条，处置错误数据 1687 条；属地规范申报率达 99.79%。

【海关统计】2022 年，高崎海关强化统计监测分析，为海关总署、厦门海关促进外贸保稳提质提供预期引导。撰写全球航运月度监测报告 3 篇，均被海关总署统计分析司采用；完成纸浆、化肥、铁矿砂、粮食等商品进出口统计分析文章 13 篇，均被厦门海关采用。开展统计调查，每月按时完成中国海关贸易景气（进口）指数（涉及 28 家企业）、中国海关出口先导指数（涉及 31 家企业）调查工作；对企业订单向东南亚转移情况、汇率变动影响企业出口情况、船舶境外维修税、跨境电商统计试点调查样本企业、企业就地过年情况等开展相关调研和问卷调查。

【加工贸易保税监管】2022 年，高崎海关多措并举强化加工贸易保税监管、优化服务。依托关企微信平台，开展原产地、规范申报等政策宣传和业务指导；支持集成电路行业发展，助力产业提档升级；助推企业参与企业集团加工贸易监管模式改革试点，促进企业间生产要素的自由流动；指导企业用好免征收担保措施、按季内销征税等政策；按年抽取所管辖企业三分之一开展实地盘仓，减少因实地盘仓对企业的影响；通过自查、互查、检查等落实保税仓库安全生产管理要求；深入摸排企业生产经营状况，梳理内销集中征税手续办理、边角料处置、企业加工地点等情况，摸清加贸企业底数。

【减免税】2022 年，高崎海关支持厦门市重点项目建设和重点企业增资扩产，落实集成电路、新型显示器件、航材、科技创新等税收优惠政

▲2022 年 10 月 20 日，高崎海关关员登上向阳红科考船检查减免税设备（陈青城　摄）

策，指导企业用足用好减免税政策。综合运用减免税和进口增值税分期纳税税收政策，审核出具“征免税确认通知书”（鼓励项目项下）207份，进口增值税分期纳税额超6亿元。探索推动免税进口科研仪器设备开放共享试点，支持嘉庚创新实验室与厦门大学开展科研合作，助力科技创新企业享受政策红利。推进快审系统应用，提升集成电路、新型显示器件和航材关键原料通关时效。

【企业稽核查和管理】2022年，高崎海关承接厦门关区机动稽查职责，聚焦重大稽查涉税情事和大案要案查发，并对厦门市涉检稽查实行相对集约化办理。查发某公司低报价格走私大理石荒料案；首次联合地方文化执法部门开展违反一个中国原则违禁印刷品专项稽查行动，累计收缴9800余张印刷品，被厦门海关记集体三等功。在涉检稽查领域自主查发出口竹木制品冒用电子底账等行业性违法违规案件，整肃进出口商品报检秩序。自主编写稽查估价手册、稽查现场异常情况处置指引，在厦门关区推广施行，加大后续监管力度，发挥厦门关区机动稽查尖兵力量。

首次开展“企业自查结果认可模式”核查，对2家企业报送的自查材料进行形式审核。首次开展统计核查，涉及2家企业。首次查发2家石材企业原产地证书填报不规范情事，并对涉及企业追征税款、加收滞纳金。运用“互联网+核查”模式，如期完成3家企业年度盘仓监管；对6家企业保税仓库开展核查。

开展厦门关区高级认证企业大走访；召集40余家企业参加“海关企业信用新办法、新标准宣传贯彻会”；本地疫情期间对厦门某报关公司的配套物流运输企业开展线上延伸认证。6月，首次开启“组合”认证模式，即实现由同一认证组对同一企业同时开展认证作业和延伸认证作业。7月，在厦门关区内试点企业认证文明规范用语指引，规范认证执法用语。10月，向某进出口贸易有限公司和某供应链集团有限公司颁发高级认证企业证书。

以高崎海关现场业务科进驻厦门市政务服务中心10周年为契机，进一步挖掘海关服务潜力，在窗口服务上狠下功夫。明确科室接听咨询电话的标准流程，全年窗口累计服务企业群众9365家次，接听咨询电话3600余次。设立“保稳提质服务专窗”提供政策咨询及业务办理。支持跨境电商企业发展，对有意向从事跨境电商出口海外仓的企业进行“一对一”专人辅导，提高企业备案成功率。

【新冠疫情防控】2022年，高崎海关抓好新冠疫情防控各项工作。全年召开疫情防控工作指挥部会议25次，制修订应急处置、人力资源保障等制度规范6项，优化调整内部防控措施。开展安全防护自查12次、疫情防控应急演练3次，分门别类建立疫情防控台账2500余份。深化墩岭路办公区每月疫情防控联席会议机制，联合开展“无预警”安全防护监督检查10次。3月，联合高崎片区海关单位向干部职工发放《同心抗疫　你我同行》倡议书。

【政务管理】2022年，高崎海关强化系统观念，提高“三办三服务”水平。督查督办年度重点任务，建立固定式台账，季度跟踪问效；对日常办件、关领导批示等事项建立滚动式台账，每周“对账销号”。做好信访工作。开展党的二十大机要保密专项检查以及档案安全风险排查、保密自查自评、档案统计年报等工作；完成机要单机及配套设备的国产化替换；开展档案安全保密宣传教育、国际档案日宣传、《中华人民共和国反间谍法》颁布实施8周年等宣传工作。整理编印《高崎海关35年大事记》（1986年至2021年），共收录13万余字史料素材。

【财务及后勤保障】2022年，高崎海关落实过紧日子要求，规范预算申报执行，定期监控预算执行进度；严格开支审批，聚焦办公区消防维修改造工程、消除安全隐患工程和车辆更新等重点项目；采取多项节能减排措施，获得国家机关事务管理局等4部委评定的节约型机关。进一步健全应急物资装备保障机制，按要求补充完善出入库登记要素；厘清底账，提升资产管理水平，加强采购管理，严格落实“管采分离”；持续改进食堂用餐、办公场所环境，开展公务车辆管理隐患排查，提高后勤保障质量。

撰稿人

王一蕾　王筱捷　平肖毅　苏远慧　陈芳艳　林　琍
林　梅　周　冶　郑文凯　胡志峰　康张婷　薛翁敏

集同海关

【概况】集同海关，是厦门海关正处级隶属海关。2022 年 3 月，稽查四科被撤销。机构调整后，集同海关内设科室 15 个，包括办公室（党委办公室）、人事政工科（党委组织宣传部）、综合保障科、法律事务科、综合业务科、集美监管科、同安监管科、加工贸易监管科、稽查一科、稽查二科、稽查三科、核查一科、核查二科、稽查审核科、稽查分析科。截至年底，实有行政编制人员 142 人。主要承担厦门市集美区、同安区各项海关业务，厦门行政区内除机动稽查外的海关稽查业务。

2022 年，集同海关以学习宣传贯彻党的二十大精神为主线，贯彻落实“疫情要防住、经济要稳住、发展要安全”重要要求，党委班子以党的政治建设为统领，用心带队伍、抓管理、立规矩、强基础、增质效，践行“三实”海关文化，恪尽职守、履职尽责，推动各项工作稳定有序、创先进位，努力建设“更有效率海关”。全年受理进、出口报关单申报 8208 票、1.75 万票，税收入库 7.8 亿元，完成稽查作业 265 起，签发 RCEP 原产地证书 3796 份、签证货值 10 亿元，受理主动披露作业 145 起，办理减免滞纳金 944.23 万元。

【基层党建】2022 年，集同海关把深入学习宣传贯彻党的二十大精神作为首要政治任务，制订实施方案，明确时间表和施工图，持续拓展深度广度，营造浓厚学习氛围。党委理论学习中心组示范领学，以集中学习、分散研讨、集中交流“三步走”的形式推动落实，组织专题学习班、专家辅导讲座各 1 次，带动各支部开展集体研讨 44 次。布置学习展板 40 余块，开展参观学习、答题竞赛、金句大家写等活动，持续在学懂弄通做实上下功夫。强化落实“第一议题”制度，通过每月形势分析及工作督查例会，集中学习习近平总书记重要讲话重要指示批示精神，以实际行动捍卫“两个确立”，做到“两个维护”。2 个党支部获评厦门海关先进基层党组织、5 个党支部获评厦门海关“四强”党支部称号。

【巡视巡察】2022 年，集同海关开展中长期巡视整改工作，抓好已完成整改措施的挂账销号，完善制度规范 14 项，不断加强内控机制建设，形成涵盖 84 个风险节点的基层自控清单。针对巡视指出的“采购合同审签不规范”问题，制发集同海关采购执行操作规程，规范合同审签等事项和有关审批流程。

【党风廉政建设】2022年，集同海关落实全面从严治党主体责任清单，加强意识形态管理，运用“第一种形态”开展提醒谈话3人次、诫勉谈话1人次。开展“海关重点项目和财物管理以权谋私”专项整治，梳理重点项目5个，制定易发问题负面清单及防范措施。开展基层党建标准化规范化检查，整改问题93个。建设启用廉洁文化墙，推进纪法学习和警示教育，党委书记和派驻纪检组组长分别带头讲授廉政警示教育课。与第八派驻纪检组建立常态化联席会议和日常监督机制，联合实施执法廉政监督抽查回访18次。

【队伍管理】2022年，集同海关全方位加强干部队伍管理，自主开展为期3个月的窗口作风提升活动，强化考勤与内务规范管理，分批分级开展全员队列训练，组织小教员会操过关考核，准军作风进一步养成。通过全国文明单位届中评审；主动参加各类志愿服务26批次、105人次；1个科室获评厦门市级“五一先锋号”，1人获评“集美区经济工作先进个人”；开展“帮她让青春更多彩——支助陈春月同学圆梦美术班”主题捐款活动，为“雨露育青苗”帮扶对象募集捐款4683元。

【教育培训】2022年，集同海关推动关员教育培训工作向深度和广度发展，在能力提升和丰富教培内容上下功夫，以“一堂专题党课、一次专题研讨、三场分组讨论、十四次支部讨论”为主要内容的首期党的二十大精神专题学习班引发关员热烈反响；新建图书室，首次开设“创新理论学习墙”，推动情景式教与学相结合；163人次报名专业能力提升行动20个业务项目，2人获评业务标兵、1人获评岗位能手；首次线上开展进境粮食检疫监督管理专题宣传贯彻和海关内部粮食安全主题教学“双向”培训；邀请集美大学马克思主义学院学者授课，处、科级领导干部全员参加；常态化开展值班应急培训；邀请湖里区红十字会培训中心专家讲授心肺复苏应急知识，两期培训课程超70人参加。

【法治建设】2022年，集同海关结合重要时间节点开展对内对外普法活动，在“4·15”全民国家安全教育日，开展多场次进企业、进农村、进校园宣传生物安全；利用外勤执法作业“见企见账”优势，深入企业现场宣传民法典；6月，到杏林文化中心广场宣传安全生产、禁毒等；宪法宣传周期间，开展宪法宣誓、宪法诵读、面对面普法等系列活动。不断提升复议应诉工作能力，2起行政复议得到合理处置，追缴1家破产企业所欠税款，完成厦门关区首起由隶属海关向法院提出的强制执行申请。办理“简快”程序案件43起。

【风险管理】2022年，集同海关统筹开展“学查改”专项工作和政治机关专项教育活动，制定14项措施完成6方面问题整改，防范化解重大风险。将贸易调查与风险分析高效融合，在进口再生塑料项目贸易调查中，转化稽查指令25起，反馈相关部门18起。

【税收征管】2022年，集同海关发挥属地优势，对接集美区、同安区重点税源企业，理顺纳税企业台账，加强属地纳税人管理，完善海关税收担保制度，赴厦门市台商协会、建发集团、象屿集团等单位开展政策和优惠便利化措施宣讲，全年税收入库7.8亿元，汇总征税率超50%，原产地自助打印率超90%；向上提交参数和建议，转化提交估价、原产地、归类等方面参数28条，税政调研报告7份，其中“旋涂玻璃新增暂定税率”调整建议被海关总署采纳；5月，签发福建省首份输缅甸RCEP原产地证书；7月，邀请会计师事务所就增值税留抵退税政策及实务进行授课。

【动植物检疫】 2022年，集同海关融入属地查检改革，实现与稽核查联动作业，建立口岸—属地双向协作机制，参与署级动植检专项工作与属地查检作业系统应用试点，8人次取得11项岗位资质，2人在厦门关区能力提升比武中分获各自项目第2名，1人记集体二等功；在厦门海关稽查处、动植检处现场指导下，检疫验放福建省首批以一般贸易方式出口的12只宠物犬。“两段准入”监管进境粮食82万吨，占厦门市粮食加工量90%以上，监督转移入库粮食16.7万吨，节省滞港费450余万元，推动粮食进口企业降本增效。

▲2022年11月21日，集同海关对进口粮食企业开展后续监管　（朱斯琦　摄）

【食品检验检疫】 2022年，集同海关完成全国“食品安全宣传周”海关总署主题日古龙食品有限公司分会场活动任务；牵头开展“五方共建”项目惠企惠农；首次开展进口食品属地查检作业，验放一批来自泰国的柠檬味苏打水。

▲2022年12月7日，集同海关关员在某食品有限公司监管番茄酱出口　（陈李莉　摄）

【商品检验】2022年，集同海关聚焦危险品监管等重点领域开展安全生产大检查，做好“安全生产宣传贯彻咨询日”社区宣传贯彻活动，开展危险化学品应急演练，提高应急处置能力；严格执行属地查验指令，查获旧机电、服装等不合格进出口产品29批，其中“进口服装检出不合格”入选2022年厦门海关进口消费品十大典型案例；8月，首次查发进口不合格医疗器械；9月，首次开展出口危险货物大包装使用鉴定工作。

【监管业务】2022年，集同海关开展“口岸危险品综合治理”百日专项行动，查获不合格危险品10批，其中出口“液体色母”包装不合格情事入选海关总署典型案例；属地监管精准高效，全年检出不合格食品、商品、水生动物等56批次；5月，在集美区行政服务中心大力支持下，集同海关促进外贸保稳提质“专窗”在该中心启用。

【企业管理和稽查】2022年，集同海关培育2家高级认证企业；指导新建公共保税仓通过验收；升级推进“不停产盘点”，签约企业增至5家；在厦门关区范围内首创“海关、加贸企业、行政区外边角料定点销毁企业”三方协议协作的“线上”核查模式，首创“联合执法”与“采信第三方报告制度”相叠加的核查模式；经资质审核，允许30家竹木藤草企业免于注册现场考核；创新稽查“三项制度”，完成稽查作业任务数265起。

【查缉走私】2022年，集同海关查获“包通关”走私东南亚木材、石材团伙1个，涉及货值近2亿元；破获案值3亿元的进口橡胶木行业伪瞒报案件；首次通过核查发现厦门关区某企业将进口减免税设备移作他用情事。

【政务管理】2022年，集同海关建立合议工作机制，健全完善信息新闻、会议、档案等管理制度，机要、值班应急、信访工作平稳有序，政务服务规范化水平提升；调整安全生产领导小组办公室、疫情防控工作领导小组办公室“两办”合署办公，进一步强化统筹协调，科学精准开展常态化疫情防控，采取驻扎办公、AB班等临时措施应对多轮本土疫情；稽核查档案室经过软硬件更新完善，建成覆盖文书档案、行政案件卷宗、稽核查档案等多门类集中存放的综合档案室；开展办公软件高级功能应用培训，依托信息化、自动化手段提升公文规范性及关税计核等工作效率。

【财务及后勤保障】2022年，集同海关完善绩效指标体系，提升预算管理水平，办好暖心民生工程，推进节能减排，获得国家机关事务管理局等4部委评定的节约型机关。

【科技发展】2022年，集同海关完成厦门关区首台纯电动新能源公务车交付验收，列装执法执勤用车；建成视频会议专用会议室，提升视频会议设备联动使用效能；拓展运用“企查查”App，有效提升大数据云稽查能力；加强“互联网+”运用，探索使用“竹木藤草”产品定级小程序，有效减轻企业负担。

【督察内审】2022年，集同海关深化政治体检和专项整治整改成效，结合巡视巡察审计整改、“现场监管与外勤执法权力寻租”及“海关重点项目和财物管理以权谋私”专项整治工作，及时落实问题整改

52个，完善制度建设及操作规范21项，建立自查自纠工作机制，强化内控机制建设，推进以制度管人管权管事，做好整改“后半篇文章”；加强内控运行管理，创建1个关级“内控示范科室”。

撰稿人

徐中卿

东渡海关

【概况】东渡海关，是厦门海关正处级隶属海关。截至2022年年底，内设科室18个，包括办公室（党委办公室）、人事政工科（党委组织宣传部）、综合保障科、运行监控科、法律事务科、统计科、综合业务一科、综合业务二科、查验一科、查验二科、物流监管一科、物流监管二科、保税监管科、产地证科、核查科、产品监管科、船舶监管科、重量鉴定科。实有行政编制人员215人。负责东渡口岸及象屿保税区、象屿综合保税区等特殊监管区域各类海关业务，监管业务涵盖海运、保税、展会、跨境电商、原产地证签发等门类。

2022年，东渡海关牢固树立政治机关意识、强化系统思维、加强风险全领域防控，巩固打击走私成效，忠诚履职捍卫国门安全。聚焦“国之大者”，统筹疫情防控和促进外贸稳增长，锚定“更有效率海关”建设目标，求实、扎实、朴实推进各项工作。全年监管进出口货运量1831万吨，同比减少6.67%；进出口货值3481.25亿元，同比增长10.68%；监管国际航行船舶7714艘次，同比减少1%；税收入库81.66亿元，同比增长12.01%。

【基层党建】2022年，东渡海关组织学习宣传贯彻党的二十大精神，党委理论中心组专题学习7次；党委委员到分管科室、基层支部联系点进行宣讲；支部开展“习语金句书记谈”“我读二十大·光荣与梦想”等活动；创建基层与企业以支部共建为载体的“研学共学”新模式，推动学习二十大精神“走出去”。强化政治机关专项教育活动和“学查改”专项工作，组织452人次参加“一人一卷，卷卷不同”在线专题测试；开展问题和风险查摆，落实“问题清零”制度，形成涵盖执法领域与非执法领域、共性问题与一线具体问题的对照查摆清单，提炼排查风险8项，整改措施25条。推进党史学习教育常态化，“东渡海关冷链查验场摄录系统改造工程”入选厦门海关第三批“我为群众办实事”优秀项目。开展基层党建“双提升”行动，5个支部获评厦门海关“四强”党支部，3个支部获评先进基层党组织，6人获评优秀共产党员，3人获评优秀党务工作者。

【巡视巡察】2022年，东渡海关开展巡视巡察整改，对照巡视要求查摆问题11个，制定预防性措施 14 条，建立长效机制 7 项。梳理 2019 年以来巡察发现的问题及整改情况，持续推进成果转化，防止问题反弹回潮。

【党风廉政建设】2022 年，东渡海关开展“海关重点项目和财物管理以权谋私”专项整治，组织 40 名具有财务、后勤岗位工作经历的关员完成专题测试。开展廉政警示教育月活动，组织“忠诚与清廉——我和我的海关”主题研讨交流，向全体干部职工发放倡廉书，组织家风家教分享会，参观厦门市家规家训馆，用身边案件教育身边人，抓好廉洁文化建设，打造清廉海关。严格落实海关工作人员外出执法廉政纪律，对 25 家企业开展廉政回访。落实全面从严治党主体责任，全年开展提醒谈话 15 人次。

【队伍管理】2022 年，东渡海关树立重政治、重品行、重基层、重担当、重实绩的用人导向，打造一专多能干部队伍，组织 457 人次参加专业能力提升行动，探索建立“小教员”“轮流讲”“培训成效会商”等制度。做好人力资源调配，结合岗位资质统筹优化专业人员配置，分级分类建立专家人才库和应急处置人才库，用好用足各年龄段干部，累计开展人员调整 54 人次。年内，7 人获海关总署集体二等功，4 人获厦门海关集体三等功，18 人获厦门海关个人嘉奖。

【法治建设】2022 年，东渡海关承接海关总署重点法治建设项目，派员参与《中华人民共和国海关法》修订、《中华人民共和国海关计核违反海关监管规定案件货物、物品价值办法》等规章立法后评估。建立重大复杂案件查办过程法制审核前置模式及提交案件审理委员会审议制度，落实行政执法“三项制度”，防范和化解执法风险和廉政风险。探索新时代“枫桥经验”，建设“践行‘枫桥经验’”工作室，健全行政纠纷多元预防调处化解机制，将矛盾及时化解在基层海关、初发阶段、行政程序。建立完善行政纠纷源头预防、行政纠纷排查研判等机制，提高复议答复应诉水平，全年办理复议案件 2 起。开展“一关一品牌、一案一普法、普法三件套”普法宣传。开展“‘关’注法治、‘律’动青春”暨“8·8”海关法治宣传日主题活动，在厦门自贸试验区海关知识产权保护展示中心，向厦门市青年律师协会代表宣讲知识产权海关保护制度和成果。12 月，东渡海关获评司法部颁发的“全国行政执法先进集体”称号。

【税收征管】2022 年，东渡海关从商品、企业、时间等维度强化涉税风险研判，深化与风控、稽查部门的协调配合，形成涉税风险防控整体合力，全面排查综合保税区“一日游”业务。服务国家重大产业结构调整，对厦门集成电路、微电子和显示器件等产业实施税政调研，向厦门海关报送 5 项税率调整建议。推进汇总征税、关税保证保险、价格和原产地预裁定等新举措，第一时间为进出口企业办理退税手续，缓解企业资金压力。

【新冠疫情防控】2022 年，东渡海关累计 265 人次参与口岸疫情防控封闭管理专班工作。及时研判疫情形势，做好水路口岸卫生检疫，全年监管进出境船员 8.5 万人次。坚持“人、物、环境”同防，严格进口冷链食品等货物监管，监测进口冷链食品 4000

▲2022 年 5 月 1 日，东渡海关关员在锚地对入境船舶实施登临检疫　（刘雨龙　摄）

余批次、采集核酸样品 9.3 万个。与口岸联检单位开展口岸水域联防联控，共同做好口岸疫情防控各项工作。加强高风险岗位人员封闭管理，做好常态化疫情防控监督检查。开展疫情防控常态化培训演练，保障应急防控物资安全充足。

【检验检疫】2022 年，东渡海关落实《中华人民共和国生物安全法》，筑牢国门生物安全防线，推动“国门绿盾 2022”行动，开展国门生物安全监测，防控非洲猪瘟、沙漠蝗等重大动植物疫病，截获有害生物 135 批、311 种次，在入境空箱渠道截获美洲大蠊 2000 只。加强进口食品安全质量把关，开展进口食品“国门守护”行动，配合承办海关总署“食品安全周”活动，累计销毁、退运进口食品 49 批。严格商品检验监管，设立厦门海关进出口商品质量安全二级风险监测点，全年处置不合格进出口商品 116 批。

【监管业务】2022 年，东渡海关主动融入港区发展规划，推动进出口货物快速通关。严格海关监管场所管理，开展安全生产检查，组织场所经营企业填制安全生产倡议书，严格管理涉危监管作业场所；指导东渡海天码头建设冷藏危险货物（冷危）集装箱堆场，促进光刻胶、锂电池等高新技术产品进出口；扩大码头冷链查验场地面积，优化海关集中落地查验场布局；会同厦门自贸委做好保税区、综合保税区卡口改造，提高港区物流效率；落实场所巡查作业要求，全年巡查监管作业场所、特殊监管区域 202 次。推动口岸通关效率提高，加大机械设备应用，创新无人员接触供油监管模式；做大做强国际中转业务，办理厦门关区首票单票多柜国际中转集拼业务、首票机械设备滚装船国际转运业务；联合泉州海关开通“海上巴士”监管服务，助力厦门东渡海天码头与泉州华锦码头、后渚码头间搭建“海上巴士”货运平台，解决疫情影响等因素导致的陆路运输受阻困难。开展报关单申报项目调整测试工作，2 月 22 日，全国首票 2020 版报关单在东渡海关申报成功。保障进口水果“海上通道”畅通，定制个性化监管方案，实现“即报、即审、即签”，引导企业运用“附条件提离”模式便利通关；推动作业场地库口改造和冷插硬件升级，作业工位数量增长 1.4 倍；妥善应对高峰期进口水果激增状况，组织查验关员夜间加班验放，最高峰日查验进口水果 150

余柜。推动扩大汽车出口业务，助力现代码头开拓汽车出口海外市场，支持福建省首次成批量出口新能源汽车，全年监管汽车出口2.47万辆。应用数字监管平台，上线船舶监管模块，实现作业流程节点和检查结果公开透明；上线危险品货物监控功能，形成危险品在港“时+空+点+位”监控预警；打造“查验吊柜免预约”功能，节省查验前准备时间；上线货物智能分流功能，减少待查验货柜在码头装卸和运输的次数达50%；优化进口分拨（拆箱）业务放行信息自动获取模式，每票货物为企业节约提离仓库时间4小时。

【“口岸危险品综合治理”百日专项行动】 2022年，东渡海关开展“口岸危险品综合治理”百日专项行动，优化查验监管流程，确保现场查验与后续处置节点无缝衔接。建立内部作业时长管控机制，明确审单、现场作业、后续处置等各节点处置时限。建立与海事、港口管理、码头等单位联络机制，及时通报监管作业中发现的问题。组建现场作业监控专班，通过视频监控系统监督作业规范、处置效率、安全防护等方面问题96次。每日收集危险品堆存情况、查验计划及前日查验完成情况，掌握危险品库存、查验、放行数据，督促企业完成申报提离手续，防止口岸危险品积压。专项行动期间，累计查验进出口危险品390批次，检出不合格33批次；在港危险品货柜平均堆存时间由8.7天缩短至4.4天。

【支持自贸试验区和海关特殊监管区域发展】 2022年，东渡海关支持象屿保税区、象屿综合保税区高质量发展。5月，厦门港务跨境电商监管中心东渡分中心场所通过验收并投入使用；6月，国内首条“丝路海运”电商快线“厦门港—马尼拉港”航线开通。全年累计监管跨境电商出口货物1400余标箱，货值近9亿元。优化特殊监管区域管理，象屿综合保税区取消双代码并行后指导企业做好账册切换等工作。加强区内企业监管，梳理企业成品折料内销监管链条，指导企业理清报关流程，防范违规风险；指导企业开展“分送集报”业务担保工作，做好新旧申报表衔接，确保业务开展不受影响；规范飞机融资租赁业务，支持象屿保税区融资租赁业务进入象屿综合保税区发展。全年累计监管象屿保税区、象屿综合保税区进出口货值分别为941.32亿元、354.59亿元，同比分别增长14.1%、12.6%。

▲2022年6月10日，东渡海关助力国内首条“丝路海运”电商快线开行（蒲韵如 摄）

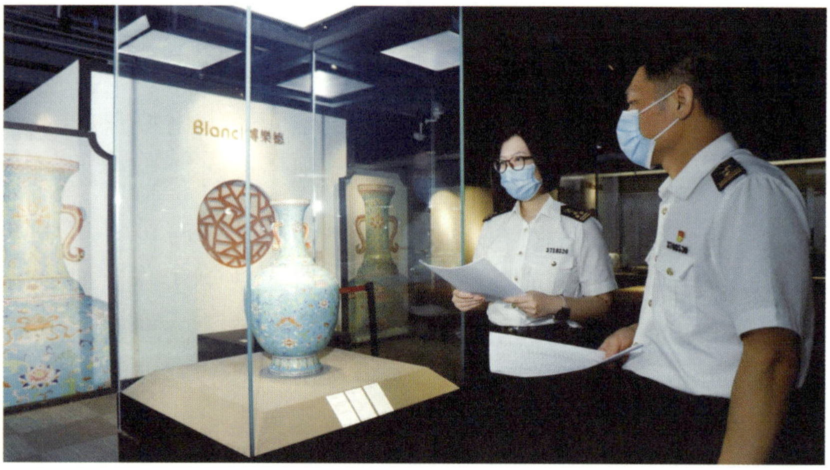

▲2022 年 7 月 15 日，东渡海关助力博乐德（北京厦门联合）艺术品保税共享平台文化艺术品 2022 春拍活动顺利举行　（蒲韵如　摄）

9 月，海关总署公布 2021 年度全国综合保税区发展绩效评估结果，象屿保税区、象屿综合保税区分别在福建省排名第一位、第二位，全国排名第 23 位、第 29 位。其中，象屿保税区“质量效益”指标排名全国首位。

【海关统计】2022 年，东渡海关发挥统计监督作用，开展统计数据质量核查和调研 23 期，核实报关数据 2000 多条；加大对不实贸易的监控，向厦门海关提供企业贸易真实性的调研核查报告。发挥统计调研分析作用，持续收集码头、航运、重点进出口企业经营动态，定期调研样本企业 27 家，专题调研企业 100 余家，准确反映福建省、厦门市外贸企业经营状况和问题诉求，撰写东南亚疫情对中国外贸影响等 7 篇调研文章获省部级以上领导批示。发挥统计监测预警职能，关注厦门关区铁矿砂、煤炭等大宗商品进口变化、口岸汽车等特色商品出口，撰写的分析文章被厦门海关统计监测预警分析报告采用 19 篇；参与“美国货物贸易进出口研究”等海关总署、厦门海关统计监测分析工作。

【企业管理和核查】2022 年，东渡海关编制核查岗位履职风险防控表，形成兼具教育、约束、提醒、监督的管理模式。发挥核查先导作用，做好核查与稽查的衔接转换，提出稽查建议。加强外勤执法痕迹化管理力度，配置执法设备，提高执法透明度。落实高级认证企业差别化管理措施，提高企业信用管理工作质量。强化对企业的监督管理，加强境外通报及出口退运调查工作，督促出口企业提高产品质量；对供船食品饮用水企业开展卫生监督及企业等级评定工作，累计开展卫生监督 25 次，提交卫生监督意见 55 条。推进落实“全程网办”，贯彻“数据多跑路、企业少跑腿”服务理念，压缩企业备案办理时长。通过“不见面审批”，为农产品出口企业快速办理注册手续，助力竹木藤草、种苗花卉等特色农产品出口。全年开展核查作业 270 起。

【全员打私】2022 年，东渡海关开展“国门利剑 2022”联合行动，保持打击走私高压态势。成立全员打私工作组，分析研判形势，推进反走私综合治理；领导干部蹲点跟班调研，建立从接单、审单、查验到后续处置、案件办理等全链条的单证协作呼应机制；定期对各类案件查发情况、常见走私商品动态等进行分析研判，提高正面监管各条线查发走私违法线索能力，形成打击走私合力。全年，移交涉及固体废物案件 17 起，涉案货物 473.97 吨；移交非法入境烟弹 11 万余支；移交影响出口退税案件58起；立案扣留侵权嫌疑货物139.72万件；查办危险化学品案件13起；查办涉及防疫物资案件21起；办理“简快”程序案件及侵权一般程序行政案件368起。4月，东渡海关查获侵犯外资品牌商标权案入选2021年中国海关知识产权保护十大案例。

【服务发展】2022年，东渡海关落实促进外贸保稳提质海关总署10条、厦门海关16条措施，为50余家企业开展专题培训，帮助企业惠享政策红利。召开《中华人民共和国进口食品境外生产企业注册管理规定》《中华人民共和国进出口食品安全管理办法》和属地查检政策企业宣传贯彻会，对百余家企业重点讲解政策规定及进出口环节存在的违规风险。举办厦门关区年内首场“关企直通车”活动，现场听取和收集报关协会、外商协会、两区协会及外贸、外资、物流等各类企业意见。打造升级居家申领、社区出证、城区寄证、现场自助“四合一”的原产地证书申领一体化平台，于1月1日签发厦门市首票RCEP原产地证书，全年签发各类原产地证书9.4万份，出口企业因此获得出口目的地国家（地区）90多亿元关税减免。

【政务管理】2022年，东渡海关健全“三应”运行机制，定期召开呼应协作工作推进会，优化科室职责和业务流程；建立纸质报关单证流转规程，开展跨科室业务单证流转分析，累计跟踪单证1582票，打通业务结合部的堵点难点。结合自贸试验区综合服务窗口升级改造，优化政务服务窗口岗位设置，参与办事大厅各功能区设计，定期对窗口进行督查，不断提升窗口服务水平。加强政务公开，全年受理并答复依申请公开事项同比增长50%，答复海关12360热线咨询同比增长1.4倍。加大信息宣传，查获走私烟弹、侵权万用表、侵权卫生用品等案件被央视网、人民网等中央及地方媒体刊播；在入境空箱渠道截获2000只美洲大蠊被百余家媒体宣传报道，进入新浪微博实时热搜前10名；以查获走私出口烟花爆竹为故事原型拍摄的微视频《闯关记之物里藏花》获海关总署“海关影像”栏目采播。撰写的《欧盟碳边境调节机制对WTO框架下国际贸易的影响分析》《浅析全球技术性贸易措施新动态及其对我国出口贸易的影响》论文分获海关总署、上海海关学院“中国入世20周年：全球经贸治理与中国海关贡献”主题征文活动一、二等奖。

【财务及后勤保障】2022年，东渡海关把过紧日子作为财务工作基本方针，优先保障与群众切身利益相关的民生支出和科技信息化、监管查验等重点项目的支出，建立实时监控、定期通报、及时预警等预算执行管理机制。调整信息化维保模式，整合优化三级监控指挥中心及视频监控系统、前台信息化设备、机房及办公网络设备等运维保障工作。扩大业务大楼太阳能产品使用范围，全年利用光伏发电6.29万千瓦时。10月，获得国家机关事务管理局等4部委评定的节约型机关。

【督察内审】2022年，东渡海关强化内控机制建设，筑牢内控防线，以内控促监管提质、服务提效、管理提标。开展专项监控分析，防范税收、食品准入、涉证风险，形成分析报告30余篇。对照审计要求，落实常态化自查自纠，提出73条风险自控措施。开展口岸检查作业规范情况等3项督察，发现问题12个，提出建议12条。开展进境粮食专项执法检查，全面评估进境粮食检疫监管落实情况，发现问题4个，风险点1个，提出建议3条。总结内控经验，以“我科我推荐”形式叫响科室品牌，东渡海关办公室、查验一科入选厦门海关首批“内控示范科室”。

撰稿人

王立强

海沧海关

【概况】海沧海关，是厦门海关正处级隶属海关。截至2022年年底，内设科室18个，包括办公室（党委办公室）、人事政工科（党委组织宣传部）、综合保障科、运行监控科、法律事务科、统计科、综合业务一科、综合业务二科、查验一科、查验二科、查验三科、查验四科、物流监管一科、物流监管二科、船舶监管科、保税监管科、核查科、产品监管科。实有行政编制人员212人。主要承担厦门市海沧区、海沧台商投资区、福建自贸试验区厦门片区海沧园区海关业务，涵盖口岸监管、加贸保税、海铁联运、中欧班列、跨境电商、企业管理等门类。

2022年，海沧海关落实厦门海关党委建设“更有效率海关”要求，守国门促发展、防风险保安全、提质量增效率、办实事暖人心，推进“精品海关”建设。全年审核进出口报关单94.37万票，监管进出口货运量3131.7万吨、进出口货值4335.3亿元，税收入库85.81亿元，同比分别下降5.11%、下降14.64%、增长12.66%、增长3.44%；监管进出口集装箱483.28万标箱，同比增长12.42%，占厦门关区监管进出口集装箱总量的69.82%。

【基层党建】2022年，海沧海关坚持“第一议题”制度，把学习宣传贯彻党的二十大精神作为首要政治任务，贯彻落实习近平总书记重要讲话重要指示批示精神，关党委领学促学，各支部深学细学，开展征文、宣讲、竞答、观摩等活动，引导党员干部学思践悟。推进政治机关专项教育活动和“学查改”专项工作，常态化开展党史学习教育，提升“一支部一品牌”内涵，查验一科党支部“初心堡垒”品牌获评全国海关党建示范品牌，5个党支部获评厦门海关“四强”党支部，3个党支部获评厦门海关先进基层党组织，2个党支部品牌获评厦门海关党建示范品牌。

【党风廉政建设】2022年，海沧海关落实厦门海关接受海关总署党委巡视发现问题的整改要求，配合完成国家审计工作。修订党委全面从严治党主体责任清单、重点任务分工方案，将其与各项工作同研究同部署同考核。开展违纪违法典型案例教育，推进“海关重点项目和财物管理以权谋私”专项整治，落实领导干部个人有关事项报告制度，开展“送廉上门”活动，排查违规投资兼职从业、“裸官”等情事，严肃整治酒驾醉驾、黄赌毒等违法行为，引导干部职工知敬畏、存戒惧、守底线。

【队伍管理】2022年，海沧海关不断优化人力资源管理，注重在疫情防控等急难险重任务中锻炼考核干部、选优推优，1人获评海关总署2021年度“百名优秀执法一线科长”。打造“民生工程”，加强激励关爱力度，组建“关馨”志愿服务队，多形式慰问干部职工及家属。发挥工会、妇委会、共青团等群团组织作用，持续推进文明创建工作，在省级文明单位届中测评中排名海沧区第二，船舶监管科获评2021年度福建省“五一先锋号”劳动和技能竞赛优胜集体，查验四科获评厦门市“五一先锋号”先进集体。

【教育培训】2022年，海沧海关从科学优化干部队伍的角度出发，制订教育培训计划，采取“线上+线下”学、“集中+碎片”学的方式，开辟“流动课堂”“网络课堂”，组织参加处级领导干部政治能力提升专题培训班、党的十九届六中全会精神网上专题班、新任职科级领导干部培训班，配合开展各条线培训56场次。组织疫情防控安全防护技能竞赛，开展专业能力提升行动，按照“基础—提高—选拔”分阶段推进岗位练兵、技能比武，细化各考核项目要求，组织416人次参加23个项目练兵，全员通过基础考核，39人次进入提高阶段。

【新冠疫情防控】2022年，海沧海关坚持“外防输入、内防反弹”，坚持“人、物、环境”同防、“多病同防”，持续完善立体化新冠疫情防控体系，召开专题会议22次，编发文件汇编、工作动态、数据日报、疫情动态等信息。承担厦门关区“多病同防”和职业暴露应急处置演练，总结提炼船舶分类、人员分级、防控分区的口岸防控“三分工作法”，完善“一线、预备、应急”三级人力储备，统筹防疫物资保障，累计349人次参加74期水运登临检疫专班和进口重点商品监管专班，落实专班人员岗前培训、封闭管理有关要求。全年监管国际航行船舶4537艘次，登临检查1058艘次，监管换班、就医、船舶维修等上下船船员1835人次，查发新冠疫情以来福建省首起入境船舶隐瞒疫情情事。严格做好进口冷链食品和高风险非冷链集装箱货物核酸监测检测和预防性消毒监督工作。疫情内部防控不松劲，推动职工核酸检测“应检尽检”、疫苗接种“应接尽接”，妥善应对本土疫情。

【法治建设】2022年，海沧海关利用“3·15”消费者权益保护日、“4·15”全民国家安全教育日、“4·26”世界知识产权日、国门生物安全教育进社区、《中华人民共和国民法典》专题讲座等开展普法宣传活动。以迎接审计、执法检查为契机，开展案件办理质量自查，提升办案质量。设立“枫桥经验”示范点，坚持“知法走在执法前、释理走在处罚前、调解走在讼争前、定分走在案结前”工作法，将问题处置在一线、将争议化解在基层。发挥关警联席会、风险分析研判集中工作小组的作用，共办理“简快”程序案件450起，向海沧海关缉私分局移交一般程序案件121起，移交走私犯罪案件16起，办理涉及检验检疫业务行政处罚案件62起，办理侵权案件15起，参与行政复议案4起、行政诉讼案1起。

【税收征管】2022年，海沧海关强化正面监管，对属地纳税人开展税政宣讲，规范纳税人特许权使用费、特殊关系和公式定价管理，强化对归类、原产地、汇率适用、税率适用等涉税要素的复核，总结监管中发现的税收预警，提炼形成风险信息2条，编制关税业务提示，提升税收风险防控能力。通过税收催缴、线上索偿、事后验估等方式防范化解税收征管风险，在验估环节查发某企业2021年存在特殊经济关系影响成交价格重大情事，涉案货值1.08亿元，及时补征税款。开展税政调研，“降低硫酸镍暂税”“降低碳酸锂暂税”“新增新冠药物子目”3个议题入选海关总署税收征管局重点行业调研，2021年报送的钛合金人造关节、呼吸机2个降税议题被国务院关税税则委员会采纳，于2022年1月1日起开始执行。

【口岸监管】2022年，海沧海关加强政治安全保卫工作，狠抓安全生产，开展“口岸危险品综合治理”百日专项行动，及时掌握口岸危险品堆存情况，监督整改存在的问题。开展“国门利剑2022”行动，查获固体废物案11起、重量429.52吨，责令限期退运出境；扣留涉嫌侵权货物169.72万件。开展核生化有害因子检测、处置培训，开展反恐演练，提升应急处置能力。落实海关监管场地管理，开展场所巡查，推动未启用场地的撤销及不规范场地的整改，确保场所设置、安全防护设施设备配置符合监管要求。

【海关统计】2022年，海沧海关发挥统计监督职能，动态监测分析辖区进出口贸易异常数据，处置3家企业涉嫌不实贸易行为，生成稽查指令1次，送价格鉴定10批次，对9票货物申请即决式布控指令7批次，通报地方政府4次，申请暂缓统计数据约40亿元，维护海关统计数据的真实性。开展数据质量审核核查，纠正、查处差错报关记录，将涉嫌影响统计准确性的情事移交“简快”程序案件处置61起、一般程序案件5起。紧盯热点、亮点业务，结合国际国内形势，开展统计调研，8篇次统计调研分析报告获省部级以上领导批示。

【检验检疫】2022年，海沧海关加强风险管理，强化对进出口危险品、大宗货物、农食产品、大型设备等重点敏感商品安全、卫生、健康、环境保护等方面的监管，落实属地查检与稽核查执法联动机制，截获未准入境食品24批次、272.24吨，退运不予准入食品15批，检出进口旧机电、医疗器械、化工品等不合格货物23批。筑牢口岸检疫防线，严防外来物种入侵，加强入境粮食、木材、原皮等重点动植物及其产品的检验检疫，开展“国门绿盾2022”“跨境电商寄递‘异宠’综合治理”等专项行动，开展入侵物种口岸普查监测，防控监测埃博拉、拉沙热、非洲猪瘟、鼠疫、高致病性禽流感、疯牛病、红火蚁、松材线虫等疫情输入，检出检疫性有害生物167批次、420种次。其中，从澳大利亚进口牛肉中检出蓝舌病病毒，为全国海关首次检出；从美国进口的汽车集装箱中截获“黑寡妇”毒蜘蛛、从意大利进口原木中截获活蜥蜴，均为厦门关区货运渠道首次检出。

【查获“黑寡妇”毒蜘蛛】2022年，海沧海关对一批进口汽车集装箱进行监管时，发现箱内有黑色活体蜘蛛。经仔细检查，最终在集装箱角落里捕获1只活体蜘蛛。11月7日，厦门海关技术中心鉴定为间斑寇蛛，其毒液有剧烈毒性，是闻名世界的剧毒蜘蛛之一，俗称“黑寡妇”，这也是厦门海关在关检机构改革后首次截获。海沧海关与厦门海关办公室密切配合，在截获后第一时间对接媒体，以图文、视频等多种形式开展宣传，展现严守国门生物安全的海关形象。相关报道获人民网、《法治日报》、《环球时报》、《中国日报》、《厦门日报》等165家媒体发布。

▲2022年10月9日，海沧海关关员在进境集装箱中截获“黑寡妇”毒蜘蛛（沈新永　摄）

【保障大宗农产品进口】2022年，海沧海关深入大宗农产品进口企业、码头调研，采取“两段准入—附条件提离”措施，采用优先查验、优先送样、优先检测“三优”模式，提升进口大宗散装货物检疫作业效率，保障进口粮食、油料等农产品快速通关投产。全年监管大豆、油菜籽、玉米、小麦等进口农产品121.98万吨。其中，监管进口棉籽8.51万吨，助力海沧口岸成为全国棉籽进口量最大口岸。

【优化口岸营商环境】2022年，海沧海关落实促外贸稳增长各项措施，推动属地查检“远程视频查验”模式，开展“查验免预约”试点，拓展出口“抵港直装”业务，指导企业用好“提前申报”、“两步申报”、“两段准入”、汇总征税等通关便利措施，辖区43%的进口货物实现提前申报，汇总征税率达25%。引导高级认证企业用足用好海关便利化管理措施，对辖区重点企业开展高级认证辅导，对高级认证

▲2022年11月9日，海沧海关关员监管进口棉籽　（郑伯坚　摄）

企业核查采取“第三方结果采信”“企业自查结果认可”方式，截至年底，辖区高级认证企业增至10家。签发各类原产地证书1.7万份，出口原产地证书自助打印率99.52%。推动RCEP新政落地实施，签发RCEP原产地证书972份，指导某实业有限公司成为厦门首家RCEP经核准出口商，可自主签发原产地声明。

【压缩整体通关时间】 2022年，海沧海关对通关环节进行全流程分析，研究解决影响整体通关时间的问题环节。与厦门海关技术中心加强沟通协商，优化取样送检联系配合机制，持续压缩查验前准备、取样送检等关键节点耗时。编写检验检疫审单操作指南、海沧口岸常见商品企业申报指南，为企业提供报关政策宣讲解读。12月，海沧口岸进、出口整体通关时间分别压缩至31.51小时、1.36小时，同比分别压缩1.72%、28.04%。

【服务地方经济发展】 2022年，海沧海关持续完善定向帮扶企业工作机制，落实“关企直通车”“问题清零”机制。与海沧区、厦门自贸委等密切配合，指导海沧港西集中查验区跨境电商监管中心、远海码头二期通过海关监管场所验收，推动海沧港综合保税区（一期）获得海关总署验收合格批复、海通码头4号~6号泊位通过省级开放验收，助推厦门口岸连续4年获评“中国十大海运集装箱口岸营商环境测评”最高等级。主动对接海沧区发展战略规划，对重点产业开展专题调研，助力海沧生物医药港综合竞争力首次跻身全国十强。推动陆地港出口货物实现转关直通、自动核销，陆地港出口转关智慧监管新模式在福建自贸试验区第19批创新举措评估中获评全国首创。支持中欧班列（厦门）稳定开行，对过境运输施行“无纸化”申报，支持开行福建省首趟冷链专列，支持新增中欧班列（厦门—明斯克）线路，监管该线路首趟班列于11月20日从厦门开出。推动前场多式联运监管中心建设，10月24日监管首次试发车。全年监管中欧班列（厦门）进出口货物100列、1.05万标箱、货值37.91亿元。监管进口毛燕29.65吨，同比增长49%，海沧口岸保持全国最大毛燕进口口岸。监管平行进口汽车348辆，同比增长1.7倍。

▲2022年10月28日，海沧海关关员向企业人员解读通关政策　（刘超　摄）

【综合保障】 2022年，海沧海关持续推进行政管理制度“立改废”，完善公文办理、信访工作、档案管理等制度。落实财务管理制度，践行过紧日子要求，获得国家机关事务管理局等4部委评定的节约型机关。新闻宣传稿件被中央电视台等各类媒体采用200余篇次，1部微视频《让阅读融入海关生活》被海关总署“海关影像”采用。政研文章被厦门海关采用7篇次。

【打造智慧监管港区】 2022年，海沧海关持续推进“数字海港、智慧监管”建设，建成厦门海关首个进境粮食检验检疫能力提升平台，推动5个检疫移动方舱、15个查验防护服穿脱区域在海沧港区形成全覆盖，新冠病毒采检机器人、查验辅助机器人、环境消杀机器人等智能化监管设备优化升级，“海关检疫E码通”海港版落地测试，无人机远程监测采样项目通过验收。不断完善“科带工作室”建设，推进建设固体废物初筛工作室。推动综合保税区智能卡口软硬件升级，卡口通关数据共享更加便捷。深化海关公证电子送达支付平台应用，全年完成293起案件共计590份法律文书“零接触”电子送达、265笔罚款在线缴交，分别占厦门关区的80.72%、79.73%、68.65%。

撰稿人

张　洪　游聚民

古雷海关

【概况】古雷海关，是厦门海关正处级隶属海关。截至2022年年底，内设科室6个，包括办公室（党委组织宣传部）、综合业务科、查验科、漳浦监管科、口岸监督科、法律事务科。实有行政编制人员33人。辖区范围包括漳州市漳浦县、古雷港经济开发区。

2022年，古雷海关优化口岸营商环境，持续提升监管与服务水平，增强综合治税效能，改革创新推动古雷口岸扩大开放，在防控疫情中守牢国门“外防输入”第一道关口，制定促外贸稳增长10条细化举措，想方设法助企纾困解难，助推辖区外贸经济保稳提质。全年累计监管进出口货量513.8万吨、货值286.6亿元，同比分别下降6.9%、增长29.67%；税收入库65.3亿元，同比增长66.6%；监管进出境国际航行船舶277艘次，同比增长22.6%；进口提前申报率连续3年保持100%，首次实现出口提前申报；进口整体通关时间1.4小时，同比压缩22.8%；出口整体通关时间0.3小时，同比压缩93.5%。

【学习宣传贯彻党的二十大精神】2022年，古雷海关制订学习宣传贯彻党的二十大精神实施方案，细化举措18项。党委班子成员分头督导各支部、各科室及时跟进学，累计开展研讨25次，提交心得体会70篇。联合古雷港经济开发区税务局、边检、海事等部门开展主题联学。设立党建宣传长廊，开展“猜灯谜学二十大”活动，组织全员参与党的二十大报告内容摘抄硬笔书法比赛，持续开展线上测试及内容分享，制作党的二十大精神宣传短片等。

【基层党建】2022年，古雷海关抓好“第一议题”学习，累计召开党委会38次，组织党委理论学习中心组学习32次，党委书记、党支部书记带头上党课21次，引导干部职工持续做好政治理论学习，强化政治意识、大局意识。发挥“支部建在科上”的制度优势，各支部累计开展线上线下学习活动172次。推动青年理论提升工程，开展“读经典、悟思想、汇青年”“读《中国国门时报》谈思想”等活动。制发党建工作提示，形成“党委研究部署、总支提示落实、支部每周报告、例会互动点评”的闭环工作模式。组织干部职工参与漳浦县城西社区党组织“双报到”，共同到清泉岩红军洞、龙迹亭等革命教育基地开展主题党日活动。推动党史学习教育常态化长效化，征集并推动10项“我为群众办实事”实践活动项目。古雷海关口岸监督查验科室党支部获评厦门海关“四强”党支部。

【党风廉政建设】2022年，古雷海关从严开展“海关重点项目和财物管理以权谋私”专项整治工作，细化制定具体实施举措16项。组织观看《零容忍》等廉政警示教育片，召开“忠诚与清廉——我和我的海关”主题研讨等，多形式深入推进纪法教育。前往漳浦“两帝师”廉政教育基地开展学习活动；召开加强新时代廉洁文化建设和2022年警示教育动员会，党委书记为干部职工上廉政警示教育党课。

【队伍管理】2022年，古雷海关在疫情期间开展“线上家访”，严格干部职工“八小时内外”管理，常态化开展谈心，及时了解思想动态和家庭情况。开展内务规范强化月活动，持续整肃关容风纪，强化干部职工日常纪律作风养成。建立疫情防控水运专班人员“一对一帮扶”服务和工会专项慰问机制，做好关心关爱工作。

【教育培训】2022年，古雷海关推进专业能力提升行动，全体干部踊跃参加各岗位业务项目能力提升行动，全员报名参加政治素养项目，35人次报名参与17个业务项目。组织参加海关总署岗位练兵比武、岗位资质考试等，累计11人取得进出口危险货物及其包装检验监管资质。开展“新蕾夜校”，多元化授课21期，讲授政治理论、业务知识等。组织开展化学有害因子应急处置桌面联合推演等，提升关员应急处置能力。开展口岸新冠疫情防控学习培训31次，共计133人次参加。

【法治建设】2022年，古雷海关深入推进法治宣传。3月，联合漳浦县市场监督管理局、农业农村局开展消费者权益普法宣传。4月，邀请辖区20余家企业，开展国家安全日线上云普法活动。6月，围绕“健康人生　绿色无毒”主题，深入漳浦县城西社区开展禁毒普法宣传。8月，开展“走进石化企业讲安全”“书法展示海关法”等系列海关法治宣传日活动。12月，联合东山海关开展普法“云”讲堂活动，为东山县实验小学学生开展线上宪法普法宣传。

【风险管理】2022年，古雷海关持续梳理辖区进出口危险化学品危险特性、防护要求等，不断完善“一品类一方案”监管机制；开展“口岸危险品综合治理”百日专项行动，查获进口危险化学品申报不合格3批次、出口危险化学品包装使用鉴定不合格5批次；开展海关监管作业场所实地巡查67次、视频巡查85次，防范安全生产风险。加强疫情监测与风险预警，对来自疫区国家（地区）的船舶加大防控力度，做好口岸病媒生物和国门生物安全监测工作，严防重大传染病交织叠加。严格执行保密工作领导责任制，开展保密宣传教育培训，组织全体干部职工观看保密警示教育系列案例微电影，防范失泄密漏洞等风险。推动实施进口食品“国门守护”行动，组织开展“共担安全责任　共享美好生活”食品安全宣传周活动，引导社会各界参与食品安全共治共享，防范食品安全风险。

【税收征管】2022年，古雷海关深化关税保证保险成效，办理关税保证保险63票，担保金额20.4亿元。力促惠企税政“直达直享”，完成消费税退税21.4亿元，同比增长1倍。支持古雷海关辖区多个重点项目享受税收减免优惠，出具征免税确认通知书75份，办理减免税款6361.2万元。推行“智能审核+自助打印”新模式，办理原产地证书3038份，涉及货物金额14.8亿元，同比分别增长48.3%、47.3%，其中优惠签证1872份，涉及金额9.4亿元，助力企业出口享惠4711万元，同比分别增长1.1倍、75%、49.1%。开展RCEP等政策宣讲4次，签发出口RCEP项下原产地证书930份，货值2.8亿元。

▲2022年5月12日，古雷海关关员开展入境国际航行船舶登临检疫 （蓝贤斌 摄）

【新冠疫情防控】2022年，古雷海关坚守口岸新冠疫情“外防输入”第一线。轮编“一线、预备、应急”3个梯队，坚持“科领导+业务骨干”的组建模式，组织新冠疫情防控水运专班作业24轮次。登临检疫89艘次，监管换班船员66人次；开展流行病学调查60人次，采样60人次，未发现新冠阳性病例；联合古雷港经济开发区管委会及多家口岸单位举行古雷口岸阳性病例应急处置桌面推演、古雷口岸疫情防控实战演练等，组织一线关员学习新冠疫情口岸防控技术方案，持续加强口岸疫情防控能力，严防疫情传播；强化内部人员纪律要求，在疫情形势严峻时，组织驻扎办公，推行“不见面办公、不见面办理”，抓好工作渠道和非工作渠道的安全防护工作。

【卫生检疫】2022年，古雷海关与地方政府部门及口岸运营单位建立口岸突发公共卫生事件联防联控机制，配置古雷口岸首个检疫方舱，购置移动式负压隔离单元，完善海关检疫用房基础设施建设，定制船舶检疫查验箱和口岸常见传染病快速检测试剂，口岸传染病防控软硬件能力不断提升。组织一线关员参加厦门海关卫生检疫专业能力提升“技能比武”，开展多部门共同参与的口岸传染病排查处置实操演练，开展出入境特殊物品、尸体、骸骨卫生检疫监管能力培训，以口岸公共卫生核心能力建设为契机，持续提升口岸卫生检疫能力。10月，根据新冠疫情期间国际航行船舶船员突发事件应急处置预案，通过联防联控机制，开展1起船员紧急救助工作。

【动植物检疫】2022年，古雷海关落实促进外贸保稳提质各项措施，开辟保鲜蔬菜出口“绿色通道”，专岗受理、随约随检，监管出口保鲜蔬菜8.8万吨，同比增长5.2%。

▲2022 年 4 月 21 日，古雷海关关员对大葱生产基地实施监管　（张鑫　摄）

开展“国门绿盾 2022”行动，严防动植物疫情疫病传入。监管进境原皮 1485 批次，货量 7.8 万吨，同比分别下降 18.9%、21.4%。开展进境水生动物隔离期监管 48 批次；开展疫病监测 48 批次，检出进境种用水生动物疫病阳性 3 批次，保障国门生物安全。

【食品检验检疫】2022 年，古雷海关对辖区 82 家出口食品生产企业及其种植养殖基地提供技术指导和支持，发布风险预警信息 53 期，帮扶企业新增出口食品 12 种。完成出口食品化妆品监督抽检任务 41 个、出口动物源性食品风险监测任务 3 个、出口水产品动物疫病监测任务 6 个；完成进口食品监督抽检任务 5 个、进口食品目的地查验 84 批、后续处置 13 批。

【商品检验】2022 年，古雷海关累计验放进出口危险化学品 495.9 万吨，同比持平。监管进出口危险化学品品类由 9 类增长至 14 类。深化进口大宗商品数重量鉴定模式改革、进口原油“先放后检”，累计验放进口原油 347.7 万吨，同比持平。累计开展危险化学品包装使用鉴定 191 批次，查获使用鉴定不合格 6 批次；首次在进口旧机电产品中查获禁止进口压力容器，该案例入选厦门海关 2022 年进口消费品检验十大典型案例。

【监管与服务】2022 年，古雷海关聚焦地方政府“十四五”规划，主动作为、精准施策，服务保障货物进出口。加强调研走访，及时回应企业诉求，指导码头业主做好海关监管作业场所建设和疫情防控工作，推动古雷重点产业项目加速建设，发挥古雷台湾石化园区平台优势和古雷港区位优势，助推石化产业延链、补链。简化船舶申报手续，大幅压缩单证数量。指导帮扶古雷石化码头古雷南 15 号～19 号泊位 3 月通过对外开放省级验收，翔鹭码头古雷南 8 号泊位 10 月通过对外开放市级验收。服务助推古雷石化产业发展，1 月首次监管进口石油原油，5 月首次监管出口邻二甲苯，8 月首次监管进口纯苯。12 月监管进口一批 1.4 万吨丙烷，刷新古雷口岸进口丙烷单批最大重量纪录。

【海关统计】2022 年，古雷海关加强调查分析研究工作，定期撰写辖区行业分析、进出口数据分析文章，发挥统计数据“外贸晴雨表”优势，辅助地方政府部门做好决策参考。全年报送统计分析报告 20 篇均被采用，其中被国办采用 1 篇、福建省政府办采用 4 篇。承接署级、关级政研课题，共完成署级课题 5 篇，其中 3 篇被省部级以上领导批示。

【企业管理和稽查】2022年，古雷海关办理厦门关区首起稽查环节查发的医疗器械违规进口案；办结辖区首起特许权使用费专项稽查作业，涉及合同标的合计3730.8万美元。全年稽查移交立案处理2起。完成辖区15家种植基地、4家养殖基地的备案及变更审核工作，新推荐1家出口食品生产企业对外注册。

【查缉走私】2022年，古雷海关推进“国门利剑2022”联合行动，查发办理“简快”程序案件2起，移交海关缉私部门行政立案1起，协助海警部门与地方公安成功处置冻品走私案件1起。

【财务及后勤保障】2022年，古雷海关开展“海关重点项目和财物管理以权谋私”专项整治工作，细化制定16项具体实施举措，梳理排查建关以来重点项目和财物管理工作。严格预算执行管理，落实过紧日子要求，注重节能减排，获得国家机关事务管理局等4部委评定的节约型机关。

撰稿人

张冬锋

漳州海关

【概况】漳州海关，是厦门海关正处级隶属海关。截至2022年年底，内设科室10个，包括办公室（党委办公室）、人事政工科（党委组织宣传部）、法律事务科、综合业务一科、综合业务二科、加工贸易监管科、产品监管科、核查科、稽查科、角美监管科；事业单位1个，为漳州海关综合技术服务中心；下设副处级办事处1个，为驻招银办事处。实有行政编制人员129人、事业编制人员17人。辖区范围包括漳州市芗城、龙文、龙海、长泰4区，华安、南靖、平和3县，以及漳州招商局经济技术开发区、漳州台商投资区、漳州高新技术产业开发区。

2022年，漳州海关贯彻落实“疫情要防住、经济要稳住、发展要安全”重要要求，围绕建设“更有效率海关”推动各项工作开展。全年监管进出口货运量650.48万吨、进出口值164.4亿元、集装箱8000标箱，同比分别下降20.17%、下降11.55%、增长3.44%；办理进出口报关单1.15万票，同比增长13.84%；检验检疫出入境货物7.48万批、177.62亿元，同比分别下降2%、15.35%；税收入库15.47亿元，同比下降9.59%；签发原产地证书2.8万份，签证金额129.88亿元；办理减免税审批51票、1.15亿元，实际减免税额787.79万元；办理报关单位备案428家，备案信息变更218家，注销145家；办理加工贸易手册备案金额18.77亿元，同比下降56.45%；开展稽核查作业407起；共有出口食品备案企业418家，其中对外注册企业41家；监管进出境船舶416艘次，口岸检疫供船食品118批次，供退物料668批次，查获6艘次进境船舶携有非洲猪瘟猪肉共计520千克。

【基层党建】2022年，漳州海关学习宣传贯彻党的十九届六中全会和党的二十大精神，落实“第一议题”制度，开展政治机关专项教育活动和“学查改”专项工作，组织“国家重大风险和海关政治责任”专题研讨；开展业务领域政治风险大排查，针对8个重大风险制定21项整改防控措施，针对80个业务岗位制定383条具体政治要求；开展巡视巡察整改“回头看”和自查自纠工作；启动“青年理论素养提升工程”建设，围绕“铸忠诚、担使命、守国门、促发展、齐奋斗”组织课题研究、青年宣讲比赛；深化党支部标准化建设和品牌化经营，狠抓事业单位党建工作。在厦门海关年度党建工作评比中，漳州海关2个党支部获评先进基层党组织，5个党支部获评“四强”党支部。党建论文《新时代加强基层党支部书记队伍建设的思考》获厦门市直机关年度征文一等奖。

【精神文明建设】2022年，漳州海关制订实施深化文明创建工作方案，继续擦亮全国文明单位和全国巾帼文明岗、省级青年文明号品牌，连续4年获评漳州市机关效能建设“优秀”和综合治理“一类平安单位”等次；1个科室获评2021年厦门市“五一先锋号”，3个家庭分别获评福建省最美家庭、福建省绿色家庭、漳州市绿色家庭。深化工青妇工作，召开联席会议，组织“巾帼心向党、一起向未来”、“纪念红军攻克漳州90周年”、扶贫助学等主题活动，常态化开展一线慰问和荣退干部座谈，传递组织关怀。

【岗位能力提升行动】2022年，漳州海关加强干部队伍建设，打造“晨曦课堂”“巾帼红学堂”“核力微课堂”等科室学习品牌，1人名列全国海关稽查岗位练兵个人比武“百强”（取得团体第三名），1人获评厦门海关“业务标兵”，4人获评厦门海关“岗位能手”，3人入选厦门海关财物领域专家人才库。

【法治建设】2022年，漳州海关落实“谁执法谁普法”普法责任制，组织或参与“6·26”国际禁毒日、“8·8”海关法治宣传日、“美好生活·民法典相伴——民法典进农村·‘蒲公英’在行动”等普法活动；创新普法教育方式助力地方外贸保稳提质，获厦门海关推荐参评福建省十大法治事件和海关总署普法经典案例；对接企业自主知识产权海关保护需求，牵头漳州市委政法委、司法局等单位向60多家外贸企业“面对面”普法；推行“三项制度”“枫桥经验”等普法工作经验被《中国国门时报》《民主与法制时报》等多家媒体刊载。

【“骐骥工作室”】2022年，漳州海关继续发挥好业务风险信息处置中心“骐骥工作室”作用，强化风险信息采集、加工、整理和成果转化，全年发布风险预警29条，提出处置建议13份，移交刑事案件1起，办理行政处罚案件7起。成立专项检查组开展执法检查，全面防范廉政风险和业务风险；加大全链条风险防控力度，查发2018年机构改革后厦门关区首起食品类出口商品逃避商检案。

【税收征管】2022年，漳州海关推进汇总征税、自报自缴等税收改革项目，全年征收税款15.47亿元，其中关税3.55亿元，增值税11.92亿元。开展税政调研，整理上报的“新增速溶茶子目”建议被海关总署京津税管局纳入税政调研专题研究，“增列含玫瑰木吉他子目并享受出口免税且退税政策”建议于2022年9月落地生效。创办保税政策宣讲“云课堂”并开展线上宣讲4期，累计222家企业、668人次参加，收集并解决问题51个。

【口岸疫情防控】2022年，漳州海关科学精准开展水运口岸疫情防控，做好入境船舶、人员信息收集和风险研判，撰写风险评估报告2期；启用漳州首个口岸检疫方舱，23人参加24轮专班，累计监管进出境船舶416艘次、船员7732人次，执行登临检查120艘次；应对本土疫情，先后开展轨迹排查2.2万人次，实施两次驻扎办公，严格落实“应检尽检”“应种尽种”要求；完善防控队伍梯队建设，建立多元化培训体系，组织应急演练、桌面推演4次以及常态化技能培训考核，持续提升卫生检疫技能及个人安全防护能力，关心关爱专班人员身心健康。

▲2022年7月19日，漳州海关关员借助登高车开展船舶登临检查　（张小勤　摄）

【动植物检疫】2022年，漳州海关开展“国门绿盾2022”行动，严防动植物疫情疫病传入和外来物种入侵，全年截获进境植物有害生物153种、4396种次、152批次，其中检疫性有害生物17种、443种次、129批次；完成64个植物疫情监测点布点并实施监测，对20批次（同比增长2.5倍）进境种用水生动物开展后续监管，完成1个出境水生动物养殖场动物疫病监测，服务辖区水生动物种苗首次出口；推进进境粮食“两段准入”，表层检疫和鉴定时长由24~36小时压缩至最短2小时，利用中储粮闲置仓库缓解滞港问题；制发检疫处理单位监管作业指导书，完善进境粮食初筛实验室，开展进境粮食加工企业后续监管专项行动，编制进境粮食工作季度报告。

▲2022年5月30日，漳州海关关员对杨梅果园进行注册登记现场考核（王清清　摄）

▲2022 年 10 月 4 日，漳州海关关员查验进境原木　（林辰昱　摄）

【食品安全监管】 2022 年，漳州海关开展食品化妆品监督抽检 140 批次，完成 90 个出口动物源性风险监测样品抽检工作；完善进出口食品安全风险管理链条，完成 2 票进口食品标签不合格技术整改；对 13 批次出口食品境外通报开展核查；应对国外贸易技术壁垒，推动斯里兰卡按中国海关意见修改鱼罐头总砷限量标准；申报创建漳州市“食品安全教育基地”，3 人增补为漳州市食品安全专家库成员，1 人获评“漳州市食品安全工作先进个人”和漳州市“十佳食安卫士”；参与课题“食品中强极性农用化学投入品分析关键技术及标准化”获评厦门市科学技术进步二等奖，论文《荧光定量环介导等温扩增技术检测冠状散囊菌》被评为漳州市食品安全年度优秀论文；主持制定 2 个海关技术规范及行业标准。

【优化营商环境】 2022 年，漳州海关落实海关总署促进外贸保稳提质十条措施及厦门海关十六条细化措施，发挥驻漳州市长泰区“一线工作站”作用，全年驻点办公 52 人次，开展海关政策宣讲 3 场次，解决涉及 11 家次企业的 13 个问题；签发福建省首份农产品 RCEP 证书；助力当地特色农产品拓展国际市场，推动平和蜜柚扩大对外出口；与东山海关、古雷海关联合成立中菲（律宾）“两国双园”专班；支持保税物流中心（B 型）拓展出口拼箱和进口集成电路等业务，全年进出口值首度突破 40 亿元，同比增长 97.56%；推动 1210 网购保税量值齐增并启动“保税延展”业务，全年监管包裹 4452 票、货值 261.42 万元，同比分别增长 9.28 倍、6.98 倍；支持辖区国产威士忌、车客渡轮、水生动物种苗首次出口；指导企业加强自检自控，黑斑病菌境外通报批次同比下降 77.27%；督导企业退运货物按标准返工整改后重返国际市场；指导液化天然气（LNG）项目筹建海关监管作业场所；助力漳州后石港区 3 号泊位顺利通过口岸开放省级验收，设立海关监管作业场所并开展外贸进出口业务。

【商品检验】 2022 年，漳州海关聚焦“安全卫生健康环保”要求，严把医疗器械、旧机电等重点进出口商品质量安全关，联合市场监管部门严查不合格进口医疗美容器械，加强化肥出口商品检验。全年检出不合格工业品 54 批次，同比增长 10.20%，其中，2 个典型案例被海关总署采用。

【探索数字化监管模式】2022 年，漳州海关首次推行“远程视频属地查检新模式”，按计划上线运行“数字监管”平台船舶监管模块、“海关检疫 E 码通”海港版；升级改造辖区监管作业场所视频监控系统，实现船舶装卸、污油水回收、保税油供船等重点作业“鸟瞰”式监管；指导完成门户式辐射探测设备与码头卡口控制系统联动工程。

【加工贸易监管】2022 年，漳州海关推进加工贸易监管，开展加工贸易保税渠道进出口特殊商品专项排查整治、边角料内销处置情况专项检查，牵头协调漳州市生态环境局、东山海关、古雷海关建立加工贸易边角废料信息共享机制，协同开展固体废物污染环境防治工作。

【海关统计】2022 年，漳州海关加强业务数据安全日常监管、重点岗位及敏感数据监控；开展海关业务数据使用安全检查，严格落实保密要求；做好贸易统计数据年审工作，审核报送业务统计记录4853 条，发现各类申报差错 14 起，纠正报关单申报差错涉及金额 1178.77 万元；对辖区进出口企业贸易数据真实性加大排查力度。

【企业管理】2022 年，漳州海关办理报关单位备案 428 家，备案信息变更 218 家，企业注销 145 家；受理出口食品生产企业备案 173 件，企业境外注册推荐及水产品 HACCP（危害分析及关键控制点）验证 8 家次，出口食品种植场备案 68 家次，出口食品养殖场备案 6 家次，进口食品进口商备案 23 家次。其中，通过“多证合一”渠道办理报关单位备案 50 家，同比增长 2.85 倍；实现“全程网办”“一网通办”，压缩报关单位、出口食品生产企业备案办理时限至 3 个工作日。优化企业协调员制度，全年协调解决 AEO 企业相关问题 9 家次，对辖区内重点行业、企业开展“一对一”培育辅导 21 家次，新增 AEO 高级认证企业 1 家，入选全国海关首批 AEO 互认观摩企业 1 家。

【稽查核查作业】2022 年，漳州海关深化稽查作业改革，推进“国门利剑”“金钥”专项行动，全年分别开展稽查、核查作业 28 起、379 起。办结厦门关区首起粮食类快速办理案件，组织实施厦门关区首起跨辖区机动稽查作业，开展打击“洋垃圾”走私专项贸易调查和水运进口铁矿固体废物排查工作；查发辖区首起使用非备案基地原料违规出口案件；牵头开展“双随机、一公开”跨部门联合抽查，会同漳州市市场监督管理局对 20 家出口备案食品生产企业开展联合执法。

【查缉走私】2022 年，漳州海关深化与漳州海关缉私分局的协作配合，推进稽侦联动，相关经验做法被厦门海关“全员打私”工作专刊首期刊登。全年“简快”程序案件办结率 100%；移交行政案件 12 起，同比增长 50%。漳州海关和漳州海关缉私分局联合破获辖区首起食品类逃避商检案，涉及案值 2700 万元；联合开展低报价格走私进口石材打击行动 3 轮次，刑事立案 5 起，行政立案 3 起，涉案案值超过 2 亿元；对辖区某家居企业开展联合稽核查

▲2022 年 2 月 17 日，漳州海关对涉嫌走私进口石材进行核查（王曦　摄）

作业，涉案案值超过 1500 万元。

【科技发展】2022 年，漳州海关综合技术服务中心通过 CNAS/CMA 二合一复评及监督扩项现场和远程评审，新增检测场所 1 个、类别 32 个、检测参数 866 个，检测能力在漳州地区保持领先地位。参与课题“食品中强极性农用化学投入品分析关键技术及标准化”获厦门市科学技术进步二等奖，主持制定的海关技术规范 SN/T 5459—2022《出境蘑菇菌棒检疫操作规程》、行业标准 SN/T 5445—2022《出口植物源食品中特丁硫磷及其氧类似物（亚砜、砜）的测定液相色谱—质谱/质谱法》被海关总署发布实施。

【政务管理】2022 年，漳州海关推进年度重点工作任务落实，严格值班管理和信访处置，开展每月“关长接待日”活动，推进政务公开标准化规范化建设试点；组织开展政策调研，参与报送政务信息被海关总署采用 5 篇，参与厦门海关课题组文稿获省部级以上领导批示 4 篇，参与地方课题组文稿获国办采用 5 篇、省办采用 6 篇，漳州海关及学会小组获评 2022 年度厦门海关群众性理论研究工作组织推动先进单位；参与举办海关总署门户网站“解开‘鱼米花果之乡’的出口‘密码’”在线访谈；参加漳州市“效能建设热线”电台直播节目并为群众解答问题；制作微视频《山海微光》获海关总署“海关影像”栏目采播。强化档案管理工作，按要求开展档案安全自

▲2022 年 10 月 28 日，漳州海关关员对业务档案进行归档整理　（游晞　摄）

查、互查，推进档案管理规范化、制度化建设。

【安全生产】2022年，漳州海关调整安全生产领导小组办公室，建立“1+8”专项工作组，编发工作手册，观看《生命重于泰山》专题片，编辑警示月刊，下发“暑期十防”通知，组织消防讲座和灭火演练；开展“口岸危险品综合治理”百日专项行动，推动10家危险化学品查验场所不合规企业完成整改，监管危险货物及其包装325批，同比增长88.95%；常态化开展安全生产督导，全年发现问题15个，立行立改12个、跟踪督办3个，完成漳州海关办公楼配电室老化、档案室消防设施不合规等急难险问题整改。

【事业单位管理】漳州海关综合技术服务中心是漳州海关所属事业单位，内设综合业务部、综合实验室、漳浦实验室、国际旅行卫生保健中心和后勤管理部。实有事业编制人员17人。所属综合实验室于2009年5月通过第一批重点实验室核查验收成为国家罐头检测重点实验室，总占地面积约3250平方米，配备各类检测仪器设备759台/套；拥有CMA计量认证、CNAS认可、食品检验机构资质认定、CATL农产品质量安全检测机构资格，主要开展进出口罐头、果蔬、粮油、水产等各大类农产品食品、食品接触材料检测以及进出境动植物检疫，承担相关科研制标、检测技术开发、技术咨询与培训等职能，同时还承接企业自主委托业务和漳州市各县区食品安全抽检监测任务；所属国际旅行卫生保健中心总面积850平方米，配有仪器设备68台/套，承担出入境人员传染病监测、健康体检、预防接种、国际旅行卫生保健咨询、医疗保健门诊等工作。

2022年，该中心检测技术能力覆盖法定检测资质类别140个、检测参数4803个。全年完成总检测任务3.33万批次、项目数23.98万个，同比分别增长6.80%、19.23%；受理健康体检404人次，预防接种972人次，国际旅行健康咨询200人次，签发国际旅行健康检查证书、国际预防接种证书等405份。

撰稿人

王亚芬　方江德　冯开歌　许方馨　孙钒婧　苏聪强
李思玲　张兰青　张淑美　陈韵璇　林子旭　林冰劼
郑艺平　郑俊超　黄艺芸

龙岩海关

【概况】龙岩海关，是厦门海关正处级隶属海关。截至2022年年底，内设科室7个，包括办公室（党委办公室）、综合业务科、核查科、古田监管科、陆地港监管科、人事政工科（党委组织宣传部）、法律事务科，代管厦门海关技术中心龙岩管理部。实有行政编制人员54人，代管事业编制人员9人。负责龙岩市行政区内各项海关业务。

2022年，龙岩海关围绕建设“更有效率海关”，立足革命老区建设“红土新关”，监管进出口货运量89.41万吨、货值381.56亿元，同比分别增长20.88%、17.39%。其中，出口货运量12.3万吨、货值164.63亿元，同比分别增长16.4%、21.61%；进口货运量77.11万吨、货值216.93亿元，同比分别增长21.6%、14.37%。加工贸易合同备案132份，同比增长23.4%，备案金额445.95亿元；签发原产地证书4192份，金额19.7亿元；检验检疫进出境货物8635批、货值43.2亿元，同比分别减少4.22%、增长25.7%；开展“国门利剑2022”专项行动，查获行政案件11起。

【学习宣传贯彻党的二十大精神】2022年10月16日，龙岩海关全体党员收看党的二十大开幕盛况并开展研讨交流；开设党的二十大精神网络专栏，刊发心得体会72篇；开辟“三实”海关文化宣传栏，编发“盛会耀红关”周刊7期，及时刊载重要讲话、专家解读、理论文章；拍摄的《我心中的二十大》视频被“学习强国”平台刊载；邀请党的二十大代表、龙岩市委讲师团教授专题授课辅导；组织参观古田会议旧址曙光堂、“中央苏区廉政建设主题展”，围绕党的二十届一中全会公报开展讨论，组织到辖区内的全国乡村特色产业亿元村培斜村调研，围绕服务革命老区特色农林事业做大做强贡献海关力量。

【政治机关建设】2022年，龙岩海关党委贯彻落实党中央各项决策部署，第一时间、第一议题、不折不扣学习贯彻习近平总书记重要讲话重要指示批示精神，召开党委理论中心组学习19次、开展支部学习研讨112次；党委书记从基层海关视角宣讲贯通理解“两个确立”的决定性意义，该课程入选海关总署学习贯彻习近平新时代中国特色社会主义思想特色课程；统筹政治机关专项教育活动和“学查改”专项工作、巡视巡察问题集中整改，修订

▲2022年3月8日，龙岩海关关员走进新泉整训纪念馆开展学习交流（赖志华 摄）

完善制度22项；推进“海关重点项目和财物管理以权谋私”专项整治，查补采购流程、项目管理、财务管理等风险隐患33个；组织开展“知职责·明规矩·守底线”纪法学习教育和交通安全法、治安管理处罚法案例警示教育；开展廉政警示教育6次，编发警示教育月刊12期，成立龙岩海关风险管理委员会，明确防范化解重大、系统性风险任务分工和相关风险责任人。

【基层党建】2022年，龙岩海关围绕“疫情要防住、经济要稳住、发展要安全”重要要求，深入推进“更有效率海关”建设，强精神气质、强专业素质、强工作品质、树新好形象，奋力打造“龙关实践样本”，创新形成“五环归一”党建工作模式、“1324”基层治理模式。

升级完善党员思想淬炼馆，坚持“学、讲、行”三位一体引领基层海关建设并获评海关系统基层党建创新案例。以“学、讲、行”三位一体全链条务实举措，开展“大家学·大家行”思想淬炼分享会51场，系统学习贯彻新时代党的创新理论；强化政治业务融合，开设“业务大讲堂”，开展涵盖龙岩海关全业务门类专题培训28个、稽查改革业务培训8期；以干代训，增强培训实践性，选送6人至东渡海关、海沧海关等现场跟班学习，选派1人参加海关总署审计工作。年内，古田监管科党支部品牌获评厦门海关党建示范品牌，综合业务科党支部获评厦门海关先进基层党组织，核查科党支部、陆地港监管科党支部、技术中心龙岩管理部党支部获评厦门海关“四强”党支部；2人获评厦门海关优秀共产党员；2人获评厦门海关优秀党务工作者；龙岩海关管理的中央苏区税关史料馆接待参观学习23批391人，派员参与海关总署《中国共产党领导下的红色海关资料挖掘与研究》课题报告撰写。

龙岩海关拍摄的《如何做好基层党建实训工作》教学片在海关总署教培系统上线；制作的《坚持“学、讲、行”推进党建业务融合引领基层科室建设全面进步》入选海关总署党建创新案例；主创拍摄的宣传片《那一抹红》《唱响闽西红土海关人的巾帼奋进之歌》在海关总署政工办网站展播；龙岩海关《党员思想淬炼馆》《中央苏区税关史料馆》宣传片作为厦门海关党建实训基地建设经验推广素材在海关系统法治工作第三协作区第二次线上联席会议上展播。

【内部疫情防控】2022年，龙岩海关抓好内部新冠疫情防控，全年召开疫情防控领导小组会议18次，完善防控疫情内部措施29项，分类建立疫情防控台账并专人跟踪维护。全年组织应对本土疫情，建立轮班应急机制。建立龙岩海关防疫物资周转库，物理隔断海关大院办公区和生活区，开展“无预警”疫情内部防控检查12次、应急处置演练2次、紧急排查人员38次，推进新冠疫苗接种，加强办公场所、人员出差出行等管理，强化外出执法人员安全防护监督。全年选派5人次共计270天支援厦门海关保健中心工作。

【税收征管】2022年，龙岩海关落实海关总署、厦门海关综合治税工作部署，推进属地纳税人管理，持续深化税收征管改革，推广汇总征税、预裁定等便利措施，全年税收入库9.65亿元，同比增长58.3%。落实国家减税降费等重大决策部署，引导进出口企业用足用好减免税、自由贸易协定关税减让以及滞纳金减免、关税保证保险等政策，累计办理减免税货值743万元，减免税款77.1万元；办理保金保函为企业减省资金占用502.7万元；签发原产地证书4192份，货值19.7亿元。关员参与撰写的《进口硫酸验估指引》在全国海关推广。

【动植物检疫】2022年，龙岩海关持续做好防控非洲猪瘟、高致病性禽流感等重大动物疫情工作，落实防止外来物种入侵措施。开展国门生物安全监测及农产品安全风险监控；完成检疫性实蝇、外来杂草、番茄褐色皱果病毒等监测任务；完成出口饲料及饲料添加剂安全风险监控、出境食用水生动物（大闸蟹）疫病监测及安全风险监控任务。辖区现有进出境动植物及其产品注册登记、备案企业56家，进境粮食定点加工企业11家。全年完成45批次、10.2万吨进境粮食后续监管，监管出口竹木藤草等植物产品3630批、货值9.87亿元。持续加强境外动植物检疫动态与动植物疫情的收集、研判及报送，向厦门海关报送疫情信息26条，被海关总署采用7条。

【食品安全监管】2022年，龙岩海关贯彻落实“四个最严”要求，加强进出口食品安全监管。全年监管出口食品549批次、货值3.81亿元，同比分别增长5.4%、12.9%，出口国家和地区达50余个。年内，辖区有出口蔬菜、茶叶、肉禽、鳗鱼等原料备案基地35家，备案面积超7000亩。全年完成茶叶、薯片、饼干等出口食品监督抽检，检出一批出口茶叶农药残留不合格，作不准出境处置。指导厦门关区唯一一家供港禽肉企业新增对港注册品种。开展“食品安全宣传周”系列宣传活动，制作的宣传视频在厦门海关主题宣传日主会场展播。参与海关总署进出口食品安全局境外水产品生产企业评审、注册等专项任务15次。

【工业品监管】2022年，龙岩海关加强危险化学品安全监管，落实出口危险化学品“产地检验、口岸查验”、双人持证上岗、批批检等相关制度要求，统筹运用集约化查验方式，建立完善进出口企业档案，督促相关企业扎实做好日常基础工作。全年完成出口危险化学品检验监管1938批、货值17.68亿元，同比分别增长10.2%、76.7%。推动地方特色产业、科技新兴企业发展，助力超高纯氧化镧深加工稀土产品首次出口，保障高端设备进口，助力蛟洋工业园区半导体级电子材料福建省重点项目落地见效。

【促进外贸保稳提质】 2022年，龙岩海关深入推广“两步申报”“提前申报”“两段准入”等业务改革。全年两步申报应用率77%；进、出口提前申报率分别为83.8%、65.7%；进口、出口整体通关时间分别为0.12小时、0.04小时，同比分别压缩33.3%、66.7%。成立保稳提质工作专班，由主要负责人任组长，各业务条线骨干参与，构建服务企业长效机制。开展“一县一策”助企纾困活动，建立“问题收集、联合研判、反馈销号”的闭环管理模式，全年召开座谈会8场、调研企业24家，收集解决海关事权问题45项；开展“关企直通车”2场次，解决12家企业17个问题。

【助力龙岩革命老区高质量发展】 2022年，龙岩海关推动厦门海关出台支持龙岩市建设闽西革命老区高质量发展示范区的9条36项措施落地生效。协调解决木材出口归类困难、推动建立海关对进口铜精矿协调验放机制。创新危险化学品出口监管集约化、订制式查验模式，查验效率提高70%，形成磷酸生产向蛟洋工业园区集聚效应，监管危险化学品出口批次约占厦门关区的60%。龙岩海关对铜冶炼加工贸易单耗管理纳入海关总署改革试点，企业违规风险和税收成本降低。年内，龙岩海关获“龙岩市2021—2022年招商引资特别贡献集体”嘉奖。

【中欧班列（红古田号）首趟开行】 2021年年底，龙岩海关关于龙岩市开行中欧班列的可行性报告获龙岩市人民政府采纳。2022年4月15日，中欧班列海关监管作业场所通过验收，龙岩海关开辟绿色通道保障中欧班列“一次报关、一次查验、全线放行”，设立专人专岗负责与出境口岸海关对接，及时解决舱单传输、沿途监管等问题。同月29日，龙岩市首趟中欧班列（红古田号）开行，该班列由龙岩市上杭县始发，经满洲里口岸出境后运抵俄罗斯，全程1.07万千米。全年，监管中欧班列（红古田号）8列，累计货值1.53亿元，货物主要为特色专用车、婴幼儿用品等，闽西革命老区龙岩市对外开放发展的空间得到拓展。

【支持跨境电商综合试验区建设】 2022年，龙岩海关对接中国（龙岩）跨境电子商务综合试验区（简称“龙岩综合试验区”）发展需求，支持区内企业落地出口退税、“无票免税”、所得税核定征收等政策；支持企业建设、

▲2022年4月29日，龙岩海关关员监管中欧班列（红古田号）首发　（刘雨龙　摄）

租赁海外仓，利用海外仓扩大出口；允许跨境电商商品转关，对厦门关区内出境的跨境电商适用区域直通模式。6月17日，监管龙岩综合试验区首票“9610”“9810”两种不同贸易方式跨境电商商品拼箱出口。年内，共监管跨境电商出口108万票、货值21.5亿元，同比分别增长84%、86%。

【企业管理和稽核查】2022年，龙岩海关进一步优化企业备案流程，推进“多证合一”改革，简化企业注册登记和基地备案手续，实施“不见面”线上指导企业办理备案业务，营造良好营商环境。全年新增注册登记报关单位202家、食品化妆品进口商备案8家、出口食品生产企业备案9家、办理海外仓备案6家；开展AEO培育，高级认证企业通过认证复核1家。完成核查作业78起（定期类58起、风险类20起）。核查查发问题中督促规范整改56起、通报企管部门10起，移交其他部门办理补税1起，取消食品企业及种植基地备案资质8起；全年开展主动披露10起；办结稽查作业9起，稽查有效率77.78%；查获属地查检涉检案件2起，办结快速办理行政处罚案件7起、一般行政案件4起、刑事案件4起。

【实验室建设】2022年，厦门海关技术中心龙岩管理部保障好法定检验业务，发挥“国家级矿产品检测重点实验室”“海关总署农林产品检验检疫区域性中心实验室”两个国字号招牌优势，集中力量主攻金铜、化工、农林等地方特色产业的检测技能。以信息化建设提升工作效能，全面梳理优化各项业务流程、节点，检测周期从平均7天缩短至5天，检测精准度和效率进一步提升。全年取得实用新型专利2项，公开发表科研论文3篇。辖区林业系统主动委托海关实验室开展检测业务。

【安全生产】2022年，龙岩海关严守安全生产底线，抓好安全管理。年内，举办消防安全讲座2次、组织办公区突遇火情紧急处置演练1次、内部安全检查10次，改造机关本部大楼及洋潭办公区消防设施，安装烟感系统、实验室通风系统和危险品试剂间。全面落实24小时值班制度，组织应对3月份特大暴雨险情，推送即时天气信息；与龙岩市应急管理局签订合作备忘录，定期对海关监管作业场所开展安全生产隐患排查，与海关监管场所经营企业签订安全生产议定书，开展生物涉恐突发事件应急处置桌面推演1次。

【全国文明单位创建】2022年，龙岩海关锚定“理念先进、作风严谨、管理高效、

▲2022年9月27日，龙岩海关开展消防演练 （孙彬 摄）

富有活力”的发展愿景，争创第七届全国文明单位。创建“三问书苑”，提供各类纸质图书、报纸、杂志、电子图书2000余册，每周举办“榕树下·工悦读”读书沙龙活动；改善办公院区环境，升级运动场馆，定期开设运动课程；组织“筑梦同心·欢乐同行”趣味运动会、家庭亲子阅读、三人篮球赛等文体活动。全年开展志愿服务活动20次、338人次。4月，组织参加龙岩市“中国梦·劳动美——喜迎二十大建功新时代”工装风采大赛获金奖；1个家庭获福建省最美家庭；龙岩海关获评国家机关事务管理局等4部委评定的节约型机关；在福建省177个“全国文明单位”培育对象的届中评比中排名46名。

撰稿人

林雄兴

第八篇

事业单位

厦门海关后勤管理中心

【概况】厦门海关后勤管理中心（简称“后管中心”），是厦门海关所属事业单位。截至2022年年底，内设部门机构10个，包括办公室、财务部、采购部、大楼管理部、生活服务部、车辆管理部、涉案财物管理部、企业管理部、湖里管理部、高崎管理部（由厦门海关培训中心代管）。实有事业编制人员51人。承担厦门海关机关办公区物业管理、生活服务、会务保障、招标采购、车辆管理、私货管理等后勤服务保障工作；承担后管中心及下属经济实体的经营管理工作等职责。

2022年，后管中心把学习宣传贯彻党的十九届六中全会和党的二十大精神贯穿全年工作始终，提高政治站位，落实“第一议题”制度，推进党史学习教育，开展政治机关专项教育活动和“学查改”专项工作，节能减排取得成效，安全生产更加规范，后勤保障服务有力。后管中心第一党支部获评厦门关区2022年度“四强”党支部，1人获评厦门海关优秀党务工作者、2人获评厦门海关优秀党员，1个家庭获评2022年厦门市最美家庭。

【巡视巡察整改】2022年，后管中心在海关总署巡视中长期整改工作中，协办的46项巡视整改措施全部完成。对照厦门海关党委2021年巡察反馈的11个问题，制定的52条整改措施全部完成。制修订后管中心工作规则和经济合同管理办法等长效制度机制5项，固化整改成果。

【防范化解廉政风险】2022年，后管中心压实全面从严治党主体责任党风廉政建设责任制，防范和化解经费管理、资产管理、工程建设、政府采购、公务接待等领域的风险隐患。2—9月，推进“海关重点项目和财物管理以权谋私”专项整治工作，配合做好对各隶属海关重点项目招标采购环节问题风险隐患排查。8月，结合“警示教育月”系列活动，建立后勤管理“廉政风险防控清单”。与厦门海关党委第六派驻纪检组签订联系配合办法，主动通报涉及后管中心的党风廉政建设和思想动态工作。

【内部疫情防控】2022年，后管中心履行新冠疫情防控“四方责任”，及时理解和把握防控政策调整，动态优化内部疫情防控措施，确保内部疫情防控转段平稳有序。妥善应对年内3月、8月两轮本土疫情，领取并发放厦门关区常态化疫情防控物资166.2万件；调拨分发应急物资储备库物资进出库 287 批次、2896 箱。

【安全生产】2022 年，后管中心在巩固安全生产专项整治三年行动成果基础上，持续深入排查整治“7+21”项重大、系统性风险，落实安全常识教育、安全形势分析、隐患排查整治、联席联防联治等制度机制；开展“我是安全吹哨人”“查找身边的安全隐患”等活动，组织消防、防汛演练等活动 10 场次，提高人防、技防、物防水平，全年无安全责任事故发生。

【后勤保障】2022 年，后管中心以践行“管理科学规范精细、服务用心用情用功、保障有力有序有效”理念为抓手，系统优化后勤服务工作。按照“一活动一方案”要求，研究制订各类重大活动保障方案和应急预案，提升重大活动服务保障水平。全年累计保障会议 530 场次、9130 人次。按时保质完成各项翻新修缮工程，抓好绿化、保洁、安保等后勤服务环节，公务用车保障全年零事故。

【节约型机关创建】2022 年，后管中心落实过紧日子要求，持续推行绿色办公、绿色采购、绿色出行，把“勤俭办一切事业”的理念贯穿于保障机关运转的全过程和各方面。修订完善相关制度，严格采购程序，全年采购项目经费平均核减率为 8.9%。完成全国海关节约型机关创建三年规划目标，助力厦门海关本级获得国家机关事务管理局等 4 部委评定的节约型机关。

▲2022 年 9 月 29 日，后管中心联合厦门市公安局思明分局鹭江派出所开展安保人员反恐防爆警械器具实用技能培训演练　（钟碧菊　摄）

【涉案财物管理】2022 年，后管中心在专项整治整改工作基础上提升对涉案财物管理的标准化、专业化水平，修订和完善相关制度 6 项，采取重新划分库房区域、优化上墙标识、规范贵重货品包装等 7 项措施，分层分类提升涉案财物管理与处置效能。全年办理涉案财物进出库 477 批次，协助出库拍卖货物 30 批次、2.78 万件，销毁各类物资 194.5 万件。

【基建管理】2022 年，后管中心有序实施厦门海关涉案财物仓库、新机场海关工作犬驯养中心等建设项目。根据基建工作需要，抽调骨干力量成立基建工作领导小组及基建办公室，坚持安全生产、质量至上、绿色施工，强化工程进度管理，打造优良工程、满意工程、廉洁工程。

【所属企业改制改革】2022 年，后管中心根据厦门海关关于国企改革工作部署，在厦门海关监委会指导下，以“职工思想不散、工作秩序不乱、经营业务不断、国有资产不流失”为目标，平稳有序推进所属企业厦门和健公司、环宇公司清算注销和中检厦门有限公司股权转让等工作。5 月 31 日，完成和健公司清算注销。6 月 29 日，完成环宇公司清算注销。加快改制后企业内控制度建设，3 家下属企业累计编制管理机制 15 项，加强内部风险控制体系建设，强化对关键领域、关键事项、关键环节、关键岗位的监督，明确权责分工，完善制衡与监督机制。

撰稿人

杜剑彬　李文音　翁珊珊

厦门海关技术中心

【概况】 厦门海关技术中心（简称“技术中心”），是厦门海关所属事业单位。截至2022年年底，内设管理部门4个，包括办公室、人事政工部、财务部、综合业务部；有实验室5个，包括商品检验实验室、食品检验实验室、动物检疫实验室、植物检疫实验室、机电实验室。实有事业编制人员116人。承担厦门海关各类实验室检测鉴定、化验以及社会委托检验鉴定、公共技术服务和科研等职责。

2022年，技术中心落实厦门海关党委部署要求，统筹抓好新冠疫情防控和促进外贸稳增长，聚焦执法保障，强化科技引领，促进外贸保稳提质，全力以赴拓展业务，持续推进“更有效率海关”建设。全年完成总检测任务4.36万批，同比增长12.95%。其中，法检检测1.07万批、17.52万项，同比分别增长3.9%、36.8%；商业委托3.29万批，同比增长16.89%。

【基层党建】 2022年，技术中心以习近平新时代中国特色社会主义思想为指导，开展政治机关专项教育活动和“学查改”专项工作，不断强化政治意识，用党的创新理论武装党员干部头脑，夯实党建工作基础。年内，技术中心把学习宣传贯彻党的二十大精神作为首要政治任务，领导班子领学督学促学，各党支部通过“三会一课”、主题党日、专题学习等开展学习研讨53次、主题宣讲督学13次、撰写各类主题征文66篇。完成7个联合党支部、党总支副书记和团支部换届选举工作；2个支部获评厦门海关“四强”党支部、1个支部获评厦门海关“先进基层党组织”、1人获评厦门海关优秀党务工作者、3人获评厦门海关优秀共产党员，“‘你点我检’守护食品安全”获评厦门海关第三批“我为群众办实事”优秀项目，党员先锋模范作用彰显。

深化准军事化纪律部队建设，持续纠治“四风”问题，开展内务规范强化月、警示教育月、内务督察检查等活动，锤炼过硬纪律作风；强化专业本领，突出岗位和工作需求，推进能力提升专项行动，组建18个结对帮扶小组，开展培训47场次、900人次，进一步提升干部队伍素质。坚持“第一议题”制度，召开领导班子会31次、研究决策事项96项；开展“海关重点项目和财物管理以权谋私”专项整治，防范非执法领域风险。

【新冠疫情防控】 2022年，技术中心压紧压实主体责任，严格落实厦门海关和地方防疫工作要求，统筹开展疫情防控和执法保障工作，筑牢疫情防控安全屏障。持续做到“四个减少”“四个避免”，研究制定加强进口非冷链货物疫情防护的8条工作措施，防范实验室感染风险。组织内部防控全面检查，开展疫情防控专业培训和应急演练5次，应对多轮本土疫情影响，确保工作正常运转。支援机场海关和保健中心疫情防控工作10人次。

【执法技术保障】 2022年，技术中心贯彻落实习近平总书记关于打击“洋垃圾”、象牙等濒危物种及其制品走私等重要指示批示精神，持续提升检验检测能力，开验聚酯多元醇、塑料物理性能等检测新项目264个，开发核磁共振技术在聚合物成分结构鉴定的应用等检测方法，确保完成法检任务。完成涉税化验及品名鉴定210批，检出31批申报不符。年内，技术中心鉴定化验涉税方面典型案例包括：4月2日，鉴定确认原申报为花岗岩边角料实际为半宝石方钠石原石；4月28日，鉴定确认原申报为石英岩实际为石英；8月4日，鉴定确认原申报为石英岩荒料实际为半宝石东陵石。年内，技术中心品名鉴定方面典型案例包括：4月25日，鉴定确认原申报品名为PP实际是氟烯烃聚合物；5月7日，鉴定确认原申报品名为铁砂实际成分主要为玻璃微珠和碳化钨。

2022年，技术中心完成危险化学品样品鉴别1193批，其中配合厦门海关各隶属海关取样鉴定被布控货物48批，鉴定出伪瞒报危险品14批。其中：8月26日，受海沧海关委托到码头取样1批夹藏瞒报货物，共40瓶，经鉴定为敌敌畏，属于中国《危险化学品目录》（2015版）列明的6.1类危险化学品；11月23日，鉴定确认夹藏未申报货物“香水”为列入中国《危险化学品目录》（2015版）的第3类易燃危险化学品，共208箱、39.46万瓶。

【动植物检疫鉴定】 2022年，技术中心持续加强动植物检疫鉴定，防止非洲猪瘟、松材线虫等动植物疫情传入传出，配合开展非法引进外来物种和种子苗木“国门绿盾2022”专项行动。全年完成物种鉴定138批，主要有观赏鱼物种货证不符、非中国准入海参等，涉及物种有猪笼草、奥氏黄檀、香洋椿、斜叶黄檀、桃花心木、沉香木等濒危植物制品6批；从进出境动物及其产品中检出各类病毒26批，主要包括传染性皮下和造血器官坏死病毒、副溶血性弧菌以及诺如病毒等病原；从进出境植物及其产品中检出有害生物460种8408种次，其中在厦门关区首次检出番茄褐色皱纹果病毒。3月31日，鉴定确认邮局海关送检的咖啡豆样品中检出咖啡果小蠹；6月13日，鉴定确认机场海关送检的番茄种子中检出番茄褐色皱纹果病毒；7月4日，鉴定确认邮局海关截获的10只甲虫标本为白纹大王花金龟；10月8日，鉴定确认海沧海关截获的活体蜘蛛为“黑寡妇”毒蜘蛛，这是厦门海关近年首次截获该类蜘蛛；11月28日，鉴定确认机场海关送检的胡萝卜种子中检出马铃薯斑驳病菌。

【进出口食品安全检测】 2022年，技术中心继续配合开展进口食品“国门守护”行动，开展进出口食品、化妆品监督抽检和风险监测，提升口岸执法效能。全年完成进出口食品抽检样品4510批、12.56万项次，同比分别增长31.32%、1倍；完成进出口食品、化妆品监督抽检和风险监测任务348批。从进出口食品中检出不合格165批；从澳大利亚输华牛肉产品中检出蓝舌病病毒，为全国海关首次检出；从旅客携带来自中国香港的香辣猪肉条和猪肉脯中检出非洲猪瘟病毒核酸阳性。

▲2022年7月14日，技术中心商品检验实验室专家开展集体研判，解决进口大宗资源性商品固体废物鉴定的疑难问题　（甘露　摄）

【禁止进境废物鉴定】2022年，技术中心为海关“国门利剑2022”专项行动提供技术支撑，加强对进口大宗资源性商品固体废物鉴定，强化集体研判机制，完成厦门关区内固体废物属性鉴别业务174批，判定固体废物26批，新开展鉴别苏木薪柴、明胶、羽翅、人发等10种产品。年内，禁止进境废物鉴定典型案例包括：2月14日，鉴定东渡海关送检的“聚苯乙烯再生粒子”添加限制使用的多溴联苯醚，且含量超过标准限量值15倍，属国家禁止进口固体废物；3月2日，鉴定东渡海关查获的两批“次氧化锌”，部分货物主要成分为碱式氯化锌和氧化锌，其氯含量检测值为20.5%，超过YS/T 1343—2019《锌冶炼用氧化锌富集物》标准相关要求（Cl≤8%），该批货物共计61吨，属于国家禁止进口固体废物；4月6日，鉴定海沧海关送检的“粗甘油”实际为生物柴油生产过程中的低劣副产物，有害物质甲醇含量超标，属于国家禁止进口固体废物；5月19日，鉴定确认东渡海关送检的“玻璃纤维短切丝”属于国家禁止进口固体废物，总重124.1吨；7月6日，鉴定东渡海关送检的“PS再生颗粒”中有害物质多溴二苯醚超出国家标准10倍，该批货物属于国家禁止进口固体废物；10月10日，鉴定东渡海关送检的“再生颗粒”中含729.2千克塑料废碎料及下脚料，属于国家禁止进口固体废物；10月21日，鉴定海沧海关送检的“铜矿砂”实为金矿氰化尾渣，属于国家禁止进口固体废物。

【科研成果】2022年，技术中心提升科研创新能力，申报各级科研制标项目48项，其中获主持立项19项（海关总署科研项目1项、厦门市科技计划项目1项、厦门海关科研项目3项、海关行业标准14项）；参与立项国家自然科学基金项目2项、参与制定国家标准1项、参与制修订海关行业标准4项。年内，获海关总署科技成果奖3项、福建省科学技术奖三等奖1项、厦门市科学技术奖二等奖1项。技术中心科研成果“食品中强极性农用化学投入品分析关键技术及标准化”获2021年度厦门市科学技术进步奖二等奖；与华侨大学合作申报课题“基于界面行为油茶皂苷对油脂胶体氧化过程的分子调控机制”、与厦门大学合作申报课题“基于智能质谱数据处理和多维组合衍生化探究土鳖虫药效物质及其作用机制”均通过国家科技部立项。年内，技术中心成立董清木劳模创新工作室，1人获评厦门关区首个福建省高层次人才（B类人才）。

【安全生产】2022年，技术中心贯彻落实习近平总书记关于安全生产的重要指示批示精神，推进安全生产专项整治三年行动，担负起安全生产政治责任。制修订安全生产、突发事件应急预案等8份安全管理制度、7份质量体系文件；推进全员安全责任制，内设机构全部签订年度安全生产责任书，全员签订安全生产岗位责任书。持续推进安全隐患排查整改，针对实验室安全、出口危险品、房产安全等重点领域，开展安全检查13次、接受厦门海关检查10次、公安系统危险化学品检查4次，建立健全安全隐患排查和安全预防控制体系，动态更新问题隐患和制度措施“两个清单”，对88个风险隐患逐项对账销号，确保整改到位；加强消防安全管理，对海沧办公区消防系统开展第三方检测评估，消防改造二期工程通过验收。强化培训演练，组织实验室安全、危险化学品安全、消防安全等专题培训和技能训练；组织消防安全突发火情应急处置演练3次、危险化学品防盗抢演练1次，应急处置能力进一步提高。

【财务及后勤保障】2022年，技术中心开展“海关重点项目和财物管理以权谋私”专项整治，配合完成接受国家审计并落实整改任务，推进内控和资金支付监控有机结合，减少和防范非执法领域风险；贯彻落实过紧日子要求，严控一般性支出，规范进出口环节涉企收费，集中财力保障重点领域支出。加快推进所属国企改革，清理产权转让公司1家；加强耗材管理，完成实验室试剂耗材、实验用气体等招标采购工作；每月对清单外耗材组织比价采购；加强资产配置及处置，完善办公场所基础设施保障。

【实验室建设】2022年，技术中心推进检测技术能力建设“十四五”发展规划，接受CMA/CNAS“二合一”扩项+变更评审和CMA告知承诺扩项评审，扩充CNAS检测能力1046项、累计达11338项，新增CMA检测能力1089项、累计达11727项；上线厦门海关非执法领域实验室综合管理系统，实现检测业务全流程信息化管理；取得福建省农业农村厅农产品质量安全检测机构考核合格证书和福建省司法厅微量物证司法鉴定资质，实验室技术保障水平进一步提升；机电实验室通过CB实验室复评审现场评审。

【检测市场业务开拓】2022年，技术中心拓展市场业务，完成商业委托5078.71万元，同比增长28.25%，新增客户320家。年内，中标国家市场监督管理总局、厦门市市场监督管理局、厦门市翔安区农业局、石狮市市场监督管理局等食品安全检测任务和腾龙特种树脂（厦门）有限公司煤炭检测项目，以及多家企业委托检测业务，与第三方机构开展检验业务合作；开发数重量鉴定、价值鉴定、文物鉴定、实验室体系咨询服务等多项新业务。

【承办厦门市首届食品检验检测技能竞赛】2022 年，厦门市第二十八届职工技能竞赛首届食品检验检测技能竞赛于 6 月 18 日启动，由厦门市劳动竞赛委员会主办、厦门海关技术中心承办，设置笔试、能力验证和现场实操 3 轮比武，采取个人赛与团体赛结合的淘汰赛制，共有来自厦门市食品检测相关机构 12 支队伍、75 人参赛。9 月 2 日竞赛结束，技术中心获厦门市首届食品检验检测技能竞赛团体第一名以及个人单项第一、三和四名。

撰稿人

甘　露

厦门国际旅行卫生保健中心（厦门海关口岸门诊部）

【概况】厦门国际旅行卫生保健中心（厦门海关口岸门诊部）（简称“保健中心”），是厦门海关所属事业单位。截至2022年年底，内设部门5个，包括办公室、综合保障部、综合业务部、健康体检部、卫生检疫实验室。实有事业编制人员34人。承担出入境人员传染病监测、健康体检、预防接种、国际旅行卫生保健咨询、医疗保健门诊工作；厦门口岸卫生检疫执法相关的公共卫生检验检测工作；参与海关总署、厦门海关组织的口岸突发公共卫生事件处置工作；开展卫生检疫技术研发与技术服务，参与卫生检疫和旅行医学国际交流与合作；承接委托的健康体检、预防接种、实验室检测及其他医疗服务等职责。

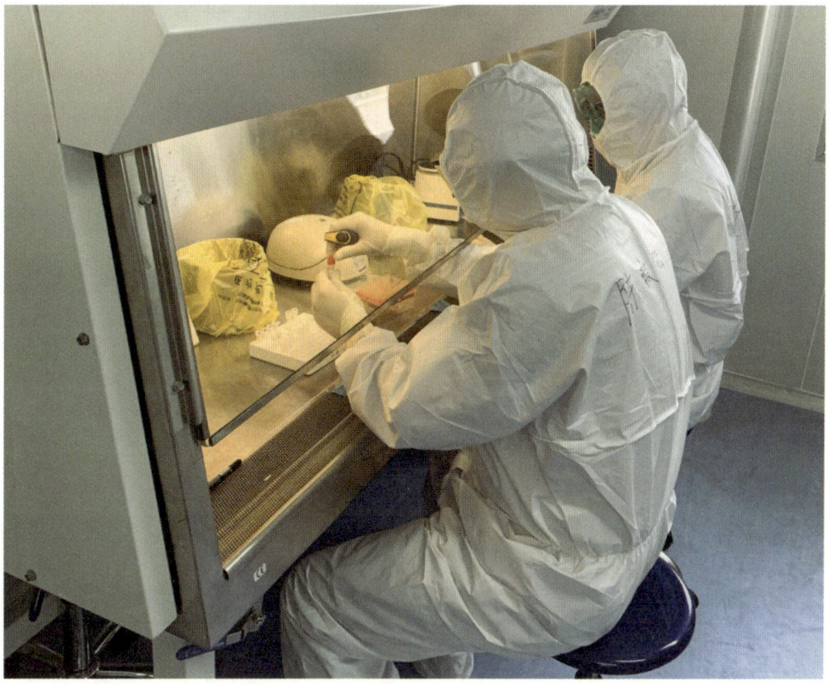

▲2022年10月1日，保健中心开展新冠病毒实验室检测　（杨苹　摄）

2022年，保健中心强化技术支撑，加强新冠疫情防控梯队建设，组织参加临床基因扩增检验技术、实验室生物安全、最新技术规范、核酸采样及能力确认等专业知识培训和资质培训，提升检测队伍综合能力。10月起，为保障因航班增加提供所需检测的力量，在厦门市财政支持下，购置10台荧光定量PCR仪、1台核酸提取仪、2台自动分杯系统，进一步增强疫情防控硬件配备。防范化解风险隐患，坚持生物安全每日巡查制度，开展生物安全、现场急救、消防、防汛防台风等突发事件应急演练，规范疫苗采购储存接种、实验室、放射性卫生安全及办公场所等安全管理。发挥技术优势，参加厦门海关“国门生物安全展厅”建设。全年受理体检和签发报告17.99万人次（其中核酸检测16.77万人次）、预防接种8913人次，国际旅行健康咨询2.5万多人次，签发国际旅行健康检查证明书4978份、国际预防接种证书1467份，发现有临床意义的疾病3088例。

【政治机关专项教育活动和“学查改”专项工作】 2022年，保健中心通过“三会一课”“海关E课堂”“智慧党建”“学习强国”等线上线下平台，围绕政治机关专项教育活动和“学查改”专项工作重点内容，开展“支部人人讲”等学习与交流；组织全体党员前往厦门思明深田社区政治生活馆、厦门市党风廉政教育基地、厦门华侨博物院等接受现场教育。全面检视问题，抓好整改落实，促进政治、业务深度融合，防范化解业务领域政治风险。通过保健中心业务大厅LED显示屏、海报、易拉宝、宣传栏，以及内设部门设置的小展板张贴党员学习心得、劳模深入基层宣讲、前往周边红色教育基地现场学习等多种形式，深入学习宣传贯彻党的二十大精神。4月25日至5月25日，保健中心接受厦门海关党委第一巡察组巡察；8月29日至9月6日，保健中心主要负责人接受厦门海关组织的任中经济责任审计。2月至9月，根据厦门海关部署要求，开展“海关重点项目和财物管理以权谋私”专项整治工作。

【新冠疫情防控】 2022年，保健中心累计检测出入境人员鼻咽拭子15.62万份；检测厦门海关关警员及社会体检鼻咽拭子14.94万份；检测进口货物拭子16.96万份。年内，保健中心助力厦门市15轮全员核酸检测；为海关参与封闭管理专班关警员等开设核酸检测专场；3月14—27日，受本土疫情影响，保健中心暂停社会人员体检和预防接种业务；3月21日，完成保健中心新冠病毒核酸采样点流程再造，受理点前移，完善防护用品脱卸区；7月15日，新冠病毒核酸检测工作启用“福建省大规模核酸检测信息系统”；8月15—21日，本土疫情期间启动驻扎办公模式；11月24日，厦门市应对疫情指挥部核酸检测组指定保健中心、市儿童医院共同负责厦门市疫情防控

▲2022年12月27日，保健中心卫生检疫人员开展传染病实验室检测（陈毅强　摄）

指挥部常态化核酸检测工作。

【实验室检测】2022年，保健中心在做好新冠疫情防控的同时，加强其他传染病检测工作，防止疫情叠加。全年累计从进口货物中检出新冠病毒核酸阳性74例；确证HIV病毒携带者4例，检出乙肝表面抗原阳性268例、丙肝阳性8例、梅毒特异性抗体阳性22例、谷丙转氨酶异常1213例、尿毒品异常1例、幽门螺旋杆菌素酶抗体阳性275例、结核杆菌r干扰素异常4例。鉴定各类病媒生物样品87批次、677只；采用分子鉴定方法，鉴定输入性亮斑扁角水虻；开展鼠携带病原体检测1089项次，检出9例Ⅱ型汉坦病毒（汉城型）核酸阳性，其中2例合并感染致病性钩端螺旋体，该案例入选海关总署全国口岸病媒生物监测典型案例；从机场海关送检的输入性德国小蠊中检出3种条件致病菌，10多家媒体平台对此进行报道。10月28日起，保健中心开展猴痘病毒检测，全年共检测入境人员鼻咽拭子8902份，未检出猴痘病毒核酸阳性。

【内控机制建设】2022年，保健中心完成内控工作规范手册改版，3月29日印发《内控工作规范手册（C版）》。4月1日，通过线上远程方式开展为期15天的出入境预防接种疫苗追溯平台联网项目业务测试。4月18日，完成福建省临检中心组织的新冠病毒核酸检测室间质量评价，结果为合格。10月16日，通过CNAS对实验室ISO/IEC 17025复评审和新冠病毒核酸检测扩项评审（远程评审）。11月4日，通过ISO9001监督审核现场评审。

【科研与合作】2022年，保健中心牵头承担国家重点研发计划课题，通过项目综合绩效评价专家组审核；主持海关总署科研项目“海关卫生检疫常用英语场景会话手册及教学视频编制”通过验收；主持福建省社会发展引导性（重点）项目“口岸病媒生物防控技术研究与应用”获立项。参加“中国国境口岸输入性病媒生物图谱”编写。3月30日，保健中心与厦门医学院签订《合作共建高校实习基地协议书》，在预防医学专业的人才培养、实习实训、技术支持与服务等领域，建立战略合作伙伴关系。

撰稿人

陈毅强　杨　苹

厦门海关培训中心

【概况】 厦门海关培训中心（简称“培训中心”），是厦门海关所属事业单位。截至 2022 年年底，内设部门 3 个，包括综合部、业务部、高崎管理部；实有事业编制人员 10 人。承担海关系统会议、培训和劳模人员休养的服务保障，以“世界海关组织亚太地区培训中心（厦门）”和“金砖国家海关培训中心（厦门）”名义开展的涉外会议、培训服务保障工作，管理所属服务经营单位等职责。是中国海关目前仅有的同时被世界海关组织、金砖国家海关合作委员会认定的“双中心”单位。

2022 年，培训中心以习近平新时代中国特色社会主义思想为指导，深学细悟党的二十大精神，落实疫情防控责任，深化培训疗养机构改革，努力开拓营收增效，严抓安全生产工作，求实、扎实、朴实推进各项工作。年内，培训中心获厦门市金砖创新基地建设领导小组办公室授予的“金砖示范单位”称号。

【队伍建设】 2022 年，培训中心制订政治学习工作方案，多形式开展学习研讨交流，营造浓厚学习氛围。加强支部规范化建设，坚持“第一议题”制度，常态化长效化推进党史学习教育。与厦门市湖里区岭下社区党委共建，开展党员志愿服务活动；组织参观厦门经济特区纪念馆、厦门思明深田社区政治生活馆，提升支部活力。通过专题党课、“廉政大家谈”、家风倡议书、清廉文化作品等，夯实廉政根基。开展政治机关专项教育活动和“学查改”

▲2022 年 7 月 21 日，培训中心党支部全体党员在厦门思明深田社区政治生活馆重温入党誓词　（李蔚敏　摄）

专项工作、“海关重点项目和财物管理以权谋私”专项整治、巡视巡察“回头看”等，以整改促提升。以党建带团建，激发群团活力，年内培训中心综合保障组获评2022—2024年省级“青年文明号”；1人获评厦门海关“优秀共产党员”。

【防疫专班服务保障】2022年，培训中心持续为厦门海关抗疫一线人员封闭管理提供服务保障，负责集中封闭管理期间餐饮、住宿等保障工作，协助督导检查集中封闭管理纪律落实情况和突发事件处置报告（含厦门海关人员入住的厦门市定点入境隔离酒店）。克服麻痹、松劲、侥幸等心理，落实“人、物、环境”同防，强化日常监督，配合海关总署、厦门海关和福建省、厦门市防控办督导检查，落实与厦门市湖里区防控指挥部每日电话通报情况、每周现场检查、每月会议推进的“三层联动”机制，多举措提升后勤服务水平，做到保障到位。

【高崎片区海关单位服务保障】2022年，培训中心做好高崎片区海关单位（高崎海关、机场海关缉私分局、培训中心）日常用餐保障、物业保洁安防等后勤工作，承接缉私局犬舍保卫保洁，落实院区节能减排工作，做好院区电梯、安防监控系统、消防系统等专项维保。新冠疫情期间，加强与片区单位联合检查，消除内部防控疫情风险。

【安全生产】2022年，培训中心落实安全主体责任，强化日常检查和隐患整改，完善安全管理制度，夯实值班应急值守，开展房屋结构安全隐患排查整治、反恐防爆突发应急处置演练，健全机制，守牢安全底线。

【海上花园酒店经营】2022年，培训中心下属海上花园酒店坚持每周质检，年内开展9大类质检项次，服务质量不断提升。结合不同时令特点，借势营销，通过厦门市总工会组织的职工疗休养基地考评，全年共接待疗养人员429批次。年内，保障全国海关政策研究会、海关总署综合业务司专项集中工作等海关系统培训及会议38批次，承办鼓浪屿诗歌节、心欣天使培训班、翔安民盟工作会议等社会活动及培训，酒店经营活力提升。

【厦门卫生检疫技术研究所经营】2022年，培训中心下属厦门卫生检疫技术研究所做好“口岸传染病电子监管系

▲2022年9月23日，培训中心组织有关人员开展消防安全演练　（李蔚敏　摄）

统”的开发升级及日常运维，根据政策变化和使用单位新需求，不断升级应用软件，实现厦门国际旅行卫生保健中心“口岸传染病电子监管系统”与海关总署出入境预防接种疫苗追溯平台的联网传输。加强与兄弟海关、地方医院等沟通联系，多渠道拓展检疫业务。

撰稿人

李蔚敏

中国电子口岸数据中心厦门分中心

【概况】 2022年，中国电子口岸数据中心厦门分中心（简称“数据分中心”）落实全面从严治党要求，开展政治机关专项教育活动和“学查改”专项工作，完成“海关重点项目和财物管理以权谋私”专项整治；根据厦门海关党委第二轮巡察工作提出的3方面15条主要问题和3个方面的意见，制定37项整改措施并在年内全部完成；与厦门海关党委第八派驻纪检组签订协作配合管理办法，加强日常监督，推动“两个责任”落实；健全应急处置机制，制发业务关键岗位工作手册，开展“远程办公+现场业务”应急保障模式演练，提升应急处置能力；根据国有企业改革三年行动部署，清理下属长期没有主要经营业务且不符合事业发展方向的企业。截至年底，内设3个部门：综合财务部、业务部、技术部。实有事业编制人员5人。

年内，数据分中心履行技术保障职能，挖掘数据资源，打造数字链条，贯通数据流，创新推动海关数字监管建设；受理厦门关区电子口岸新入网用户5028家，同比下降4%，其中“不见面办理”2554家，同比增长25.7%；中国电子口岸数据交换平台厦门二级节点共接入跨境电商进口统一版企业260家，同比增长5.3%；共接入跨境电商出口统一版企业850家，同比增长32.8%。处理跨境电商进出口业务报文6.88亿条，同比增长14.48%。

【2020版报关单全国首单申报测试】 2022年2月22日，数据分中心联合厦门海关综合业务处、东渡海关进行2020版报关单实单验证，完成该版报关单全国首票申报。该报关单申报项目调整是继2018年机构改革后报关单项目的又一次调整，新增17栏，调整25栏，删除12栏，涉及原产地、检验检疫、监管单证、物流运输等多个申报项目，进一步深化海关业务改革，促进业务一体化全面深度融合。

【电子口岸互联网接入区同城传输系统切换】 2022年3月，数据分中心配合中国电子口岸数据中心开展电子口岸互联网接入区同城传输系统的切换工作，协助厦门关区50家企业完成数据交换平台（Axway）中心端下线工作、42家企业完成互联网接入区传输系统切换工作，提升电子口岸系统容灾能力。

【“进出口货物双信息放行系统”优化】2022年3月，数据分中心通过技术优化，解决进出口货物双信息放行系统偶发丢失关键字段“IMO号”的问题，确保业务顺畅运转；4月，在该系统拆拼箱仓库提前报关模块中增加分单电子放行信息，货物提离仓库时间进一步压缩；10月，在该系统放行异常处置模块中增加填入集装箱号功能，进一步满足码头应用需求，提高港口运转效率。

【电子口岸身份认证系统RA审计员授权】2022年4月，数据分中心取得中国电子口岸数据中心增设身份认证系统RA审计员授权，该审计员角色可对数据分中心及下设银行端制卡代理点中国电子口岸IC卡制卡人员的日常操作开展审计，有利于增强防范化解制卡业务工作风险能力。

【国产密码算法数字证书全面启用】2022年6月10日，数据分中心制发厦门关区首张国产密码算法中国电子口岸卡，标志着厦门关区中国电子口岸入网业务全面启用国产密码算法。年内，共为企业制作国产密码算法中国电子口岸卡637张。

【落实促进外贸保稳提质举措】2022年6月，数据分中心根据海关总署关于做好对企信息化服务、进一步落实促进外贸保稳提质若干举措的要求，制定数据分中心促进外贸保稳提质13项具体措施，并在服务大厅细化“现场首问负责”工作机制，设立“保稳提质专窗”，建立现场业务咨询受理台账，年内累计受理解决企业现场业务咨询52件。

【数据应用服务】2022年，数据分中心推动厦门口岸各类监管场所与海关数据实时对接，实现8个码头、9个监管场所（场地）、1个空港货站生产作业系统数据接入，发挥海关内外网数据交互枢纽效能，探索数据应用服务，创新开发上线查验“智能云分流”和“危险品货物监控”功能，提高海关监管作业效率，助力提升码头数字化治理水平，为厦门“数字口岸”建设奠定数据基础。

【电子口岸用户服务】2022年，数据分中心为厦门关区企业提供“7×24小时”热线咨询服务和故障解决服务，本地呼叫中心受理来电2.2万宗，微信服务群实时回复企业咨询5100余条次，在线咨询量约占企业咨询总量的35%；为“单一窗口”各业务系统提供解决方案136次，为电子口岸用户提供远程技术支持15台次，处理各类应用、系统和网络故障29次，服务器和存储系统维护1042次，网络设备维护166次，依托国际贸易“单一窗口”运维服务管理平台，与厦门地方服务实体实现标准化工单申报联动，全年申报服务类工单105票，未产生故障类工单。

【电子口岸专网分节点运行维护和网络安全保障】2022年，数据分中心制定信息系统机房管理实施细则，加强机房安全生产管理，机房建设、运行、管理规范进一步细化。年内，开展机房巡检163次，完成故障处理10次、电子口岸专网漏洞扫描12次、互联网暴露资产渗透测试4次以及网络安全设备特征库升级72次。3—10月，全面排查网络安全隐患，完成网络安

▲2022 年 12 月 8 日，数据分中心、厦门海关党委第八派驻纪检组联合到湖里办公区机房开展安全生产检查　（吴旭　摄）

全设备升级加固 3 台次、服务器安全加固 4 台次，部署主机入侵防护系统客户端 53 台，优化 15 条访问控制策略，并执行“7×24 小时”安全监控值守；参加公安部网络安全攻防实战演习，严防信息安全事故发生。

撰稿人

刘晓莉　刘润婕　吴　旭

第九篇

荣誉榜

2022年厦门海关荣获“光荣在党50年”纪念章名单

（按姓氏笔画排序）

尤清坚	吕海讨	乔宏顺	许宝泉	闫京平	张亚柱	陈日叁	陈华山
林时上	林海量	祝一方	徐才兴	郭先平			

2022年厦门海关获得厅局级及以上单位部门表彰的集体荣誉一览表

序号	集体名称	荣誉名称	颁授单位
1	海沧海关查验一科党支部“初心堡垒”品牌	全国海关党建示范品牌（2022年度新评）	中共海关总署委员会
2	高崎海关加工贸易监管科党支部“关企驿站”品牌、泉州海关驻晋江办事处综合保障科党支部“海丝先锋号”品牌、厦门机场海关旅检二科党支部“国门坚盾”品牌、东渡海关查验一科党支部“向阳花”品牌	全国海关党建示范品牌（2022年度复核认定）	中共海关总署委员会
3	厦门海关进口冷链食品疫情防控工作组	集体二等功	海关总署
4	办公室党支部、卫生处党支部、食品处党支部、监管处党支部、泉州海关办公室党支部、泉州海关驻泉港办事处肖厝监管科党支部、泉州海关驻刺桐办事处稽查科党支部、泉州海关驻晋江办事处综合保障科党支部、泉州海关驻石狮办事处石湖监管科党支部、泉州海关驻南安办事处石井监管科党支部、机场海关航维保税科党支部、机场海关办公室党支部、机场海关旅检三科党支部、邮轮海关查验科党支部、邮轮海关驻五通办事处旅检科党支部、邮局海关跨境电商监管科党支部、高崎海关企业认证科党支部、集同海关稽查二科党支部、集同海关加工贸易监管科党支部、翔安海关人事政工科党支部、东渡海关法律事务科党支部、东渡海关查验二科党支部、东渡海关重量鉴定科党支部、海沧海关办公室党支部、海沧海关人事政工科党支部、海沧海关物流监管二科党支部、漳州海关综合业务一科党支部、漳州海关角美监管科党支部、东山海关查验科党支部、古雷海关口岸监督查验科室党支部、龙岩海关综合业务科党支部、风控分局专项分析科党支部、技术中心植物检疫实验室党支部、离退休干部第二党支部	先进基层党组织	中共厦门海关委员会

续表

序号	集体名称	荣誉名称	颁授单位
5	厦门海关松脂涉税防控专项工作组	集体三等功	厦门海关
6	“蓝钻”轮聚集性新冠肺炎疫情应急处置工作组	集体三等功	厦门海关
7	东渡海关	全国行政执法先进集体	司法部
8	全省老干部工作先进集体	厦门海关离退休干部办公室	中共福建省委组织部、省委老干部局、省人力资源和社会保障厅
9	厦门海关12360服务热线、厦门海关隶属翔安海关综合业务科、厦门海关隶属泉州海关驻晋江办事处机场旅检现场、厦门海关隶属泉州海关驻晋江办事处陆地港快件监管现场、厦门海关培训中心综合保障组	2022—2024年省级青年文明号	福建省创建青年文明号活动组委会
10	东渡海关	厦门市生态文明工作先进集体	中共厦门市委、厦门市人民政府
11	厦门海关技术中心、漳州海关综合技术服务中心“食品中强极性农用化学投入品分析关键技术及标准化”课题成果	2021年度厦门市科学技术进步奖二等奖	厦门市人民政府

2022年厦门海关获得厅局级及以上单位部门表彰的个人荣誉一览表

序号	姓名	荣誉名称	颁授单位
1	王泽雄、郑仁睿、庄彬聪、蔡逸松	2021年度“百名优秀执法一线科长”	中共海关总署委员会
2	贺骥	全国消除疟疾工作先进个人	国家卫生健康委员会、海关总署、国家中医药管理局
3	郑志宏	海关系统“党务之星”	海关总署政治部
4	方雄、陈玮、王蕤宇、李凌芳、俞刚、周扬斌、刘玉锦、庄智铉、李荔、吴健新、黄基毅、曹秋萍、游枫红、郑志宏、陈悦松、李楠、葛凯强、洪欣欣、周晶莹、连永明、张焕之、余慈阳、黄火成、王龙、何家庆、陈水得、陈劲志、吴明郎、赵燕蓉、陈志敏、吴海波、蔡芳敬、吴荣泉、沈亚明、王立国、曾冬旎、陈海滨、张志刚、郑竟、白瑜、邱阳涛、蔡炳江、黄亚青、高钰洁、林刚、韩魁、黄征、宋漳汉、姚轩、吴雪琴、陈宁、王亚庆、魏毅、黄尚荣、王年根、林鸿兵、詹翠银、王亚彤、李楠、甘妙湟、李柱营、陈昊坚、衣秀芹、陈斌、马恬、王靖、郑侨珊、陈晓强、谢惠英、刘雅婷、卢添财、贾金钊、何王福、巩昭、卢冬明、潘迎芬、侯永建、尹振宇、钟坚海、陈凤凰、魏宏、李宣乐、翁珊珊、徐敦明、廖富荣、叶明辉、陈毅强、黄柏山、潘忠厚、陈国清、王美云、唐志鹏、杨玉英、陈再兴、黄印尧、梁海燕、姜建荣、殷凤琴、倪敬屿、孙建平、林庆福	优秀共产党员	中共厦门海关委员会

续表

序号	姓名	荣誉名称	颁授单位
5	张军威、郑静萍、朱旭芳、吴琼、梁文玉、康振金、吴鸿温、张少娟、蔡颖、傅冬冬、陈自猷、曹峻峰、黄融、柯好珏、朱青青、卢姮晖、张琳、唐彧、王筱捷、谢雨恬、翁砺婧、程林、林建伟、过娜、杨筱璐、巫江、李伟娜、戴三雄、林荣金、崔仪、林向荣、戴春松、李珣、高昆、胡小林、刘频、庄建新、吴俊杰、刘松武、陈明	优秀党务工作者	中共厦门海关委员会
6	黄宝边、许睿森、朱玲玲、陈焕斌、陈清教、孙靖淇、林梅、王伟伟、武睿、庄圣恺、李飒、杨惠坤、肖屹、吴光涌、张素星、张家倩、陈清教、林冬韵、林坤华、郑竟、黄卫东、黄鼎、滕楠、潘思强	三等功	厦门海关
7	吴媛	记功	厦门海关
8	兰昕	第十九届“福建青年五四奖章”	共青团福建省委、福建省青年联合会
9	蔡淳家庭、肖婷家庭	2022年福建省最美家庭	福建省妇女联合会
10	沈亚明家庭、谢惠英家庭	2022年福建省绿色家庭	福建省妇女联合会、福建省生态环境厅
11	罗钰家庭	第十三届福建省五好家庭	福建省妇女联合会、中共福建省委文明办

附录

厦门海关统计资料

表 1　2022 年厦门海关进出口月度总值表

月份	进出口		出口		进口	
	人民币（亿元）	同比（%）	人民币（亿元）	同比（%）	人民币（亿元）	同比（%）
合计	12645. 3	12. 3	8558. 7	13. 1	4086. 6	10. 8
1 月	1148. 7	31. 4	820. 1	33. 5	328. 6	26. 4
2 月	768. 2	10. 0	492. 2	2. 2	276. 0	27. 4
3 月	986. 8	21. 3	620. 4	20. 3	366. 4	23. 1
4 月	1061. 8	20. 7	677. 0	15. 6	384. 8	30. 8
5 月	1134. 8	17. 9	774. 8	17. 7	360. 0	18. 4
6 月	1176. 4	21. 1	787. 8	21. 8	388. 6	19. 8
7 月	1059. 7	9. 2	762. 0	15. 9	297. 7	-4. 7
8 月	1120. 5	10. 8	758. 3	11. 2	362. 1	10. 1
9 月	1000. 9	-3. 6	662. 1	-2. 0	338. 8	-6. 7
10 月	941. 2	-4. 0	643. 7	2. 6	297. 5	-15. 6
11 月	1134. 4	7. 3	750. 6	6. 6	383. 8	8. 7
12 月	1112. 0	11. 4	809. 7	13. 0	302. 3	7. 1

续表

月份	进出口		出口		进口	
	美元值（亿元）	同比（%）	美元值（亿元）	同比（%）	美元值（亿元）	同比（%）
合计	1899.8	9.1	1285.2	9.7	614.7	7.7
1月	180.1	34.7	128.6	36.9	51.5	29.6
2月	120.6	12.2	77.3	4.2	43.3	29.9
3月	155.4	23.2	97.7	22.1	57.7	24.9
4月	166.7	23.0	106.3	17.7	60.4	33.4
5月	177.1	19.7	120.9	19.5	56.2	20.2
6月	176.3	16.9	118.1	17.5	58.2	15.5
7月	157.1	3.9	112.9	10.2	44.1	-9.4
8月	166.1	6.3	112.4	6.6	53.7	5.6
9月	147.4	-7.9	97.5	-6.4	49.9	-10.9
10月	135.6	-10.6	92.9	-4.4	42.7	-21.6
11月	159.9	-3.0	105.8	-3.6	54.0	-1.9
12月	157.6	0.9	114.7	2.4	42.8	-2.9

注：统计表2022年的数据调取时间为2023年11月30日。

表 2　2022 年厦门海关进出口国别（地区）前 30 位总值表

进口原产国（地） 出口最终目的国（地）	进出口		出口		进口	
	人民币（亿元）	同比（%）	人民币（亿元）	同比（%）	人民币（亿元）	同比（%）
合计	10818. 6	12. 1	7290. 7	12. 6	3527. 9	11. 0
美国	1817. 3	3. 9	1504. 5	-0. 3	312. 8	30. 1
菲律宾	752. 9	7. 6	722. 2	8. 5	30. 7	-8. 8
中国台湾	730. 4	-0. 3	420. 3	13. 9	310. 1	-14. 6
日本	674. 5	8. 2	465. 4	22. 3	209. 2	-13. 9
沙特阿拉伯	673. 7	30. 8	72. 1	-11. 3	601. 5	38. 7
德国	479. 5	23. 1	420. 4	28. 6	59. 1	-5. 5
越南	464. 2	25. 3	377. 4	42. 0	86. 7	-17. 0
韩国	437. 6	12. 9	316. 9	25. 9	120. 7	-11. 3
中国香港	417. 0	21. 2	410. 9	20. 5	6. 0	106. 5
澳大利亚	389. 9	42. 7	242. 5	51. 4	147. 4	30. 4
印度尼西亚	357. 8	11. 9	143. 2	30. 3	214. 6	2. 3
马来西亚	338. 9	7. 1	206. 8	24. 7	132. 2	-12. 2
泰国	316. 6	18. 8	238. 7	23. 6	77. 9	6. 2
荷兰	309. 3	28. 8	300. 5	32. 8	8. 8	-36. 2
伊拉克	304. 0	59. 5	27. 0	24. 4	277. 0	64. 0
阿联酋	258. 0	67. 9	104. 5	6. 9	153. 5	174. 9
英国	218. 8	-39. 3	200. 3	-38. 5	18. 5	-46. 7
俄罗斯	188. 5	-3. 5	82. 2	-22. 1	106. 3	18. 4
印度	185. 2	12. 7	111. 2	28. 8	74. 0	-5. 2
墨西哥	178. 7	15. 7	157. 4	14. 6	21. 3	23. 8
巴西	173. 7	19. 7	82. 0	21. 6	91. 7	18. 0
加拿大	159. 1	-8. 2	112. 2	5. 4	46. 9	-29. 9
中国	153. 4	37. 7	—	—	153. 4	37. 7
意大利	139. 2	21. 1	107. 7	29. 9	31. 5	-1. 6
西班牙	132. 1	22. 0	120. 4	29. 4	11. 7	-23. 1
法国	126. 9	10. 0	104. 2	15. 9	22. 7	-11. 0
波兰	125. 8	-3. 3	122. 4	-2. 1	3. 4	-32. 4
秘鲁	108. 8	10. 0	32. 0	9. 5	76. 8	10. 2
卡塔尔	104. 8	-19. 7	6. 7	-5. 9	98. 2	-20. 4

续表

进口原产国（地） 出口最终目的国（地）	进出口		出口		进口	
	人民币（亿元）	同比（%）	人民币（亿元）	同比（%）	人民币（亿元）	同比（%）
新加坡	101.9	30.8	78.6	50.7	23.4	-9.3
*亚太经济合作组织	7582.2	9.1	5611.4	13.6	1970.9	-1.8
*东南亚国家联盟	2419.5	13.4	1834.8	21.2	584.7	-5.6
*欧洲联盟	1736.1	21.5	1544.5	27.1	191.6	-10.2

注：

1. 本表根据进出口总值排序，取前30位国别（地区），带*的不参与排序。

2. 亚太经济合作组织包括：文莱、中国香港、印度尼西亚、日本、马来西亚、菲律宾、新加坡、韩国、泰国、越南、中国、中国台北、俄罗斯、智利、墨西哥、秘鲁、加拿大、美国、澳大利亚、新西兰、巴布亚新几内亚。

3. 东南亚国家联盟包括：文莱、缅甸、柬埔寨、印度尼西亚、老挝、马来西亚、菲律宾、新加坡、泰国、越南。

4. 欧洲联盟包括：比利时、丹麦、德国、法国、爱尔兰、意大利、卢森堡、荷兰、希腊、葡萄牙、西班牙、奥地利、芬兰、瑞典、塞浦路斯、匈牙利、马耳他、波兰、爱沙尼亚、拉脱维亚、立陶宛、斯洛文尼亚、捷克、斯洛伐克、保加利亚、罗马尼亚、克罗地亚27国。

表 3　2022 年厦门海关进出口贸易方式总值表

贸易方式	进出口		出口		进口	
	人民币（亿元）	同比（%）	人民币（亿元）	同比（%）	人民币（亿元）	同比（%）
合计	12645.3	12.3	8558.7	13.1	4086.6	10.8
一般贸易	8494.1	11.6	5605.6	12.1	2888.5	10.8
国家间、国际组织无偿援助和赠送的物资	0.7	167.3	0.7	167.3	—	—
其他捐赠物资	0.2	530.8	0.2	530.8	—	—
来料加工装配贸易	140.6	78.1	43.5	32.9	97.1	110.1
进料加工贸易	1915.6	4.9	1221.1	3.5	694.5	7.4
寄售、代销贸易	—	-100.0	—	-100.0	—	—
加工贸易进口设备	0.0	-100.0	—	—	0.0	-100.0
对外承包工程出口货物	0.6	-65.5	0.6	-65.5	—	—
租赁贸易	0.0	-99.1	0.0	-91.7	0.0	-99.2
外商投资企业作为投资进口的设备、物品	9.2	-34.8	—	—	9.2	-34.8
出料加工贸易	0.3	-44.5	0.2	-39.9	0.1	-49.5
保税监管场所进出境货物	501.9	7.7	346.6	13.3	155.4	-2.9
海关特殊监管区域物流货物	840.4	25.1	614.4	25.4	226.0	24.4
海关特殊监管区域进口设备	0.8	320.0	—	—	0.8	320.0
其他贸易	740.9	27.1	725.9	30.7	15.0	-45.5
免税品	0.0	254.0	—	—	0.0	254.0

表4　2022年厦门海关进出口企业性质总值表

企业性质	进出口		出口		进口	
	人民币（亿元）	同比（%）	人民币（亿元）	同比（%）	人民币（亿元）	同比（%）
合计	12645.3	12.3	8558.7	13.1	4086.6	10.8
国有企业	2144.9	21.6	971.0	26.7	1173.9	17.7
中外合作企业	24.4	22.5	16.4	41.0	8.0	-3.5
中外合资企业	1271.8	16.0	607.1	2.9	664.6	31.3
外商独资企业	2353.3	-3.0	1622.8	1.4	730.5	-11.5
集体企业	54.8	41.7	39.7	86.3	15.1	-13.1
私营企业	6785.4	15.0	5299.9	15.9	1485.5	12.2
个体工商户	0.7	36.8	0.7	38.4	0.1	26.4
其他	10.1	-12.8	1.1	-29.0	8.9	-10.2

表 5 2022 年厦门海关进出口收发货人所在地总值表

收发货人所在地	进出口		出口		进口	
	人民币（亿元）	同比（%）	人民币（亿元）	同比（%）	人民币（亿元）	同比（%）
合计	12645. 3	12. 3	8558. 7	13. 1	4086. 6	10. 8
北京市	1075. 6	43. 2	259. 4	71. 2	816. 2	36. 1
天津市	23. 7	72. 8	19. 8	115. 7	3. 9	-13. 6
河北省	7. 8	-25. 1	6. 5	-25. 3	1. 3	-24. 5
山西省	3. 8	-41. 8	3. 4	-27. 7	0. 4	-77. 8
内蒙古自治区	6. 9	-17. 8	6. 2	-15. 6	0. 8	-32. 1
辽宁省	5. 0	34. 3	4. 0	40. 9	1. 0	13. 5
吉林省	2. 4	171. 1	0. 4	94. 1	2. 0	192. 3
黑龙江省	13. 1	505. 8	5. 4	427. 7	7. 7	576. 0
上海市	187. 4	47. 7	90. 4	61. 7	96. 9	36. 6
江苏省	164. 2	34. 8	84. 1	35. 6	80. 1	34. 0
浙江省	238. 3	38. 0	191. 8	56. 0	46. 4	-6. 6
安徽省	30. 5	-7. 7	20. 6	-5. 2	9. 9	-12. 5
福建省	10064. 2	6. 2	7255. 8	7. 6	2808. 5	2. 9
江西省	299. 2	202. 5	222. 6	144. 4	76. 6	877. 9
山东省	50. 1	-29. 0	37. 1	-27. 8	13. 0	-32. 1
河南省	11. 6	77. 8	10. 0	78. 7	1. 7	72. 5
湖北省	43. 0	167. 5	41. 1	190. 3	1. 9	-0. 9
湖南省	55. 4	82. 4	51. 1	80. 6	4. 3	108. 1
广东省	237. 5	14. 0	175. 0	18. 2	62. 6	3. 6
广西壮族自治区	21. 5	50. 4	16. 1	177. 4	5. 4	-36. 2
海南省	14. 8	-38. 7	3. 9	88. 8	10. 9	-50. 6
重庆市	10. 8	-15. 8	3. 8	29. 8	7. 0	-29. 4
四川省	28. 3	42. 2	17. 2	105. 2	11. 1	-3. 4
贵州省	11. 7	18. 3	11. 3	19. 8	0. 4	-11. 0
云南省	8. 1	194. 2	2. 4	-4. 2	5. 7	2650. 9
西藏自治区	0. 1	56. 7	0. 1	—	—	-100. 0
陕西省	24. 0	175. 9	18. 3	884. 7	5. 7	-17. 2
甘肃省	2. 8	956. 2	0. 6	157. 8	2. 1	18495. 3
青海省	0. 0	13. 6	0. 0	-49. 8	0. 0	—
宁夏回族自治区	0. 3	-9. 2	0. 3	40. 8	0. 0	-91. 4
新疆维吾尔自治区	3. 1	-48. 2	0. 2	-79. 9	2. 9	-43. 2

表 6　2022 年厦门海关进出口关别总值表

关别	进出口		出口		进口	
	人民币（亿元）	同比（%）	人民币（亿元）	同比（%）	人民币（亿元）	同比（%）
合计	12645.3	12.3	8558.7	13.1	4086.6	10.8
泉州海关	2526.2	34.8	1168.1	30.4	1358.1	38.9
机场海关	984.6	12.6	494.3	2.1	490.3	25.7
邮轮海关	36.8	12.5	19.6	4.8	17.2	22.8
邮局海关	191.9	-22.9	105.0	-1.6	86.8	-38.9
高崎海关	0.0	-90.7	0.0	319.0	0.0	-93.4
集同海关	91.4	-40.6	61.0	-41.3	30.4	-39.3
翔安海关	139.3	-54.0	59.8	-40.9	79.5	-60.5
东渡海关	3481.2	10.7	2791.2	11.1	690.0	8.9
海沧海关	4335.3	12.7	3603.8	15.8	731.5	-0.6
漳州海关	164.4	-11.6	54.7	3.1	109.7	-17.4
东山海关	26.0	-40.3	23.6	-43.0	2.4	13.5
古雷海关	286.6	29.7	13.0	1032.6	273.6	24.4
龙岩海关	381.6	17.4	164.6	21.6	216.9	14.4

表 7　2022 年厦门海关进出口运输方式总值表

运输方式	进出口		出口		进口	
	人民币（亿元）	同比（%）	人民币（亿元）	同比（%）	人民币（亿元）	同比（%）
合计	12645.3	12.3	8558.7	13.1	4086.6	10.8
水路运输	10827.4	14.8	7683.7	16.0	3143.6	11.9
铁路运输	39.4	-42.1	39.2	-42.3	0.2	100.9
公路运输	451.3	-30.9	205.3	-27.3	246.0	-33.7
航空运输	1251.6	16.5	555.8	-1.8	695.8	37.0
邮件运输	3.2	-26.6	2.4	-30.6	0.8	-12.1
其他运输	72.5	187.5	72.4	188.2	0.1	27.9

表 8　2022 年厦门海关进出口商品类章总值表

商品类章	进出口		出口		进口	
	人民币（亿元）	同比（%）	人民币（亿元）	同比（%）	人民币（亿元）	同比（%）
合计	12645.3	12.3	8558.7	13.1	4086.6	10.8
第一类　活动物；动物产品	220.7	6.4	125.4	2.4	95.3	12.1
1 章　活动物	0.0	-98.6	0.0	—	0.0	-99.4
2 章　肉及食用杂碎	18.7	19.7	0.2	329.5	18.5	18.6
3 章　鱼、甲壳动物、软体动物及其他水生无脊椎动物	182.3	6.4	124.3	2.1	57.9	16.9
4 章　乳品；蛋品；天然蜂蜜；其他食用动物产品	18.8	-1.4	0.5	7.3	18.3	-1.6
5 章　其他动物产品	1.0	148.5	0.4	120.4	0.6	169.5
第二类　植物产品	288.3	18.3	88.1	21.6	200.2	16.9
6 章　活树及其他活植物；鳞茎、根及类似品；插花及装饰用簇叶	5.5	-16.6	5.5	-16.0	0.0	-77.6
7 章　食用蔬菜、根及块茎	32.7	31.9	30.7	35.7	2.0	-7.4
8 章　食用水果及坚果；柑橘属水果或甜瓜的果皮	32.5	14.4	11.5	-9.7	21.0	33.9
9 章　咖啡、茶、马黛茶及调味香料	24.3	16.0	22.1	14.3	2.2	36.3
10 章　谷物	51.1	22.5	0.1	1480.9	51.1	22.4
11 章　制粉工业产品；麦芽；淀粉；菊粉；面筋	9.2	12.1	0.3	177.8	8.9	9.8
12 章　含油子仁及果实；杂项子仁及果实；工业用或药用植物；稻草、秸秆及饲料	114.1	12.2	1.3	33.2	112.8	12.0
13 章　虫胶；树胶、树脂及其他植物液、汁	17.6	70.7	15.7	67.6	1.8	103.3
14 章　编结用植物材料；其他植物产品	1.3	25.8	0.9	19.9	0.4	42.2
第三类　动、植物或微生物油、脂及其分解产品；精制的食用油脂；动、植物蜡	36.1	-7.1	2.0	288.6	34.0	-11.1
15 章　动、植物或微生物油、脂及其分解产品；精制的食用油脂；动、植物蜡	36.1	-7.1	2.0	288.6	34.0	-11.1
第四类　食品；饮料、酒及醋；烟草、烟草及烟草代用品的制品；非经燃烧吸用的产品，不论是否含有尼古丁；其他供人体摄入尼古丁的含尼古丁的产品	376.9	15.1	327.4	19.2	49.5	-6.5

续表1

商品类章	进出口		出口		进口	
	人民币（亿元）	同比（%）	人民币（亿元）	同比（%）	人民币（亿元）	同比（%）
16章　肉、鱼、甲壳动物、软体动物及其他水生无脊椎动物以及昆虫的制品	217.3	17.6	216.7	17.5	0.6	87.4
17章　糖及糖食	24.8	12.7	14.8	41.7	10.0	-13.6
18章　可可及可可制品	4.8	-19.9	3.8	-22.0	1.0	-10.5
19章　谷物、粮食粉、淀粉或乳的制品；糕饼点心	13.7	28.8	11.7	32.0	2.0	13.1
20章　蔬菜、水果、坚果或植物其他部分的制品	57.0	24.7	52.7	24.7	4.4	24.9
21章　杂项食品	20.1	20.5	17.0	33.4	3.1	-21.5
22章　饮料、酒及醋	22.7	-11.8	5.6	-3.6	17.1	-14.2
23章　食品工业的残渣及废料；配制的动物饲料	8.6	-12.0	3.0	-8.1	5.6	-13.9
24章　烟草、烟草及烟草代用品的制品；非经燃烧吸用的产品，不论是否含有尼古丁；其他供人体摄入尼古丁的含尼古丁的产品	8.0	25.8	2.1	12.2	5.9	31.3
第五类　矿产品	2172.4	32.5	278.1	71.2	1894.4	28.2
25章　盐；硫磺；泥土及石料；石膏料、石灰及水泥	146.2	-12.7	9.7	63.6	136.5	-15.5
26章　矿砂、矿渣及矿灰	221.2	5.7	0.8	42.2	220.4	5.6
27章　矿物燃料、矿物油及其蒸馏产品；沥青物质；矿物蜡	1805.0	42.9	267.5	71.6	1537.5	38.9
第六类　化学工业及其相关工业的产品	510.7	-3.3	338.9	-4.9	171.8	0.1
28章　无机化学品；贵金属、稀土金属、放射性元素及其同位素的有机及无机化合物	119.1	61.5	88.1	54.1	31.0	87.0
29章　有机化学品	117.8	20.2	67.4	75.3	50.4	-15.3
30章　药品	10.9	-93.4	9.8	-94.0	1.1	60.2
31章　肥料	4.4	-45.6	3.0	-43.1	1.5	-50.0
32章　鞣料浸膏及染料浸膏；鞣酸及其衍生物；染料、颜料及其他着色料；油漆及清漆；油灰及其他类似胶粘剂；墨水、油墨	12.3	16.7	4.9	34.6	7.4	7.2
33章　精油及香膏；芳香料制品及化妆盥洗品	33.3	6.7	24.5	16.4	8.8	-13.4

续表2

商品类章	进出口		出口		进口	
	人民币（亿元）	同比（%）	人民币（亿元）	同比（%）	人民币（亿元）	同比（%）
34 章　肥皂、有机表面活性剂、洗涤剂、润滑剂、人造蜡、调制蜡、光洁剂、蜡烛及类似品、塑型用膏、“牙科用蜡”及牙科用熟石膏制剂	14.7	11.8	7.6	15.8	7.0	7.7
35 章　蛋白类物质；改性淀粉；胶；酶	13.3	-0.2	3.9	37.3	9.4	-10.3
36 章　炸药；烟火制品；火柴；引火合金；易燃材料制品	0.0	132.6	0.0	136.8	0.0	-100.0
37 章　照相及电影用品	40.1	0.8	9.9	5.5	30.2	-0.6
38 章　杂项化学产品	144.9	89.2	119.9	143.6	25.0	-8.6
第七类　塑料及其制品；橡胶及其制品	584.0	10.5	406.9	15.3	177.1	0.8
39 章　塑料及其制品	508.7	10.3	353.4	15.1	155.3	0.9
40 章　橡胶及其制品	75.3	11.1	53.5	16.7	21.8	-0.4
第八类　生皮、皮革、毛皮及其制品；鞍具及挽具；旅行用品、手提包及类似容器；动物肠线（蚕胶丝除外）制品	193.7	23.8	164.2	28.9	29.5	1.5
41 章　生皮（毛皮除外）及皮革	37.8	1.0	9.1	0.9	28.7	1.1
42 章　皮革制品；鞍具及挽具；旅行用品、手提包及类似容器；动物肠线（蚕胶丝除外）制品	153.6	30.0	153.0	30.1	0.6	21.1
43 章　毛皮、人造毛皮及其制品	2.3	147.0	2.1	175.5	0.2	15.6
第九类　木及木制品；木炭；软木及软木制品；稻草、秸秆、针茅或其他编结材料制品；篮筐及柳条编结品	94.9	-9.0	67.2	10.2	27.7	-36.1
44 章　木及木制品；木炭	92.8	-9.3	65.1	10.3	27.7	-36.1
45 章　软木及软木制品	0.0	-17.2	0.0	4.3	0.0	-28.5
46 章　稻草、秸秆、针茅或其他编结材料制品；篮筐及柳条编结品	2.1	7.4	2.1	8.1	0.0	-89.0
第十类　木浆及其他纤维状纤维素浆；回收（废碎）纸或纸板；纸、纸板及其制品	153.7	20.4	94.0	22.6	59.7	17.1
47 章　木浆及其他纤维状纤维素浆；回收（废碎）纸或纸板	43.8	53.3	3.7	210.9	40.1	46.5
48 章　纸及纸板；纸浆、纸或纸板制品	100.5	20.1	82.9	29.1	17.6	-9.6

续表3

商品类章	进出口		出口		进口	
	人民币（亿元）	同比（%）	人民币（亿元）	同比（%）	人民币（亿元）	同比（%）
49 章　书籍、报纸、印刷图画及其他印刷品；手稿、打字稿及设计图纸	9. 4	-39. 1	7. 4	-34. 4	2. 0	-52. 1
第十一类　纺织原料及纺织制品	1306. 6	3. 0	1280. 1	3. 4	26. 5	-13. 1
50 章　蚕丝	0. 1	602. 9	0. 1	2606. 6	0. 0	105. 1
51 章　羊毛、动物细毛或粗毛；马毛纱线及其机织物	0. 5	55. 4	0. 1	59. 2	0. 4	54. 4
52 章　棉花	34. 7	-42. 5	30. 1	-42. 8	4. 7	-40. 2
53 章　其他植物纺织纤维；纸纱线及其机织物	0. 3	-26. 1	0. 0	215. 2	0. 3	-35. 1
54 章　化学纤维长丝；化学纤维纺织材料制扁条及类似品	78. 2	27. 3	72. 7	30. 6	5. 6	-4. 8
55 章　化学纤维短纤	28. 7	51. 2	26. 3	61. 8	2. 4	-12. 2
56 章　絮胎、毡呢及无纺织物；特种纱线；线、绳、索、缆及其制品	41. 6	0. 1	40. 1	1. 1	1. 5	-20. 9
57 章　地毯及纺织材料的其他铺地制品	2. 7	8. 2	2. 6	7. 9	0. 2	13. 0
58 章　特种机织物；簇绒织物；花边；装饰毯；装饰带；刺绣品	15. 2	-3. 4	14. 7	-4. 0	0. 5	18. 2
59 章　浸渍、涂布、包覆或层压的纺织物；工业用纺织制品	23. 5	24. 0	18. 9	31. 4	4. 6	1. 0
60 章　针织物及钩编织物	101. 6	9. 5	98. 7	9. 6	2. 9	4. 4
61 章　针织或钩编的服装及衣着附件	594. 5	-2. 6	593. 2	-2. 6	1. 3	1. 3
62 章　非针织或非钩编的服装及衣着附件	303. 0	13. 3	301. 4	13. 4	1. 6	2. 9
63 章　其他纺织制成品；成套物品；旧衣着及旧纺织品；碎织物	81. 9	5. 3	81. 2	5. 6	0. 7	-21. 0
第十二类　鞋、帽、伞、杖、鞭及其零件；已加工的羽毛及其制品；人造花；人发制品	947. 3	22. 5	935. 4	21. 9	11. 9	112. 2
64 章　鞋靴、护腿和类似品及其零件	868. 2	21. 3	859. 3	20. 7	8. 9	153. 0
65 章　帽类及其零件	12. 5	34. 8	10. 9	43. 8	1. 6	-5. 9
66 章　雨伞、阳伞、手杖、鞭子、马鞭及其零件	56. 4	36. 7	56. 3	36. 7	0. 1	91. 3
67 章　已加工羽毛、羽绒及其制品；人造花；人发制品	10. 2	50. 6	8. 9	38. 4	1. 3	260. 8

续表4

商品类章	进出口		出口		进口	
	人民币（亿元）	同比（%）	人民币（亿元）	同比（%）	人民币（亿元）	同比（%）
第十三类　石料、石膏、水泥、石棉、云母及类似材料的制品；陶瓷产品；玻璃及其制品	507.8	16.5	473.8	16.6	33.9	14.5
68章　石料、石膏、水泥、石棉、云母及类似材料的制品	242.3	31.6	234.8	32.1	7.5	16.9
69章　陶瓷产品	201.3	1.4	199.1	1.6	2.2	-17.9
70章　玻璃及其制品	64.2	20.8	40.0	22.6	24.2	18.1
第十四类　天然或养殖珍珠、宝石或半宝石、贵金属、包贵金属及其制品；仿首饰；硬币	217.8	27.9	113.3	29.1	104.5	26.7
71章　天然或养殖珍珠、宝石或半宝石、贵金属、包贵金属及其制品；仿首饰；硬币	217.8	27.9	113.3	29.1	104.5	26.7
第十五类　贱金属及其制品	763.4	8.6	582.5	20.8	180.9	-18.0
72章　钢铁	241.3	-4.8	147.5	50.8	93.8	-39.7
73章　钢铁制品	157.6	10.0	145.6	10.4	12.0	5.4
74章　铜及其制品	73.2	5.3	43.1	-7.8	30.1	32.3
75章　镍及其制品	6.6	269.1	2.6	277.0	4.0	264.0
76章　铝及其制品	109.0	18.3	92.0	14.7	17.0	42.3
78章　铅及其制品	1.8	1401.0	1.7	5965.7	0.0	-83.0
79章　锌及其制品	0.6	-41.2	0.4	4.4	0.2	-66.9
80章　锡及其制品	0.3	43.9	0.1	110.8	0.2	19.3
81章　其他贱金属、金属陶瓷及其制品	34.2	86.8	18.8	123.3	15.4	55.9
82章　贱金属工具、器具、利口器、餐匙、餐叉及其零件	45.0	16.5	42.0	16.3	3.0	19.0
83章　贱金属杂项制品	93.9	11.1	88.7	10.8	5.2	16.7
第十六类　机器、机械器具、电气设备及其零件；录音机及放声机、电视图像、声音的录制和重放设备及其零件、附件	2951.0	19.3	2080.8	26.6	870.2	5.0
84章　核反应堆、锅炉、机器、机械器具及零件	1067.4	0.3	674.9	7.0	392.5	-9.5
85章　电机、电气设备及其零件；录音机及放声机、电视图像、声音的录制和重放设备及其零件、附件	1883.7	33.7	1405.9	38.7	477.7	20.9
第十七类　车辆、航空器、船舶及有关运输设备	280.1	-3.1	253.9	0.2	26.2	-26.6

续表5

商品类章	进出口		出口		进口	
	人民币（亿元）	同比（%）	人民币（亿元）	同比（%）	人民币（亿元）	同比（%）
86章　铁道及电车道机车、车辆及其零件；铁道及电车道轨道固定装置及其零件、附件；各种机械（包括电动机械）交通信号设备	22.3	-54.2	22.3	-54.2	0.0	607.2
87章　车辆及其零件、附件，但铁道及电车道车辆除外	207.2	5.0	192.0	5.2	15.2	2.5
88章　航空器、航天器及其零件	25.9	-25.7	14.9	2.0	11.1	-45.6
89章　船舶及浮动结构体	24.7	201.2	24.7	226.0	0.0	-96.6
第十八类　光学、照相、电影、计量、检验、医疗或外科用仪器及设备、精密仪器及设备；钟表；乐器；上述物品的零件、附件	261.3	-40.1	188.0	-37.2	73.2	-46.6
90章　光学、照相、电影、计量、检验、医疗或外科用仪器及设备、精密仪器及设备；上述物品的零件、附件	233.9	-42.7	161.8	-40.5	72.1	-47.0
91章　钟表及其零件	20.8	2.6	20.5	3.0	0.3	-20.3
92章　乐器及其零件、附件	6.6	-18.3	5.7	-22.8	0.9	29.4
第十九类　武器、弹药及其零件、附件	1.6	-10.1	1.6	-10.6	0.0	6350.0
93章　武器、弹药及其零件、附件	1.6	-10.1	1.6	-10.6	0.0	6350.0
第二十类　杂项制品	668.9	-9.0	660.9	-8.9	8.1	-18.2
94章　家具；寝具、褥垫、弹簧床垫、软坐垫及类似的填充制品；未列名灯具及照明装置；发光标志、发光铭牌及类似品；活动房屋	352.7	-3.4	347.3	-2.9	5.4	-27.7
95章　玩具、游戏品、运动用品及其零件、附件	218.2	-22.7	216.7	-23.0	1.6	32.7
96章　杂项制品	98.0	12.3	96.9	12.6	1.0	-9.8
第二十一类　艺术品、收藏品及古物	5.2	21.0	2.7	233.1	2.5	-27.9
97章　艺术品、收藏品及古物	5.2	21.0	2.7	233.1	2.5	-27.9
第二十二类　特殊交易品及未分类商品	102.8	63.4	93.4	76.6	9.4	-6.1
98章　特殊交易品及未分类商品	94.6	66.3	85.2	81.7	9.4	-6.1
99章　跨境电商B2B简化申报商品	8.2	36.3	8.2	36.3	0.0	—

名词解释

AEO： 经认证的经营者（Authorized Economic Operator）的英文简称。

B2B： 互联网市场领域企业对企业之间的营销关系。

CATL： 农产品质量安全检测机构考核合格证书（China Agri-product Testing Laboratory）的英文缩写。

CB： 认证机构体系（Certification Bodies Scheme）的英文缩写。

CMA： 中国计量认证（China Metrology Accreditation）的英文缩写。

CNAS： 中国合格评定国家认可委员会（China National Accreditation Service for Conformity Assessment）的英文缩写。

ERP： 企业资源计划（Enterprise Resource Planning）的英文缩写。

H986： 在海关监管中辅助查验货物的设备系统简称，适用于检查集装箱货柜车，有固定式、车载式、组合式 3 种。

RA： 证书注册机构（Registration Authority，RA），受理数字证书的申请、更新、恢复和注销等业务的实体。

RCEP： 《区域全面经济伙伴关系协定》（Regional Comprehensive Economic Partnership）的英文缩写。

SPS： 卫生与植物卫生措施协定［Sanitary and PhytoSanitary（Measures）］的英文缩写。

WCO： 世界海关组织（World Customs Organization）的英文缩写。

WTO： 世界贸易组织（World Trade Organization）的英文缩写。

汇总征税： 海关对符合条件的进出口纳税义务人在一定时期内多次进出口货物应纳税款实施汇总计征。

机场海关“四种精神”： 厦门机场海关抗击新冠疫情铸就“四种精神”——忠诚履职、舍家为国的奉献精神，一丝不苟、科学严谨的专业精神，坚韧不拔、善作善成的奋斗精神，上下同心、干事创业的协作精神。

“洋垃圾”： 进口垃圾在中国也被称为“洋垃圾”，是指非本国产生的废弃的工业用品、日用品等，主要为“进口固体废弃物”，也包括“进口液态废弃物”。

智能审图： 利用人工智能对海量机检历史图像及图像对应物品信息进行深度学习，对大型集装箱检查系统、CT 型行包检查系统等设备扫描图像实施违禁品智能自动识别。

“单一窗口”： 参与国际贸易和运输的各

方，通过单一的平台提交标准化的信息和单证以满足相关法律法规及管理的要求。

“放管服”： 简政放权、放管结合、优化服务。

“海关检疫 E 码通”： 厦门海关依托旅客健康申报时生成的二维码，实现扫描一体机放行、采样标签绑定、密切接触者自动判定等多重人性化功能设计开发。

“简快”程序案件： 适用简易程序和快速办理程序的案件。

“两步申报”： 企业无须一次性提交全部申报信息及单证，第一步凭提单概要申报即可提货，第二步在规定时间内完成完整申报。

“两段准入”： 将进口货物准予提离口岸监管作业场所视为口岸放行，以口岸放行为界，根据“是否允许货物入境”和“是否允许货物进入国内市场销售或使用”，分段实施“准许入境”“合格入市”监管。

“两优一先”： 优秀共产党员、优秀党务工作者、先进基层党组织。

“六稳”： 稳就业、稳金融、稳外贸、稳外资、稳投资、稳预期。

“六保”： 保居民就业、保基本民生、保市场主体、保粮食能源安全、保产业链供应链稳定、保基层运转。

“三办三服务”： 办文、办会、办事；服务发展、服务决策、服务落实。

“三查三排一转运”： 查验健康申报、开展体温筛查、实施医学巡查；流行病学排查、医学排查、实验室检测排查；海关关员对“三排”当中判定的确诊病例、疑似病例、有症状人员、密切接触者四类人员一律按照有关规定落实转运、隔离、留观等防控措施。

“三个环境”： 平稳健康的经济环境、国泰民安的社会环境、风清气正的政治环境。

“三个区分开来”： 把干部在推进改革中因缺乏经验、先行先试出现的失误和错误，同明知故犯的违纪违法行为区分开来；把上级尚无明确限制的探索性试验中的失误和错误，同上级明令禁止后依然我行我素的违纪违法行为区分开来；把为推动发展的无意过失，同为谋取私利的违纪违法行为区分开来。

“三实”： “求实、扎实、朴实”新时代海关文化。

“三应”： “响应、呼应、反应”运行机制。

“三重一大”： 重大事项决策、重要干部任免、重大项目投资决策，大额资金使用。

“三智”： 智慧海关、智能边境、智享联通。

“四必须”“五件套”“六个不”： 必须成立工作专班、必须制订工作方案、必须建立管理制度、必须严格监督管理；落实一线疫情防控人员登记造册、封闭管理、两点一线、一天一检、全员全程接种疫苗；标准不降低、区域不交叉、通道不共用、空调气流不交换、人员不接触、管理不缺位。

“四不两直”： 不发通知、不打招呼、不听汇报、不用陪同接待，直奔基层、直插现场。

“四德”： 社会公德、职业道德、家庭美德、个人品德。

“四个减少”“四个避免”： 减少出差、减少出行、减少聚会、减少不必要的接触；避免与口岸作业相关单位工作人员非防护状态下接触导致的关员感染风险，避免出现因发热症状不报、漏报等导致的潜在感染扩散风险，避免同事间“八小时之外”聚集所引起的交叉感染风险，避免关员家庭成员防护措施不到位导致的间接感染风险。

“四个一律不准”：执法一线科长及关员一律不准违规接受工作对象宴请；一律不准违反规定程序、超越职权执行公务或不履行、不认真履行法定职责；一律不准违反公务回避规定执法；一律不准纵容、授意、指使、强令他人实施违纪违法行为。

“四个最严”：最严谨的标准、最严格的监管、最严厉的处罚、最严肃的问责。

“四类人员”：确诊病例、疑似病例、密切接触者、有发热等症状的人员。

“四强”党支部：党支部建设要体现出支部班子强、政治功能强、党员队伍强、发挥作用强。

“四优先四不抽”：党员领导干部优先、主动报名请战优先、具有支援经历优先、年轻干部职工优先；疫情防控压力较大的海港单位不抽、抚育3岁以下幼儿的女性干部职工不抽、夫妻双方已有1人在抗疫一线不抽、未100%接种疫苗不抽。

“四自一简”：企业自主备案、合理自定核销周期、自主核报、自主补缴税款，海关简化业务核准手续。

“提前申报”：在进出口货物的品名、规格、数量等已确定无误的情况下，经海关批准的企业可以在进口货物启运后、抵港前或出口货物运入海关监管场所前3日内，提前向海关办理报关手续，并按照海关的要求交验有关随附单证、进出口货物批准文件及其他需提供的证明文件。

“五个坚持”：坚持绝对忠诚的政治品格、坚持高度自觉的大局意识、坚持极端负责的工作作风、坚持无怨无悔的奉献精神、坚持廉洁自律的道德操守。

“五个一律不准”：党员领导干部带头反对特权思想和特权现象，一律不准超标准用餐、超范围接待，不按规定缴纳餐费；一律不准以特殊用途等理由变相固定用车，违规换用、借用、占用下属单位或工作对象的车辆；一律不准违规占用公房、超标准配备办公用房，过度装修办公用房和交流干部用房，配置高档办公和家居用品；一律不准违规干预和插手海关正常执法活动；一律不准利用职权和职务上的影响为本人或者海关其他领导干部的配偶、子女及其配偶经商办企业提供便利条件。

“五关”建设：政治建关、改革强关、依法把关、科技兴关、从严治关。

“一案双查”：外查走私案件与内查违纪违法问题同步进行。

“一带一路”：“丝绸之路经济带”和“21世纪海上丝绸之路”的简称。

“异宠”：也被称作另类宠物，是指被人们当作宠物饲养和观赏的野生动物及其人工繁育的后代。

索引

说　明

1. 本索引中文标目按汉语拼音顺序排列，同音字按笔画数多少排列。首字母为阿拉伯数字的主题词，排列在本索引之首。

2. 索引名称后的阿拉伯数字表示内容所在的页码，拉丁字母 a、b、c 分别表示左、中、右栏。

3. 本年鉴的特载、专记、荣誉榜、大事记、海关统计资料、附录均未作索引。

2

A

B

C

D

F

G

H

J

W

X

Y

Z

“中国海关史料丛书”
编委会